生命《いのち》の倫理と宗教的霊性

海老原晴香・長町裕司・森裕子＝編

ぷねうま舎

総序　いま、「問われる命」から〈いのちの宗教的霊性〉へ

長町裕司

この度、ここに上梓するに至った『生命《いのち》の倫理と宗教的霊性』というタイトルをもつ一冊の書物は、今日の知的関心に応え得る学術書としての刊行物であるに相違ないだろうが、一定の専門領域に特化することなく、同時に広い展望を開く上での諸問題の脈絡を含有する幾重もの精神地平から成り立っている。けれども本書全体は、〈いのち〉が開顕することに向けての〈宗教的基礎〉へと芸術表現・倫理・宗教哲学的思索が結節点を形づくるという明確で統一的な方針に貫かれており、三部から成る一つの〈生ける〉有機体的連関とも言える。

さて、かつて先々代のローマ教皇ヨハネ・パウロ二世（在位、一九七八年一〇月一六日—二〇〇五年四月二日）は、回勅『いのちの福音』（Evangelium vitae）（一九九五年三月二五日付け発布）において、「今日わたしたちもまた、〈死の文化〉と〈いのちの文化〉との間に展開する、劇的な軋轢《あつれき》のただ中にあります」（カトリック中央協議会編、一九九六年七月刊行、一〇一頁。参照、同五六頁、一九二頁）と現代世界の精神状況を指摘し、「〈いのちの文化〉と〈死の文化〉との間に生じる闘争の根本的な原因を探る」（同、四一頁）上で、今日の人類社会全体にとっ

てキリストがその生と死を通して開基した〈いのちの福音〉の刷新的理解の必要性を強く訴えかけておられた（特に、同書 二〇四頁 以下）。もちろん「回勅」（Enzyclica）とは、カトリック教界内でその全世界における信徒たちに対して時の教皇が公式に発布する教書に他ならず、聖書とカトリック教会の伝統の遺産に基礎を有しつつも決して特定の神学的声明ではなく、ましてや一つの枠テーマを縦横に論じるような論考のようなものではない。とはいえ、その時代が直面する諸問題に対してカトリック信仰がどのように向き合いつつ、教会が果たすべき使命について根本指針を与えるものであるのは確かである。回勅『いのちの福音』からは、〈いのちの宗教的霊性〉を培うためのキリスト教信仰内容の覚醒と刷新的適応が促されていると言える。そして、本書――ここに公刊の陽の目を見る運びとなった、この論集――は、その〈いのちの宗教的霊性〉が開顕するための基礎の探求を事とする開墾／開拓作業といった意味を有するものであろう。

他方、〈倫理〉といったものが問われるとすれば、それは常に具体的な諸脈絡を通しての問題状況を土壌としており、地球的規模へと拡張する包括的次元へ向けて問題化する今日の「生命の倫理」の課題も、「命」が問い直される歴史的世界において変動する諸連関をその出所としている。そこで、「いのち倫理」を地球の自然環境の将来を考慮しつつ総合的に開拓し、その宗教的基礎へ向けて探求することによっての構築は、本書が遠望する精神的地平の消尽点と言える。（経済上及び情報機構の発展に牽引された）グローバル化と称される趨勢の中で、この趨勢を背進不可能な事態と受け止めつつも、なおも発信力を有する宗教的精神文化を源泉とする〈地球環境全体の生命圏の将来を視野に置く、いのちの倫理〉の構築、それは人類の知恵に課せられている緊急の課題の一つに他ならないであろう。けれどもこの課題は、技術開発や諸科学の知の進展とは裏腹に、人間存在それ自体の根本条件と将来へ向けてのあり方とを総合的に反省できる視点を明らかにしてゆくことからのみ照準化でき、達成のための方途を見出せると言える。本研究課題は、このような〈総合的視点〉が東西の宗教的伝統からの普遍性を有する宗教的霊性の研究を源泉として開設されてゆくことを確信するものである。

ただしその際、「人間存在それ自体に開示される宗教的霊性」と呼称しても、それが今日の人類が直面している精神史的な窮境に呼応して「刷新的適応」へと方向づけられて作動する「内側からのパースペクティヴ」として理解されねばならない。さらに人間存在の宗教的霊性の「刷新と適応」の研究には、キリスト教や仏教の宗教芸術の伝統からの息吹きが今日の精神性と社会的生の諸相に対しての自己理解と人格的覚醒にどのような波及効果を有するのかという観点を併合する必要がある、との考量がなされた。

この総序の最後に、〈宗教的霊性〉という表現についても一言しておきたい。〈霊性〉とは、単に文化的現象といったものから理解されるのでも、また決して個我的主体に準拠して體認できるようなものでもない。霊性（spirituality）という言語使用の起源と（特にカトリック的）キリスト教におけるその意味活用の展開については、昨年刊行された『霊性　光輝く内なる言葉』（越前喜六編／イエズス会日本管区長室発行、教友社、二〇一七年）所収の高柳俊一氏の論考「霊性とは何か？――ポストモダンの向こうを見据えて」（同書、一五―五三頁）に詳しいが、ここでは日本における（しかも、キリスト教の教会圏域以外での）この言葉の根源的な意味の土壌へ向けての思索的使用の最初の事例を提示しておく。それは、近代日本において禅の実践と精神文化を広く欧米にも紹介した鈴木大拙（一八七〇―一九六六年）と日本が生んだ世界的哲学者、西田幾多郎

（一八七〇—一九四五年）による深層からの把握である。宗教的霊性とは、われわれの意識的自己の活動よりも深淵な〈自己〉現成《げんじょう》の無基底な〈霊〉（プネウマ）の沸き立ち・活生の在り処を指示する表現として理解されねばならない。以下は、西田幾多郎の最晩年の完成論考よりの引用である。

我々の自己の根柢には、どこまでも意識的自己を越えたものがあるのである。これは我々の自己の自覚的事実である。自己自身の自覚の事実について、深く反省する人は、何人も此に気付かなければならない。鈴木大拙はこれを霊性と言う（日本的霊性）。而して精神の意志の力は、霊性に裏付けられることによって、自己を超越すると言っている。霊性的事実というのは、宗教的ではあるが、神秘的なるものではない。

（西田幾多郎『場所的論理と宗教的世界観』一九四五年、旧版全集一一巻、四一八頁）

今一度強調させていただきたいのだが、本書の総タイトルは、「上智大学重点研究領域」に採択された課題と密接に連関する学際的広がりを有するものであるが、その研究課題を（経験科学的研究方法に基づくのではなく）宗教的霊性の奥行きから統合することを目標としている点に特徴が存すると言える。三部構成にまとめられた八名の共同研究者による執筆内容の諸視点については、各部の序における叙述に譲ることにして、ここでひとまず筆をおくこととしたい。

生命《いのち》の倫理と宗教的霊性

目次

Ⅱ「命の倫理」をひらく

Ⅲ 〈いのちの霊性〉と「いのちの宗教哲学」

Ⅰ 〈いのちの霊性〉の芸術

序

森　裕子

ヨーロッパ、ピレネー山脈の、フランス側にもスペイン側にも点在する幾多の洞窟に、人類最初の芸術活動の痕跡とみなされる壁画がある。ラスコー洞窟やアルタミラ洞窟といった名前はよく知られているが、この地域の壁画で最も古いものは、今から三万年前、あるいは四万年前に遡ると言われる。狩猟民族であった当時のその地域の人々が描いたのは、多くは牛や鹿などの野生動物や、道具らしきものを手にして動物に立ち向かう半人半獣の姿をした生き物であり、中には足が一定数以上描かれていたり、尻尾が異なる方向に向けて複数本付されていたりする動物もいるという。動物が尻尾を振りつつ野を駆ける様が、アニメ制作を思わせるような手法で描かれている。躍動するいのちを何とか表したいという、描き手たちをつき動かしていた表現への衝動を思うと、観る者に迫るものがある。

しかもこれらの壁画は、洞窟の奥深く、普段光が射すことのない暗がりの中に描かれている。人類最初期の芸術的営みは、暗闇の中で行われたらしい。生命力あふれるこれらの壁画は、人間の日常の生活空間と切り離された、深い闇の中に描かれているのである。一方で人間の深層部にうごめく生命力への意識と、他方で人間世界を超えた、目に見えないものに向けられた眼差しを、そこに認めざるを得ない。芸術活動の衝動の奥には、悠久の初めから、ある意味で本質的なものとして、このように、いのちをつかさどるものへの畏敬、超越に向かって開かれた意識、否定し難く湧き起こる聖なるものへの憧れがあるということであろうか。

以来人類は、あらゆる地域で、有形、無形の芸術を豊かに生み出し、それをまた後代に引き継いできた。社会的・思想的に宗教現象と呼ばれているものとの関連で、あるいは宗教的なコンテクストを離れて、人々は生活のさまざまな局面で芸術的営みをなして歴史を編んできたのである。過去から現在に至るまで生み出されてきた芸術的所産は、人間社会の生産性や秩序の維持に直接的に大きく貢献するわけではないにしても、人類にとって貴重な遺産であり、人類史の中で占めているその位置は、決して小さなものではない。

もちろんここで芸術的営みの産物とみなしているものが、その制作者や関係者によって「芸術」という用語で受けとめられているとは限らない。「芸術」という用語は、特定の時代、特定の文化圏に属するものだからである。しかしながら、現代人が普通に「これは芸術的である」と言う時、それがたとえ実用に供せられるものであれ、またまったくの娯楽のためのものであれ、社会の中で必要とされる機能を果たすだけに終わらない、何かしら合理性の枠や秩序や限界づけを越えたものを、そこに感じ取っているのではないだろうか。それは、人間の内奥に潜む生の爆発的な、場合によって狂気じみた躍動感を垣間見させるものであったり、逆に端正で凍りつくような美と評されるものであったり、あるいは人間世界を超えているもの、したがってあらゆる人間的表現が効かなくなってほとんど消滅せざるを得ない領域にあるもの、人間存在にとっての「絶対他者」の存在に気づかせてくれるものであったりする。有史以前の人々が洞窟の暗闇に刻んだ壁画は、そのような芸術の本質を表現しているように見受けられる。

本書の第1部、「〈いのちの霊性〉の芸術」に寄せられた三つの論考は、いずれも以上に述べたような、いのちからほとばしり出て、超越性に開かれ出ようとするものの芸術的表出に、ある時代のある人々が出会うことについて論じている。

第一章、森裕子「霊性の道としての音楽――モーツァルトのオペラ『ドン・ジョヴァンニ』を聴いて」は、音楽が聴くものの意識を、人間世界を超えるものへと開くことができるとしたら、それはどういう意味であるか、音楽は人間の超越への開きにどのように同伴するのかという問いに向き合ったものである。著者は、音楽が聖なるものの特質を表現することができるという一般的に見られる考えが、一地域一時代のものであると位置づけた後、西欧古代の音楽観と、現代日本の作曲家が自らの作曲活動について書き記した著述とを読み解きながら、聖なるものへの道は、人間の音楽経験の中にあると主張する。このような見解に基づき、著者は、モーツァルト作曲『ドン・ジョヴァンニ』を聴くという自らの行為を振り返り、自身がこの曲の聴取において、どのようにして超越への開きに導かれたかを、多少の音楽分析を交えて、しかし「証言」の形で論述する。

近代の宗教学者たちによって、聖なるものは、あらゆる合理的・感覚的表現を超える人間の体験として説明されているが、著者は、音楽が、聖なるものに人を開く超越体験の道になると考えられている。また漢字の「聖」という文字は、「背伸びした人（王）」が「祈りの道具（口）」を持って、「耳」を大きく開いて何かを聴こうとしている姿の象形であると言われる。「聖」は、一定の概念というよりも、それに向かう人間の姿勢として表現されているわけである。こうして音楽もまた耳を傾けさせる「道具」となり、ある意味で、聖なるものへと人を辿らせる「道」になるというのが著者の主張である。

第二章、ロール・シュワルツ＝アレナレス「フランスにおける日本仏教美術研究への概観――その誕生と発展」においては、近代フランス人の日本の仏教美術との出会いの歴史が主題になる。その出会いの発端は、一六世紀に日本に派遣されたイエズス会宣教師の報告書に遡るが、著者はそれに続いて、フランス側からも日本側からも、日仏文化交渉に貢献したさまざまな分野の人物を取り上げ、フランスにおける日本仏教美術の理解がどのように深まっていったかを説明する。理解の深まりは、知識が江戸以降の比較的新しい時代の作品に限定されていたところから、もっと古い時代の作品にまで広がっていったこと、作品を異国趣味の対象としてではなく、創造性や表現力の評価の対象とみるようになったこと、さらに仏像をなんらかの定型の模倣とみなしていたところから、固有の宗教的かつ美的な表現を持つ作品として眼差しを向けるようになっていったことなどに認められる。

こうしてこの論文は、ある文化圏の人々に、まったく未知の地域で醸成した文化遺産がどのように受容されていくのかを考察するための貴重な材料を提供する。しかもここでは宗教美術の受容が主題になっているため、美的な価値のみならず、その宗教的意味ないし神秘性の理解がどこまで深まるのかということが問題になる。文化交渉に貢献した人物の中で、現在パリにある国立のギメ東洋美術館の礎を築いたエミール・ギメ（一八三六—一九一八年）は、「異国の文明を真に理解しようとするならば、自らの信仰を白紙にし、教育や環境によって与えられたあらゆる固定観念を去らなければならない」と述べるが、たしかに宗教作品の美と神秘的深みとを感受するためには、その作品に触れる者が、自分の宗教的背景から距離を置く必要があるのかもしれない。時の幅が必要であったにせよ、それが可能であることを、この論文は示してくれる。

第三章、浜野明大「中世文学作品における〈いのち〉の表れ――『初期中高ドイツ語創世記』の〈テクストと〈挿絵〉を題材に」は、ルターによるドイツ語聖書が生まれるよりも遡ること四、五百年、一一世紀後半から一二世紀初頭のドイツ語圏で、旧約聖書『創世記』と出会い、その自国語訳を作った人々、またそこに合う挿絵を作った人々の創造的解釈を主題にしたものである。著者は、解説を施しながら講演調で書かれている初期中高ドイツ語訳と、挿絵から成る『初期中高ドイツ語創世記』の三つの写本を精査して、特に人間の創造物語をめぐって、その翻訳、解釈と、挿画の作業に携わった人々が、神をどのように理解し、その神による創造をどのように受け止めたかを考察する。

例えば、『創世記』二章の創造物語について、翻訳者は、神が土（アダマ）の塊で人（アダム）の形を造り、その「素晴らしい姿」に「非常に満足し」、また「それに自身の霊を吹き入れる」ことで、「大いなる分別を」与えたと理解している。またその挿絵には、アダムに語りかけ、息を吹き入れる神とともに、その創造を喜び励ましている様相の天使が描かれている。翻訳テクスト制作者と、挿絵制作者のそれぞれは、それ自体がある意味で芸術的所産である旧約の人々の描いた創造物語に出会い、教会の中で受け継いだ『ウルガタ』聖書のラテン語テクストと、教父たちの神学的考察とを参考にしながらも、自ら神のいのちの創造の場面を観想することにおいて、また新たな表現を生みだしたと言えよう。幾多の文化的な遺産がぶつかり合う時、新しい表現が炸裂していく様が見て取れる。

さて、ヨーロッパの洞窟壁画が描かれてから三万年、四万年を経た現代、昨今の芸術創作活動を見まわすならば、そこにＩＴ技術が深く入り込んでいることに注目せざるを得ない。芸術創作のさまざまな局面でＩＴが使われるだけでなく、ＡＩ（人工知能）が、例えば感動を呼び起こす音楽の特徴、人の目を惹きつける色彩配備の傾向性などについてディープ・ラーニング（深層学習）して、人のこころに何がしか訴えかける芸術を生み出すことができるかもしれないという時代である。

しかしながら、本書第I部で見るように、芸術がかかわることで、人が超越性に開かれることができるとするなら、それは人間の実存の深みで起こる出来事である。AIのディィープ・ラーニングの可能性は未知数ではあるが、生の深層における超越体験を表出し、またそのような人間的体験の場を提供することにもなる芸術創造において、AIが人間を不要とするところまで進化するのは、それほど易しいことではあるまい。

逆に言うならば、地中奥深くに根ざすいのちの躍動と、この世界を高く超えるものへの志向を、何とか形あるものにしたいという、人の心のうちからほとばしり出る創造への衝動に真剣に直面することこそ、芸術の本領であると言うことになる。

グローバル化という名が示すように、一方で人も物もお金も情報も、瞬時にして世界を駆け巡ることが可能になり、他方でそのスピードとグローバル化の恩恵にあずかることのできない部分が、人も含めて切り落とされ、格差がどこまでも広がっていく今の社会で、とりわけ比較的若い世代の人々の間で、死生観や宗教への関心が高まっていると言われている。もちろんそういった関心は、例えばパワースポットのようなブームに過ぎないものかもしれないし、ヴァーチャルな世界が肥大して、リアルなものとの境界が曖昧になってきている精神世界の副産物的現象かもしれない。それゆえこの現象が必ずしも、組織と教義の枠を持つ、特定の伝統宗教につながるものとは考えられない。

しかしそうであっても、生の躍動性とともに、人間のいのちの本質に深く根ざす超越への衝動性を、人々が今、以前にも増して意識に留めているように見受けられるのもたしかである。そしてその意識は、合理的な思考や組織造りの枠に飼い慣らされて、消滅しそうになっていた、人間本来のいのちの姿を思い出させてくれる。芸術が、そこにこそ寄与することを、この第I部の論考を通して、今一度考察したい。

第一章　霊性の道としての音楽

――モーツァルトのオペラ『ドン・ジョヴァンニ』を聴いて――

森　裕子

はじめに

音楽は古来、喜びにつけ悲しみにつけ、人間の生活に常に寄り添ってきた。とりわけその起源においても、歴史的展開においても、音楽は先祖を祀り、人間の生活の節目の時を祝う宗教と特別な結びつきを持ってきた。宗教儀礼の持つ枠によって外側からそのあり方を規制されつつも、音楽は宗教儀礼の内容を質的に構成する役割を担ってきた。ところで宗教儀礼はその性質上、人間生活の重大な時に執り行われて、人間性の根源に触れ、また人間を超える世界、聖なるものを開示することがその主たる関心事となる。自身の実存の深みに根ざし、また自分を超えたものへと開かれていく、人間のそのような宗教的営みにおいて、音楽はどのような意味と役割を持つのであろうか。他方で、例えば近代以降に現れる「芸術宗教」ということばが示唆する通り、他の芸術同様、音楽もそれ自体、聖性が生まれ出る場であるという考えがある。つまり宗教儀礼の枠外で、音楽が聖なるものに向かって自己を超えていく人間の営みに深くかかわっているというのである。いったい音楽のどのような要因が、いかようにして、人間のそのような超越へのダイナミズムに参与すると考えられるのであろうか。

人間の生活における音楽と聖性の関係について、例えば音楽は抽象的芸術であるがゆえに超越的なものを「表現する」のにふさわしいとか、「神聖な雰囲気を醸し出す」ことに長けているなどと言われることがあるが、いったいそれはどういう意味であろうか。音楽一般ではなく、特殊な音楽様式だけがそのような表現力を持つのか、音楽が音現象以外の何かを表すことができるのかということ自体、問われてきた問題であるが、たとえ音楽が表現する力を否定されることがないにしても、人間が作り出したものにすぎない音楽が、人間を超えるものを「表現する」ことなどできるのだろうか。音楽は宗教儀式の枠や、宗教的意味を担う言語に依拠した時、初めて聖性を「表現する」ということではないのか。確かに一考に値しよう。

他方で音楽を通しての、人間と聖性、ないし超越性とのかかわりは、人間の存在そのものの中に、そして人間の音楽経験の中にあり、それは音楽の種類、意味内容に必ずしも拠らないという見方も、歴史を通して繰り返し表明されてきた。ある時ある音楽が、人の存在の深みに触れるということを、多くの人間が経験的に知っている。内容、様式にかかわらず、何らかの音楽を創作したり、演奏したり、真摯に聴取したりする音楽経験の中で、ある時、人の魂が高められ、あるいは揺さぶられ、ある時は生きる上での重大な問題を投げかけられ、応答を促されるということがある。こういった音楽経験が、人間にとって根本的であればあるほど、人間を超えるものの次元がそこに否応無しに食い込んでくるように考えられる。このことは、聖なるものは人間が把握し、表現するよりも、体験するものであるという考えにも通じる。

こうして、超越、神秘、あるいは聖性に向かう人間の歩みにおいて、音楽はどのように位置づけられ、どのような意味で人間を同伴するのかという問いが、本章での主たる考察課題となる。「霊性」ということばを、人間が自己のうちに閉鎖している状況から解放されて、他者に、そして究極的には超越者に、すなわち神的存在に開かれ、自らの生を十全に生きていくさまざまな道として捉えるならば、[1]本章は「音楽的な霊性」、あるいは「霊性としての音楽」についての考察と言うこともできる。

本章では第一節において、音楽が聖なるものの特質、超越性を表現するという考え方について、主にその主張を展開した西欧の音楽議論を辿りながら検証する。それに対して第二節では、音楽を経験することの中に聖なるものへの道があるという考え方を、西欧古代の音楽観と、現代日本の作曲家の著述とを読み解きながら、その意味について考察する。第三節は本章の主要部分として、具体的な一つの作品を例にとりながら、その作品を巡る音楽経験の「証言」とでも言いうる仕方で、音楽が人間の魂を超越的なものへと開いていく足跡を辿る。

具体的な音楽経験の材料としてここで取り上げるのは、宗教儀礼に仕える音楽をあえて離れ、人間生活のただ中から題材を汲み取り、人間の生の本質を、しかもその暗部も含めての本質を巡って、物語を展開させている西欧的なオペラ作品である。それは聖なるものの領域が、言語や儀式によって保証されている音楽に依拠することなく、純粋に音楽そのものが人間性の辿る超越性、聖性への道において持つ意味を考察したいと考えるからである。ここでは、ウォルフガング・アマデウス・モーツァルト（一七五六―九一年）作曲のドラマ・ジョコーソ[2]『罰を受けた放蕩者、あるいはドン・ジョヴァンニ[3]』（一七八七年）をその材料として選ぶ。

とりわけ旧約聖書が示すように神との対話によって歴史を編んできたユダヤ教と、そこに出自を持ち、ロゴス＝御子キリストとして、ことばが大きな意味を持つキリスト教は、その礼拝においてことばに特別な位置を与えてきた。キリスト教において、礼拝の音楽が歴史を通して特別な発展、展開を遂げているのは、そのようなことばの位置づけにもよる。ことばがより明確に、より表情豊かに響くように、またより印象深く人々のこころに届くようにという意図のもと、礼拝のことばは旋律に乗せられ、その旋律が装飾され、積み重ねられ、そこに異種の音色をも組み合わせられていく。こうして西欧キリスト教音楽は、単旋律から多声曲へ、アカペラからオルガン伴奏付き、さらにはオーケストラ付きの曲への道を辿り、この上なく壮大で絢爛豪華なものにさえなっていった。

二　聖なるものを表現する音楽

多様な変貌を遂げる西欧音楽の歴史の中で、一六世紀頃には音楽家の間で音楽の「様式」（stylus）が問題とされるようになり、一八世紀になると思想家たちは音楽が「表現」する内容について議論を交わす。こうして、音楽が一種の言語のようなものであるということ、すなわち音楽はさまざまな「様式」を呈するが、それぞれの様式や音楽語法が何かを「表現」することができるという理解が、次第に人々の間で共有されてきた。そういった見方はある意味で今日に至るまで、根強く残っている。

キリスト教会では、礼拝にふさわしい音楽はどういったものかという議論が度々なされてきたが、そういった議論の中では、礼拝音楽の「様式」が問題にされるとともに、音楽は宗教的内容、あるいは聖性を「表現」すべきであるという課題を担わされる。

礼拝にふさわしい音楽を巡って、教会の公式の場で最初に反省し、論議したのはトリエント公会議（一五四五—六三年）である。宗教改革の嵐が吹きすさぶ中、中断を挟みながらも一八年にわたって執り行われたカトリック側のこの会議で、音楽はミサ典礼との関連で、会議のごく最後の方で扱われたが、その論点の一つは多声部が絡みあう複雑な音楽ではことばが十分に聞き取れないという問題、もう一つは教会の音楽に世俗的な要素（世俗歌曲をベースにした多声的展開や、世俗で流行している扇情的音楽表現など）が混入していることの是非に関してであった。一五六二年の第二二総会と一五六三年の第二四総会の文書が示す、この問題に関する公会議の立場は、多声音楽は確かに複雑になり、歌われていることばを聞き取りにくくしているが、その荘厳かつ控えめな様式は教会にふさわしいこと、またことばの意味を表情深く表現する音楽であっても、過度に扇情的で不協和音を含む音楽は教会にふさわしくないというものである。[4] 一方で礼拝にふさわしい荘厳かつ控えめな様式と、他方でことばが音声的にも内容的にも明確に響く様式、この両者の折り合いをつけることが議論されたわけであるが、結局、語りことばの調子を重視した、表情に富んだ音楽と、伝統的で荘厳な多声音楽様式の間の緊張について、トリエント公会議は解決を与えることができたとは言えない。

二〇世紀にもカトリック教会は、自らを刷新して、現代社会に一層開かれたものになるために、第二ヴァチカン公会議（一九六二—六五年）を開催したが、その最初に出された『典礼憲章』の中では、第六章全体が教会音楽に割かれている。その冒頭、キリスト教会の礼拝音楽に関して、音楽が祈りを表現するものであること、また礼拝に「ふさわしい」音楽の「特質」を有すべきものであることが述べられる。

一一二　普遍教会の音楽の伝統は、諸芸術の他の優れた表現の中でも、はかり知れない価値を持つ宝庫をなしている。それは特にことばと結びついた聖歌が、荘厳な典礼の必要ないし不可欠の部分となっているからである。……従って、教会音楽は、祈りをより味わい深く表現したりこころの一致を促進したりすることによって、また、さらに荘厳さを加えて聖なる祭儀を豊かにすることによって、典礼行為と固く結びつけば結びつくほど、いっそう聖なるものとなる。教会は、ふさわしい特質を備えたものであれば、真の芸術のあらゆる形態を認め、それを神の礼拝の中に採り入れるのである。[5]（傍点は引用者による）

もちろんここでは、「ことばと結ばれる」こと、また「典礼行為と固く結びつく」ことが前提となっている。では、祈りのことばと結びついて、礼拝の中で荘厳に演奏されるならば、それで音楽は聖なる性質を帯びるのかというと、歴史上の音楽評価は必ずしもそうではないことを物語る。

モーツァルトの音楽の中で、キリスト教礼拝のためのミサ曲は、一九世紀、従ってモーツァルトはとうにこの世にいなかったが、〈チェチリア運動〉という教会音楽運動の活動家から、世俗的過ぎるという批判を浴びた。特に『戴冠ミサ』は、その第六曲〈アニュス・デイ〉（Agnus Dei）のフレーズとよく似た旋律が、後から（先にではなく）作曲された『フィガロの結婚』の中で伯爵夫人が歌うカヴァティーナと呼ばれるアリアに使われているために、宗教的ではないと非難された。確かにモーツァルトのミサ曲には、オペラの登場人物が歌うアリアに勝るとも劣らないほどの技巧を尽くした、華やかで甘美な音楽が盛り込まれている。しかしモーツァルト自身の中で、教会音楽にふさわしい旋律様式といったカテゴリーがあったとは考え難い。一八世紀に作曲されたモーツァルトのミサ曲が、一九世紀という時代の枠にあったキリスト教音楽の「様式」、「聖なる音楽」の理想像を基準にして批判されただけのことであるが、このような評価はその後長く続き、今に至るまで引きずっている。

歴史をさかのぼって見ていくと、例えばヨハン・セバスチャン・バッハ（一六八五―一七五〇年）は最晩年に『ロ短調ミサ』の最終稿を整備するに際し、一部自作の世俗音楽を改作して充てている。これはバッハに限ったことではなく、多くのバロック期の作曲家たちがとったパロディと呼ばれる常套手段である。さらにさかのぼって一六世紀、教会の音楽は世俗的な要素を避けて、控えめで荘厳なものでなければならないとトリエント公会議が宣言し、その後パレストリーナの抑制の効いた多声曲が教会音楽の模範とされていく時代の最中、クラウディオ・モンテヴェルディ（一五六七―一六四三年）は、一六一〇年、当時の世俗オペラに近い音楽様式をふんだんに含む『聖母マリアの晩禱』と、伝統的で荘厳な多声音楽様式によるミサ曲をワンセットとして、当時の教皇、パウロ五世に献呈し、世俗様式と聖なる様式の区別を超える試みを提示している。

こうしてキリスト教音楽の歴史を紐解く時、音楽の特定の様式がキリスト教音楽としてふさわしいと言われることがあったとしても、そのような様式は特定の時代に限定されて評価されたものであることを認めなければならない。また音楽が言語のように何かを表現するという考えは、今も一般に受け入れられているにもかかわらず、それはある意味、人間の直感的な把握に基づく見方であり、宗教的な音楽もまた、特別に聖なる内容を表現するというよりも、どちらかというと礼拝の具体的な要素、ことば、図像、彫刻、建築物全体との結びつきにおいて、儀式らしい聖性が醸し出されると言うべきである。

三　西欧キリスト教社会における音楽と超越性のかかわりの理解

一方で特別な音楽様式が聖なる内容を表現することが、普遍的に保証される考えではないとしても、他方で人間が、音楽においてなんらかの聖性、超越性に触れることは、経験上否定できない。

しばしば古代人について、現代人とは比べものにならないほど意識的に、聖なるものとの交信を生きていたと言われるが、音楽に関しても、とりわけ古代の神話に目を向けるならば、人々が音楽を通して、神々の世界と、生き生きしたかかわり持っていたことを垣間見ることができる。

そのような時代にあって、古代ギリシャの精神文化は、神秘思想ともいえる壮大な音楽論を打ち立てた。ピュタゴラス学派に由来する音の数比論と関連づけられた「宇宙の音楽」、あるいは「天体のハルモニア」という考えである。そこでは動くものすべてが音を発していると考えられ、振動数比において調和的な関係にある諸音が、マクロとミクロのコスモスにハルモニアを響かせているというのである。そのハルモニアが構成する音楽には三種類あり、一つは天体の音楽、すなわち宇宙を構成する秩序の響き、二つめは人間の音楽、すなわち人間存在を構成するハルモニア。以上の二つは人間の耳には聴き取れない。三つめは楽器（道具）の音楽、すなわち人間が作り出し、実際に人間の耳が聴き取ることのできる音楽である。このような音楽論の背後には、人間そのものが、宇宙の秩序であるハルモニアを反映し、響かせている存在であり、人間が創作する音楽は、宇宙と人間を貫いて響き渡っている、そのような調和原理を具現したものであるという理解がある。それは、音楽が何か聖なるものを表現するというより、ハルモニアとしての音響現象が超越に通じるという考え方である。

古代ギリシャのこのような神秘的音楽論は、キリスト教的西欧社会に導入されて、以来一〇〇〇年以上にわたってヨーロッパの音楽理論書の基礎部分を成し、繰り返し記述されてきた。また初期キリスト教の教父たちが教会の聖歌について記述する際も、古代ギリシャの神秘的音楽観から、その発想の源を汲んでいる。例えばアタナシオス（二九六頃―三七三年）が「司祭はこのように歌って、人々の魂を静かに落ち着かせ、天上のコーラスと一つにする。詩篇を旋律によって朗誦することは、音の愉しみのためでなく、魂のさまざまな思いの間の調和を示すためである……」[6]と語る時、またヨハンネス・クリュソストモス（三四四年ないし三四九―四〇七年）が、「調和のとれた旋律とリズムに合わせて創られた聖歌ほどに、魂を目覚めさせ、それに翼を与えてこの地上から自由にし、からだの縄目から解き放つもの、知恵を愛することとこの世のあらゆる物から離脱することを教えるものは他にない」[7]と述べる時、歌うという行為において聖なるものの開示されることが経験的に捉えられ、表明されている。

古代キリスト教社会におけるギリシャの音楽論の展開は、アウグスティヌスの『音楽論』[8]において一つの頂点に達する。この著作は自由七科のそれぞれについて論じるという計画の中で、最初に着手された著述であると言われる。見えるものから見えないものへ理性を上昇させるという、自由七科全体が向かうべき展望の中で、著者は『音楽論』の初めの部分、第一巻第二章で、「音楽とはよく拍子づけることの知識である」（musica est scientia bene modulandi.）という定義を打ち立て、音楽が何かを表現する手段であるというよりは、すべてのよく拍子づけられた運動、自己自身のうちにその美しさと喜びの目的を有する運動を秩序づける原理であり、知であると提示する。このような運動体は、単に音の現象だけでなく、古代人の音楽的展望の中で、宇宙の、また人間の生のダイナミズムをも含めて考えられていた。こうして「音楽が密やかな聖域からいわば進み出てわれわれの感覚のうちに、もしくはわれわれによって感覚される事象のうちに、ある種の痕跡を残した」ことを経験的に知る魂は、その「聖域」と呼ぶところに「容易に、何らの誤りもなしに導かれる」ことを望んで、その痕跡を辿る旅に出る。アウグスティヌスはこの旅路を、音楽的運動を拍子づける原理の現れである「数、ないしリズム」(numeri)の認識によって導かれる魂が「宇宙の詩歌」を愛することに至る過程として説明する。音楽は、人間が希求する永遠への道なのである。

アウグスティヌスは、聖性、ないし超越性が、天体の秩序を映し出す音楽の響きにおいて実現し、その秩序である数的原理によって秩序づけられて、人間の魂は聖性に向けて導かれると説明しているが、古代のこうした音楽観は、確かに一見したところでは奇異な表現と見受けられるかもしれない。しかしながら、しばし静かに自らの音楽経験を振り返るならば、特定の音楽様式が神秘性や超越的内容を表現するというよりも、音楽が宇宙のハルモニアを反映するものであり、神秘に向かうようにと人の心を摑み、動かし、開かせる、その道であり、知識であり、その意味で手段であるという理解のほうが、自然に受け止められるように思われる。

音楽が聖なるものを「表現する」という理解が特定の地域と時代に限定的であるのに対し、音楽行為そのものの中に、人間が聖なるものに開かれ、超越へと導かれる道があるという見方は、実際比較的広く認められている。

ここで現代音楽の日本の作曲家たちが作曲行為について省察し、記述している文章に目を向けると、彼らはいずれも、作曲する過程での「聴くこと」について強調していることが注目される。例えば武満徹(一九三〇―一九九六年)は、「大江健三郎との対談」において、次のように語っている。

実際に僕が音楽という方法を通じてつねに感じ、また生活しながら考えていることは、言葉にはなかなか言い表せないのですが……音楽の方法は、他の芸術表現といくらかちがう。もちろんそれぞれの表現にはそれぞれの法則性があります。ところが、音楽の場合は他のものよりも、一般的には、より純粋な芸術であるといわれているのですが、実際に音楽をかたちづくっていく作業のなかでは、他のものより、より厳しい法則性に支配されているところがある。

最終的にはそうした、ある意味では数理的な法則といってもいいが、音響物理的な法則に身を委ねながら、そういう法則から、それを通しながら、最後の瞬間にはそういうものをいっさい燃やしてしまうというか、そこからはるかに遠いところへ行く、自分が実際に紙の上で音楽をつくっていくときそこで聞いている声、歌とはもっとちがう、ある時までは自分の内面の声というものを少しずつ聞き出して、それをはっきりした歌にしていきたい、かたちを与えたいという気持ちがあるのです。しかし、それは最終的な目的ではけっしてなくて、音楽家にとっての最後の希望は、そうしたものをもっと超えた遠い、じぶんよりももっとはるか遠くにある声を聞き出したいという気持ちがあるのではないか。それを僕は仮にヴィジョンといってもいいと思っています。(9)

同じ作曲家はまた、ある新聞連載のエッセイで、次のように述べている。

作曲に集中している時、不意に、音楽というものが、自分の知力や感覚では、捉えようもない(神秘的な)ものに思われることがある。自分なりに、音楽がわかったような気がしていただけに、そんな時、私は、戸惑いや焦りの後の無力感に挫けそうになってしまう。だがその無力感は、深刻な絶望とは異質な、むしろ居心地良さとぬくもりさえ感じられる（たぶんそれはなにか途方もなく大きな）諦めのようなものだ。こんな感情は言葉ではとても伝え難い。私は待つしかない。期待ということではなく、己を空白にして、音が私に語りかけてくるまで待つ。音を弄ってわたしの考えで縛ることから離れて、耳と心を全開にする。[10]

さらに近藤譲（一九四七― 年）は、その著作『音を投げる――作曲思想の射程』において、「超越への耳」という章を設けて次のように述べる。

耳で聴くとき、人は、多分、眼で見るときほど分析的な捉え方をしない。そのために、少なくとも伝統的には、視覚は感情よりも知性に、聴覚は知性よりも感情に結びつけられている。すなわち、知識は、それが鳴り響く音楽として実現されるとき、人の感情を動かす力を持つ。神秘的知識は、そこで知性と感情の分離を超え、直に体験されるのである。鳴り響く知識の恍惚。この恍惚が、知識の領域の彼方への超出を促す。神秘主義音楽家は、そう考えるにちがいない。

だがそれは、やはり、神についての知識の体験であるに過ぎない。それは二枚の鏡の間で無限に反射し続ける自らの知識の影への陶酔である。神の体験の神秘は、そこにはない。無限に知識を積み上げたところで、その延長で神に到達することはない。神からの働き掛けを得ることこそが不可欠なのだ。超越を体験するには、黙して、耳を開き、神の働き掛けを聞かねばならない。

音楽によって超越に至ることは不可能である。音楽は人のものであり、人からの呼び掛けであるに止まる。

その前提の上で、もし、神秘主義と音楽の関わりが僅かでも可能であるとすれば、それは、神秘的知識によって音楽を造ることではなく、むしろ、作曲者自身の精神的姿勢の問題でしかありえないだろう。すなわち構成することよりも、聴くことの尊重(11)。

これらの作曲家はいずれも礼拝音楽を書く音楽家ではない。にもかかわらず、両者とも音楽の超越性とのかかわりに言及している。前者は、音楽が自分の知力や感覚では捉えようもない(神秘的な)ものに思われると述べ、その前に無力である彼は「己を無にして」、「音が語りかけてくるまで待つ」、「耳とこころを全開にする」と言う。後者は、「音楽によって超越に至ることは不可能」と述べた後に、もし音楽が神秘なるものにかかわることができるとしたら、それは神秘に関する人間的な知識から出発して構成することではなく、音楽家の聴くことを尊重するという精神的姿勢にかかっていると主張する。これらの作曲家たちの記述から考察できることは、音楽行為そのもの、近藤のことばを使うなら、その「精神的姿勢」が、超越性、神秘とのかかわりを開くのであり、それは相互的なかかわりでもある。そしてその姿勢の中心にあるのが、「聴くこと」に他ならないのである。

音楽は目に見えない。音符や楽譜によって可視化することはできるが、楽譜が音楽であるとは言えない。音は響いた途端に消える。音楽を把握して、自分のところに留めることはできないのである。できるのはただ、一瞬一瞬耳を傾けること。音響現象が時間の中に展開するダイナミズムに身を預けること。こうして、自分の制御できる領域を手放した時に、初めて開示されてくる世界がある。作曲家たちは、そういった世界を、神秘的超越の体験として捉えている。

確かに「聴くこと」は、キリスト教の信仰生活において重要な要因と見なされている。パウロは『ローマの信徒への手紙』で、「実に、信仰は聞くことにより、しかも、キリストのことばを聞くことによって始まるのです」（『ローマ書』一〇章一七節）と言う時、何でも聞けばいいという話をしているのではなく、キリストのことばを聞くことを問題にしている。しかし続けてパウロが『詩篇』を引用するように、そのことばを「全地に響き渡る声」という、より本質的な意味でのことば、ロゴス的な意味での「キリストのことば」と広義に解釈することもできる。パウロが「聞く」ことだけに触れるのは、ことばがもっぱら語られるものであったその時代には当然のことであったかもしれない。文字が溢れかえっている現代であれば、パウロも違った言い方をしたであろう。文章や映像を「見る」こと、「読む」ことによって、信仰の教えを、より正確に、深い考察を伴いながら理解し、把握することができることは除外されない。しかし聴覚という非常に主観的と言われる感覚の特殊性として、声として響くことばは、聴く人に直《じか》に「触れ」、その人を「摑み」、「揺さぶる」という、鷲田清一の言う「触覚的な意味」、つまり「身体性」を含んでいる。[12] したがってある人のこころを動かしている信仰のことばが声に出して語られる時、そのことばは、聴く者のこころのより深い次元、「信」をも問題にすることのできる領域に響く。

さらに「聴くこと」は伝統的に、教会の祈りにおいても、霊的生活においても、第一に強調される態度である。祈る者はまず沈黙して、すなわち自らの能動性を静めて、自分を超えた存在からの語りかけを待つ。それは必ずしも音声的なことばを聴くことに限らない。沈黙の中で祈る者が、神の存在から醸し出されるものに身を曝し、聖書のことばを味わい、そのことばから広がる反響に耳を傾ける場合、そこに物理的音響はなくとも、こころに響く何かを聴いている。自分の中のなんらかの感覚を通して、他者から、祈りにおいては絶対他者である神からの語りかけ、その存在の響きとしてのことばを、「聴こう」としている。

現代日本の二人の作曲家が、作曲行為における「聴くこと」について述べるとき、彼らが「聴く」ことは、あるいは彼らが聴こうと求めることは、神の語りかけに耳を傾ける祈りにも通じるものがあると見受けられる。「聴く」ということ自体が、「己を空白にして、音が私に語りかけてくるまで待つ」こと、「わたしの考えで縛ることから離れて、耳と心を全開にする」ことが、作曲行為においても、祈りにおいても、自分を超えたものに自らを開く姿勢へと、人を導き入れるのである。

ただし、自分を超えたところに向けて自分を開くことは、自分の制御を超えるものに動かされるということにもなる。したがって一般に「聖なるもの」と認められているものを聴き取ることに、必ずしもつながらないのではないかと考えることもできる。すでにアウグスティヌスは、音楽を聴くことのうちにある、快楽に傾く危険性を意識している。

私は信仰をとりもどしたはじめのころ、教会の歌を聞いて流した涙を想起し、いまでもそれが、きよらかな声とよくととのった調子で歌われるのを聞くと、歌そのものよりむしろうたわれている内容に感動させられることを考え、このしきたりの大きな効用をあらためて認識するのです。このようにして私は、それがひきこむ快楽への危険と、にもかかわらずそれが有している救済的効果の経験とのあいだを動揺しています。しかし、もちろんいまここで確定的な判決を宣言する気はありませんが、どちらかというと、教会における歌唱の習慣を是認する方向にかたむいています。それは耳をたのしませることによって、弱い精神の持主にも敬虔の感情をひきおこすことができるためです[13]。

こうしてアウグスティヌスは、音楽の中に潜む危険性に遭遇し、動揺しながらも、かつて初期の著作である『音楽論』で、人間の魂が音楽における「数」の原理によって、すなわち、より上位の「数」によって秩序づけられることによって、永遠を希求するものになると述べたように、「耳をたのしませる」者は、次第に「敬虔の感情」を持つようになると述べる。「敬虔」を、他者の前に自らを静め、語りかけるものの前に跪くことと理解するなら、それを超越への開き、眼差し、あるいは愛と言ってもよいであろう。教会における歌唱の習慣を是認するか否かの判断基準を、アウグスティヌスはそこに見ている。

四　音楽聴取における超越の経験、モーツァルト作曲『ドン・ジョヴァンニ』を聴いて

こうして音楽が聖性、超越性、あるいは神秘と関係するとしたら、それは人間の音楽経験の中にあり、その意味で音楽が霊性の道になるかもしれないということを、いくつかの著作を通して考察した。その上で、具体例としてモーツァルトのオペラ『ドン・ジョヴァンニ』を「聴く」という経験を取り上げ、人間の音楽経験の中に、超越性に向き合い、また開かれる可能性があることを、筆者自身のこの作品を「聴く」体験から省察してみる。

1　作品を聴くコンテクスト

ここで明確にしておかなければならないのは、以下の論述は、いわゆる作品解釈を目指したものではないし、ある一度行われた演奏の批評でもないということである。曲を聴いた体験の記録、証言とでも言うのがふさわしい。もちろん音楽を聴くという行為には、幾層にもわたる条件と意味が絡み合っているため、それほど単純なこ

とではない。聴くことの背後には聴者の先行判断、すなわちハンス＝ゲオルク・ガダマー（一九〇〇—二〇〇二年）の言う「先入見」が、ある意味で理解の条件としてあり[14]、聴くことは「先入見」に基づく解釈に影響されていることは否定できない。

しかもオペラを「聴く」ことは、音楽劇を「見る」ことでもあり、また物語を「辿る」ことでもある。そこにはオーケストラの響きや歌手たちの声のみならず、台本のことば、舞台装置、衣装、照明など、多次元の要素が含まれる。聴取はオペラ劇場で五感をフル稼働させて聴く形で行われることもできるし、CDで音だけに集中して聴くことでも行われる。一回の演奏会で作品を通して鑑賞することもあるし、録音されたものを区切りながら、また部分的に反復しながら、ある時は楽譜やリブレットを見ながら聴くこともある。したがって聴く行為はかなり多様な形態をとりうる。

しかしどのようなコンテクストで聴くにせよ、共通しているのは、演奏を聴くことの一回一回が、出会いの出来事になるということである。オペラで言うなら、まず作品を生み出した台本作者と作曲家がいて、ある舞台での演奏に巻き込まれたありとあらゆる立場の人々、そしてそれを鑑賞する人がいる。鑑賞する人は、場合によって、同じ演奏会場に居合わせて同じ演奏を同じ時間に聴く一群の人の中に身を置く。聴者は一つの作品に向き合う時に、その作品と出会い、作品を通してその作者、そして演奏者に出会う。作曲者と演奏者と聴者は、しばしば生きている時代も国も異にする。しかしそうであっても、その出会いは聴者の現在の出来事である。例えば、一八世紀後半に作られたモーツァルトの『ドン・ジョヴァンニ』を、ウィルヘルム・フルトヴェングラー（一八八六—一九五四年）がその晩年、一九五〇年代に演奏したものを、今聴く場合でも、この音楽のこの演奏が聴かれる時が、音楽が実現し、出会いが行われる時である。

ガダマーは、芸術鑑賞におけるこのような現在性を、宗教上の救済の出来事の現在性と類似するものとして説明する。ガダマーによると、芸術作品は世界の連鎖の中で、一個の独立した意味圏としての纏まりをもち、受容者はしたがって作品との「美的距離」をとらされている。それは「見るための距離であって、これがあってこそ、自分の前で表現されていることに真に全面的に参与することが可能になる」という。鑑賞者にとって重大なことは、それぞれの芸術家の人となりや背景を知ることではなく、自分のうちでの作業なのである。

観客は、自分が忘我の境に入っているまさにそのものによって、意味の連続性を求められるのである。眼前に表現されているのは、自分が生きている世界、宗教的道徳的な世界の真理であって、観客はその中に自己を認識するのである。臨在（Parusie）、すなわち、絶対の現在が美的存在の存在様式を示すであろうし、芸術作品がそのような現在の生じるところであればどこでも、不変同一であるように、観客がその中にいる絶対的瞬間も忘我であると同時に自分自身との仲介なのである。[15]

かくして作品と向き合う時、そこに提示されるものに、一瞬一瞬全身で耳を傾けることがいよいよ重要な意味を持つ。

2　作品の背景

ガダマーは、「芸術経験において、制作を行う芸術家の自己意識——例えばその生活史——、作品を上演する演技者の自己意識、そしてまた演技を受容する観客の自己意識、そのどれもが芸術作品の存在に対してなんらの独自の正当性をもたない」と述べて、芸術解釈において、原著者と作品としてのテクストとを切り離す。

しかしながら、実際あまりに違った世界の作品を聴くに際して、作品や、作者の背景に存在するものを知ることが多少の助けになることもある。例えば、このオペラ、モーツァルトの『ドン・ジョヴァンニ』は、総譜の表紙には二幕から成るドラマ・ジョコーソ、すなわち喜劇と記されているのに、なんという暗く重い和音で始まるのかと不思議に思う。しかもそのすぐ後にはその重たさが嘘であったかのように、いつものモーツァルトの清澄で軽妙な音楽が続くのである。揺れ幅の大きさに戸惑うばかりであるが、なぜこのオペラがドラマ・ジョコーソと書かれていて、にもかかわらずなぜこんなにも暗澹たる序曲で始まるのか、作品の背景を知るとその不可解さは解消する。

まず一つには、モーツァルトにとって自分の音楽の最善の理解者であり、同時に心理的には眼前に立ちはだかる越えがたい壁のような存在であった父、レオポルトが、『ドン・ジョヴァンニ』の作曲中、一七七九年に死去したということを踏まえることによって、この序曲のどうしようもない不安定性に距離をもって対面することが可能になる。モーツァルトが残していることばはないが、父を失った衝撃と動揺は大きかったのではないか。同年生み出されたモーツァルトの作品には、彼の異常とも言える精神を聴き取ることができるようで、胸に迫るものがある。例えば、『音楽の冗談』（KV. 522）のような、調子外れな合奏になるように意図的に作られて、下手な楽師の演奏の様を皮肉って模写している、ユーモアあふれる作品もあれば、『ロンド、イ短調』（KV. 511）のような陰鬱な作品もある。

第二に、オペラというジャンルでは、作曲家のみならず、オペラの台本作者が重要な鍵を握っているため、この場合『ドン・ジョヴァンニ』の台本を書いたダ・ポンテ（一七四九―一八三八年）についても、同様の眼差しが向けられなければならない。しかも『ドン・ジョヴァンニ』の台本の場合、ダ・ポンテが創作した物語ではないため、事情は一層複雑である。もとになっているのは、中世スペインの民間伝承である喜劇の物語で、モーツァルトとダ・ポンテの手に辿り着くまでに、さまざまな人物の手によって戯曲化され、オペラとなってきた[16]。時代により、国により、強調点が違ったり、テーマが異なったり、登場人物が取り替えられ、筋書きに変更が加えられたりした。茶番劇から、道徳劇まで、さまざまな様相を呈してきたものである。最初に戯曲化したのは、スペインの修道僧、ティルソ・デ・モリーナ[17]である。次から次へと女性を誘惑する放蕩者が、最後には超自然的な罰として、自分が殺した騎士長の石像の手に引きずられて地獄に堕ちるという筋書きが、道徳的な戒めの意味合いを込めながらも喜劇として仕立てられている。当時のスペインに流行していた「コメディア」という様式で上演されたらしい。モーツァルトの『ドン・ジョヴァンニ』がドラマ・ジョコーソという枠組みを持ち、重苦しい荘厳さと滑稽な軽妙さの両方が絶妙なつなぎで組み合わされているのは、この戯曲のこういった出自にもよる。

3 「聴く」ことに見出す作品の「異質性」

作品を「聴く」ことによって、聴者は作品と「出会う」わけであるが、それにしてもこの『ドン・ジョヴァンニ』の場合、主人公と思われる人物が、聴者の生活の枠を大きく越えているため、特に最初の「出会い」は戸惑い以外の何物でもない。まさに「異質性との出会い」である。

全体を通してこのオペラを聴き、最初に異様に感じられるのは、ほとんどが夜の出来事であるということである。唯一、農民カップルのツェルリーナとマゼットの結婚式の場面は昼間なのかもしれないが、それを除くならば、ドン・ジョヴァンニが登場するのは常に夜であり、彼は夜に生きる人間として印象づけられる。しかも周りを引き込んでさまざまな事件を起こし、最後には、闇夜の只中で地獄に引きずり堕とされるという結末を迎える。全体が暗い世界の中で展開する。

すでに述べたようにこのオペラの音楽の始まりもまた、異様に感じるところである。ニ短調のけたたましい轟きが続けざまに鳴り響いて始まるという、とてつもなく重苦しい序曲の序奏である。聴き手のこころを、光の見えない闇に放り込んだ後、次には調性が一定しないまま上り降りする音階楽句が続く。こうして緊張感が思い切り高まったところで、二小節の楽句を通って、突然、軽快なニ長調の主題が始まる。その二小節楽句とはニ短調の主和音と属和音をヴァイオリンが分散和音的に奏する部分であるが、その属和音において、短調から（属和音と主音を共有する）同主長調に転調するのである。[18] このトリックとも言える転換はモーツァルトならではのウルトラC級のわざであるが、この早変わりはいったいどういう意味なのかと不思議に思う。そして明朗なソナタ形式を成す序曲がほぼ終わりかけると、このオペラの喜劇的要素の主な担い手である、ドン・ジョヴァンニの従僕レポレッロが、雇われの身を嘆く第一曲で幕が開ける。しかしようやく「喜劇」らしさを呈するレポレッロの歌が一区切りつくや、場面はすぐさま物々しい出来事へと流れていく。ドンナ・アンナという女性と、そこに押し入ったドン・ジョヴァンニが口論する、そこにドンナ・アンナの父親である騎士長が現れてドン・ジョヴァンニに決闘を申し込み、ドン・ジョヴァンニが騎士長を殺害してしまう、ドンナ・アンナが父親の死を嘆き、フィアンセとともに復讐を誓うという一連の出来事の場面である。この間、序曲の幕を切ったニ短調の重苦しい曲調が再び戻り、舞台を覆う。そこでドン・ジョヴァンニはといえば、いつしかレポレッロとともにその場から姿を消している。

もう一つこのオペラで異様に感じるのは、主人公ドン・ジョヴァンニの描かれ方である。彼は、最初の場面のように、何か出来事の最中にそこから逃げてしまうのである。またドン・ジョヴァンニがこのオペラの全体を通して（レポレッロがドン・ジョヴァンニに変装している場面もあるが）登場し、強烈に人を惹きつける何かを放つにもかかわらず、ドン・ジョヴァンニが一人で歌うアリアは二曲に過ぎないということも普通ではない。アリアはその歌を歌う人物のその時の内面を語り、モーツァルトの時代にはまだ、アリアこそが歌手たちの聴かせどころであり、オペラの真髄であった。ドン・ジョヴァンニが歌うのは、一つは第一幕フィナーレに向かうところでのシャンパンの歌。ツェルリーナとマゼットの結婚式に集う人々を、彼の私邸に招き、踊って飲もうと歌う。確かにそれはエネルギーに満ち溢れて、人々の耳に強烈に訴えかける曲ではあるが、アップ・ビートの中、わずか一分あまりで駆け抜けていってしまう。

二つ目はドン・ジョヴァンニが、ドンナ・エルヴィラというかつてかかわった女性の召使のほうに近づこうとして、召使が親しみやすいようにレポレッロの服を身にまとい、マンドリンをつま弾きながらドンナ・エルヴィラの家の窓辺で歌うセレナーデである。歌っているのはドン・ジョヴァンニであるが、彼はレポレッロを演じている。歌う主体のアイデンティティは曖昧である。ドン・ジョヴァンニの他のすべての歌にも言えることだが、ここでも彼は相手のこころを摑もうと、相手に合わせているため、これもドン・ジョヴァンニ自身が透けて見えるようなアリアにはならない。ドン・ジョヴァンニがどんな人物なのかは、すべて他の登場人物の歌が滔々と述べるので、聴者はドン・ジョヴァンニがどんな人かはわかったような気にさせられてしまうが、実は彼自身の口から、彼自身の内面が知られるアリアはなく、それはオペラというジャンルには極めて珍しい。心情を豊かに表現するアリアこそがオペラの聴きどころであり、真髄であると言えるからである。ドン・ジョヴァンニは本当の自分を表出することから、するっ、するっと抜けていく。

自分のことを語らないドン・ジョヴァンニは、しかしながら、女性を誘惑する機会を、飽くことなくうかがっている。彼は一体何を求めているのだろうか。ドンナ・エルヴィラの召使に近づく前に、「また女性を騙すつもりですか」と問うレポレッロに答えてドン・ジョヴァンニは、一人の女性にだけ尽くすことは他の女性に無慈悲であることになり、自分は広い心で全部の女性（tutte quante）を愛するが、それをじっくり考えられない女性が自分をペテン師だと思ってしまうと言う(19)。聴者には、訳のわからない理屈を捏《こ》ねているとしか思えない。一人のユニークな女性ではなく、女性全体を愛するというなら、彼は相手をだれもユニークな存在として見ないことになるのか、あるいはむしろ一人の固有な人間としての「私」さえいないのではないかと思ってしまう。

ドン・ジョヴァンニをとりまくモーツァルトの音楽に注目するなら、それは目まぐるしく移り変わりながら駆け抜けるという印象を抱く。ある時は愛らしく、ある時は力強く、またある時は甘美であって、確かに瞬間的に永遠を垣間見させてくれる。しかし、音楽はとにかく素早く過ぎ去り、とどまることなく、すぐにどこか別のところに行くのである。

ドン・ジョヴァンニは、こうしてオペラの最後まで、快楽、豪華絢爛の祝祭《バッカス》の中、同時に分裂、自己逃避を重ねて駆け抜けて行く。しかし興味深いことに、モーツァルトとダ・ポンテのオペラに登場するドン・ジョヴァンニは、伝統的な筋書きとは違って、何人かの女性に接近しながらも、一度も企てを成功させることができない。彼自身、第一幕第一一場で、「どうも今日は、悪魔が俺の楽しみが成功するのを妨害して喜んでいるようだ」と言っているので、オペラ制作者たちが意図的に仕組んだことらしい。確かにドン・ジョヴァンニが歌う時、彼の上に慈しみの眼差しが注がれていると感じさせるような音楽が鳴り響いて、作曲者モーツアルトのこの登場人物への愛着を感じるほどであるが、それでもモーツァルトはドン・ジョヴァンニの思うように事を運ぶことを拒む。

最後の場面でついに、ドン・ジョヴァンニは墓場でレポレッロと冗談を言って大笑いをしていたところで、異次元から現れ出た超越者のチャレンジを受けることになる。異次元の超越者は、オペラの冒頭でドン・ジョヴァンニが殺した騎士長の石像の姿で現れる。騎士長の怨霊なのか、裁きの神なのか、よくわからないが、相手を自分の思うままに操り、うまくいかない時にはその場をするりと抜けてきたドン・ジョヴァンニが、この石像を前にしては、いつものように振る舞うことができない。戯れに私邸での晩餐に招待したため、本当にやってきた石像の吸引力が彼を圧倒する。

石像はドン・ジョヴァンニの手を握って、「悔い改めるのだ、生活を変えるのだ」（Pentiti, cangia vita）と迫るが、ドン・ジョヴァンニはそれに対して、'No' を繰り返す。「悔い改めはしない、私から遠く離れろ」（ch'io non mi pento, vanne lontan da me!）。絶対的要求に対する、ドン・ジョヴァンニの最終的応答がこれである。ここまで徹底した否定というのも、また聴者の理解の範囲を超える。

こうして、この対話が二回繰り返された後、石像は「ああ、もう時間がない」（Ah tempo più non v'è.）と言って退場し、ドン・ジョヴァンニは恐ろしい火の塊に呑み込まれていく。この場面の登場人物、ドン・ジョヴァンニ、石像、そして震えながら隠れてなにやらつぶやいているレポレッロは、そろってバスないしバリトン歌手が担当し、声はどこまでも沈んでいく。そこに覆いかぶさるように、トロンボーン、ホルン、ファゴットといった三声の低音楽器が、さらに低い音域を膨らませ、いよいよ闇の深まりが示唆される。

ドン・ジョヴァンニが、自らの選択によって、「ああー」という叫びとともに業火の中に落ちていく様を、ヴァイオリンが二回にわたってニ短調の急速な下降音階で示唆する時、聴者たちも何か深い淵の中に吸い込まれていくような錯覚に陥る。この場面は、恐怖感を煽る演出で上演されることも多いが、奇妙なことに、その後瞬く間に、舞台は音楽とともに明るいフィナーレに移っていく。ドン・ジョヴァンニが地獄に堕ちる場面において、ティンパニがけたたましくトレモロで鳴り響く中、ニ短調の主和音が引き伸ばされて、いったんその場が終始する。オペラはここで終わってもいい。しかしニ短調の主和音が鳴りやむやいなや、すぐさま、またしても二小節の短い楽句、ほとんどトゥッティで奏されるg－G, d－Dというオーケストラ楽句を経て、ト長調の快活な音楽に移ってしまうのである。[20] 深刻な決断を迫られて神妙になり、しかもその選択を激しく拒否したドン・ジョヴァンニが地獄に堕ちる場面に、ある意味で打ちのめされていた聴者は、この転換にまったくついていけない。地獄堕ちに続くこの日常の場面で、登場人物がほぼ全員一堂に会し、ドン・ジョヴァンニの結末を聞き、また各自の行く末を互いに語り合うが、音楽的に言ってそれほど魅力的なフィナーレというわけでもない。超越性に通じるような荘厳な音楽の中で、深淵に沈んでいた聴者は、わけもわからないまま半ば宙吊り気分で、まったく普通の日常に引き戻されるのである。

4　作品の「異質性」が聴者に問いかけること

このように描かれる主人公の姿は、現実離れして、聴者の生活の中に位置づけることが難しく、その意味で聴者にとっては異質な存在であるが、その異質さから問いかけられることもある。またそのような異質さをいや増すモーツァルトの音楽世界が、聴者のこころを揺さぶり、あるいは惹きつけてやまないのも事実である。

ドン・ジョヴァンニが、次から次へと場所を移して快楽を追求し、事を起こしてはその場から逃げ去るというパターンを繰り返している時、音楽も目まぐるしく変化し、どこにもとどまることなく疾走する。だれかと出会っていても、「あなた」にも、そして「私」にさえも直面することなく、忙しく通り過ぎていく。そのような主人公の描写に、聴者もどこか落ち着かないもの、不安定感を覚え始める。走り続けることの虚しさに突き当たるといったらよいかもしれない。快を追い続けて遍歴しても、そしてたとえ瞬間的には時間を超える永遠性の片鱗を味わうことがあったとしても、自己投与《コミットメント》のない時間の積み重ねで得るものはない。得るものがないから、さらに快の追求を繰り返す。出口のない迷路の中に絡め取られている主人公の状態を見せられて、居心地悪さの中で、聴者自身、自己投与という問題を、我が身に問いかけられるようになる。

物語は最終的に、ドン・ジョヴァンニの地獄堕ちの場面に至る。この地獄堕ちの部分はもともとの話の中心的な構成要素を成すので、モーツァルト＝ダ・ポンテもドン・ファン伝説をそのまま踏襲しているのだが、踏襲するだけでなく、モーツァルトはここに、途方もなく荘重な音楽を書いている。しかも、ここで鳴り響いているのは、オペラをけたたましい和音と音階で始めた、あのニ短調の序曲である。石像が「ドーン・ジョヴァーンニー、お前と晩餐をともにするためにやってきたぞ」と低音で歌いかける時、その声は、有無を言わせることなく聴者を惹きつける強烈な響きを放つ。続いて両者の間で交わされる「悔い改めよ」、「ノー」、「時間がない」という対話にも、モーツァルトは尋常ならざる音楽作りをしている。

原初のティルソ・デ・モリーナの戯曲では、石像は悔い改めのチャンスを与えることなく、イエスもノーもなくドン・ジョヴァンニを地獄に堕とし込む。モリエールの戯曲(21)でも、モーツァルト＝ダ・ポンテ直前に上演されたガッツァニーガ＝ベルターティのオペラでも、主人公は問答無用で、石像によって地獄に引きずって行かれる。それに対し、モーツァルト＝ダ・ポンテは、ドン・ジョヴァンニに、ここで選択の自由を与えている。一方で回心を迫る存在があり、他方でドン・ジョヴァンニは自らの自由によってそれを拒むという構造である。この部分のためにモーツァルトが作った音楽は、こころを散漫にすることを寸分たりとも許さないような、圧倒的力で聴者に迫る絶対的な呼びかけとして響く。こうしてドン・ジョヴァンニがここで初めて、逃げることなく、真剣に他者に向き合い、それゆえ自己にも直面していることを、聴者はこの荘厳な音楽のうちに聴き取るようになる。

しかしながら言及しておかなければならないのは、ここでのモーツァルトの音楽が、神の裁きの厳しさというより、選択を迫られることとの実存的な厳しさとして響くということである。他者と向き合い、自分と直面し、いのちを選択することが含む重みである。石像はその選択に際し、「時間がない」と言う。この選択は、後のない、繰り返しが効かない、今という時の中に求められる。

こうして聴者は、絶対他者の前に立つドン・ジョヴァンニとともに、その意識が超越的次元へと飛翔することを、自らのうちに覚える。もちろん聴者自身が緊急に回心を迫られるわけではないが、壮大なモーツァルトの音楽に包まれて、ドン・ジョヴァンニが、人間をはるかに超える次元に立ち向かっていることを思い、いつの間にか神聖なる存在の前に「私」として立っているのである。

もう一つ重要なことは、モーツァルトの紡ぐ音楽がただ荘厳で厳しいだけでなく、どこかに温かいものを感じさせる響きでもあるということである。モーツァルトはあたかも、ドン・ジョヴァンニに慈しみの目を向けているかのように聞こえる。ドン・ジョヴァンニとともに超越者の前に襟を正す思いを抱いている聴き手は、モーツァルトの音楽を通して、ドン・ジョヴァンニに注がれる超越者の温かい眼差しを垣間見る思いなのである。ドン・ジョヴァンニに選択を迫る者の厳しい問いかけを、その奥に、深い愛を湛えた声として聴くとでも言おうか。これはこの上なくオペラの作曲に魅せられ、とりつかれてもいたモーツァルトの愛と天分をもって、初めて生み出されえた響きである。聴者はこうして、神聖なる存在の前に「私」として立ちながらも、その超越的存在のうちに温かみを覚え、根底には安心、信頼さえも抱いている。

この深刻な地獄堕ちの場面に続くフィナーレが、明るく軽々しくもあるため、このフィナーレによって、モーツァルトは、それまで築いてきた、刹那と永遠、生と死、この世と超越とがせめぎ合い、緊張がみなぎっていた音楽世界を、一気に吹き飛ばして、跡形もなく破壊してしまうかのように見える。

この最終場面は、モーツァルト自身が、プラハの初演のために作ったものを、ウィーンの再演の際には省略したという、いわくつきの場面でもある。ただ思い起こしてみれば、冒頭の序奏においても、ニ短調の荘厳な音楽が、二小節のトリックのようなつなぎでニ長調の軽快なソナタ形式楽句に移行していった。終結部でドン・ジョヴァンニの地獄堕ちがニ短調の悲壮な音楽で表現された後、やはり二小節のつなぎによって、ト長調、そしてそこからニ長調に転調するという作りは、冒頭と完全な対を成しているわけである。モーツァルトは対を成す、ニ短調―ニ長調の枠組みの中に、ドラマを展開させている。

最終場面で登場人物の六人は、声を合わせて「非道な者たちの死は、いつでも生と同じものなのだ」（E de' perfidi la morte, alla vita è sempre uguall）と歌う。この歌詞は聴者にとって意味深く響く。ニ短調からニ長調へ瞬時のうちに移るために、自分が今どこにいるのかほとんど見失ったままではあるけれど、聴者は、淡々と歌われるこの重唱に耳を傾ける時、死に様と生き様が切り離されえないものであるという、根本的な生き方について問われるのである。こうして重大な決断が超越の次元に通じるほどの重みを持ちながら、その重みは日常生活の次元にまで貫かれることに思い至る。超越的な存在の前での決断は、日常的な生の中でこそ生きられるべきものであるところに、乾いた重唱が連れ戻してくれるのである。

おわりに

以上は音楽作品を聴いた体験の、ある記録である。聴者が作品の中に聴きとることとは、作品そのものが持つ方向性と、聴者の持つ「先入見」に影響されて構成されるにもかかわらず、ある時の、作品と聴者のユニークな「出会い」によって新たに開示されたものである。自己自身にとっての「今」という時に『ドン・ジョヴァンニ』を聴いた聴者は、とりわけ主人公が究極的な決断を迫られる最終場面を演出するモーツァルトの音楽の中に身を委ねながら、自己の意識が、この世界を超える次元へと飛翔するのを覚える。しかしながらその荘厳な音楽が軽妙な音楽に早変わりするところで、そのような超越性の次元が、日常生活の只中にまで貫かれるものであることに引き戻される。超越性の次元と日常の次元とを貫くモーツァルトの音楽的ダイナミズムの中で、またその音楽の紡ぎ出す味わいの中で、聴者は、超越的な存在に、温かみを帯びた人格としても出会う。こうしてこの作品を聴く経験は、作品の提供する条件と、経験する主体の信仰という枠の中でなされながらも、自己の閉鎖性を破って他者としての超越者に向き合い、自らの人生を十全に生き、そして歩む勇気を、聴者の内面に充溢させる。

注

（1） Jean-Claude Dhôtel, *La spiritualité ignatienne*, Paris, Editions Vie Chrétienne, 2010, pp.5-7.

（2） 「ドラマ・ジョコーソ」とは〈喜劇〉の意味であるが、これは台本作者によって付されたジャンルであり、モーツァルト自身は自分の作品目録に、「オペラ・ブッファ」、すなわち通常の喜劇的なイタリア・オペラとして記載している。
(3) 以下、『ドン・ジョヴァンニ』と表記する。
(4) トリエント公会議、第二二総会、教令。Canons and Decrees of the Council of Trent, Original Text with English Translation by H. J. Schroeder, B. Herder Book, London, 1941, pp. 150-151, 423-424.
(5) 『典礼憲章』第一一二項、『第二バチカン公会議公文書』改訂公式訳、カトリック中央協議会、二〇一三年、九五頁。
(6) James McKinnon, *Music in Early Christian Literature*, Cambridge, Cambridge University Press, 1987, p.53.
(7) *Ibid*, p.80
(8) アウグスティヌス「音楽論」原正幸訳、アウグスティヌス著作集3、教文館、一九八九年、二四一、二八五―二八六頁。
(9) 武満徹「オペラをつくる」、武満徹著作集4、新潮社、二〇〇〇年、二一四頁。
(10) 武満徹「音、それは個体のない自然」、武満徹著作集3、新潮社、二〇〇〇年、二四〇頁。
(11) 近藤譲『音を投げる――作曲思想の射程』春秋社、二〇〇六年、三七―三九頁。
(12) 鷲田清一『「聴く」ことの力』TBSブリタニカ、一九九九年、二〇〇頁。
(13) アウグスティヌス『告白』第一〇巻第三三章五〇、『アウグスティヌス』世界の名著一六、中央公論社、一九八八年、三七六―三七七頁。
(14) ハンス＝ゲオルク・ガダマー『真理と方法II』法政大学出版局、一九八六年、四二一―四八〇頁参照。
(15) ハンス＝ゲオルク・ガダマー『真理と方法I』法政大学出版局、一九八六年、一八三―一八五頁。
(16) ジャン・ルーセ『ドン・ファン神話』金光仁三郎訳、審美社、一九八八年を参照。
(17) ティルソ・デ・モリーナ『セビーリャの色事師と石の招客』佐竹謙一訳、岩波文庫、二〇一四年。
(18) Wolfgang Amadeus Mozart, *Neue Ausgabe Sämtlicher Werke* 8. Kassel, Bärenreiter, 1999, p. 8.
(19) ここでは、『モーツァルト　ドン・ジョヴァンニ』（名作オペラ・ブックス二一、音楽之友社、一九八八年）のイタリア語リブレットとその日本語訳（海老澤敏訳）を採用している。
(20) *Neue Ausgabe Sämtlicher Werke* 8, p. 455.
(21) モリエール『ドン・ジュアン』鈴木力衛訳、岩波文庫、一九七五年。

第二章　フランスにおける日本仏教美術研究への概観

――その誕生と発展――

ロール・シュワルツ゠アレナレス

はじめに　日仏文化関係におけるテーマの重要性

学問的に見ると、今日ますます増え続けているフランス人研究者の中にはかつて、古代日本美術に関心を寄せる人もいたが、江戸や明治時代については、それより遥かに多く扱われてきた。こうした研究や、二〇年ほど前からさかんになってきたジャポニスム研究に関する多くの書物や展覧会のおかげで、学問領域としての日本美術史の誕生を、今日より明確に理解することができるようになった。一九世紀の終わりから、フランスにおいて研究者や芸術家、美術品コレクターの間で注目されてきた浮世絵、建築、装飾美術などに関する著作、そして関心あるいは情熱は今日、日仏両国において比較的よく認知されているテーマとなっている。

また一方で、一九世紀の博学な東洋学者の伝統を受け継いでヨーロッパで生まれた仏教研究は、とりわけフランスにおいて活発で、実り多いものとなっている。後にまた触れるが、何人かの偉大な先駆者や知識人たちによって、フランスにおいては数十年前から日本美術の遺産の重要性とその価値について認識するようになったが、一方で仏教研究の専門家たちは、一般に文献学的・歴史学的アプローチを優先させ、芸術的な面については深く追求してこなかった。

このような理由から過去、現在における日仏間の文化的関係を理解するうえで重要であるにもかかわらず、この仏教という文化遺産に捧げられた研究の歴史的経過は、ほとんど知られていないのである。そこでここでは、そうした歴史を可能な範囲で概観してみたい。

この広範なテーマに取り組むにあたり、年代順に流れを見ていくことになるが、日本仏教美術に対する関心の変遷に沿った、二つの大きな角度からのアプローチに絞り込むことにする。ひとつは作品を、人文主義的・百科事典的な背景において捉え、宗教に対する認識を導き出すような見方、もうひとつは、美学的評価・芸術的側面を尊重する見方である。しかし図式は、当然ながらものごとを単純化するものであり、この二つのアプローチの間に強固な壁を、場合によってはありもしない壁を打ち立ててしまうことがある。こうした図式は実際、イコノグラフィーのような分野におけるさまざまな方法やその発展段階の中に見られるのである。しかしながら、こうした分類法は、きわめて人為的なものではあるが、同時に宗教画がそれ自身の美しさよりも、その神聖さや異国情緒をもって評価されるという、歴史的・文化的レベルでの現実に目を向けさせるものでもある。

またこの論考は、仏教美術や宗教画についての文献目録をつくることではなく、それぞれの時代の中でこうした芸術に捧げられた研究について、ここであらためて考察し、その再評価を提案することを目的とする。そしてまず、この分野において行われた「科学的」研究と形容されるものについて、それらをヨーロッパにおける東洋研究の発展の文脈に置いて捉えてみたいと思う。同様に、美術史研究の発展を活気づけてきた社会文化的背景を理解するために、この分野の専門家ではない旅行家、美術愛好家、日本文学に興味を持った作家たちの証言にも触れたい。そして、一九世紀最後の十数年に遡る日本学の誕生から、美術史研究の起源を把握するために、さらに時代を遡り、日本美術発見の先駆けとなった出来事に目を向けたいと思う。

一　日本仏教美術と文化的「他者性」

ミュゼ・ド・フランスの著名な会長であるジョルジュ・サール（Georges Salles, 1889-1966）は、熱心な日本美術の愛好家としても知られるアンドレ・マルロー（André Malraux, 1901-76）と同時代に生き、親交もあった人物であるが、[1] ルーブル美術館において古代美術に捧げられた、エジプト、オリエント、ギリシャ・ローマの三つのセクションについて、一九五〇年に以下のように述べている。

遥か昔、エジプト、シュメール、エーゲ海という母なる文明があった。そしてアテネ、ローマ、ビザンチンを過ぎ、我らがキリスト教のいまだ野蛮なる初期の時代に至り、やがて中世、ルネッサンス、近代美術の花が咲く。

ルーブル美術館は、したがって我々の故郷、我々自身の世界であり、世界の他の土地については、〔それらの遺産は〕ギメ東洋美術館に存在している。そこには、他のアジア、つまりインド洋、東・南シナ海、アジア大陸内部へと広がる、我々には未知の中心点を持つアジアがある。あるいはまた人類博物館では、ブラック・アフリカ、オセアニア、アメリカという別の大陸に出会う。文化の空間的区分からすると、ルーブルは唯一、我々家族の地なのである。[2]

イランからシリア海岸までの、アジア大陸の中でも西洋寄りの地域とは違い、ジョルジュ・サールがここで定義する「他のアジア」は、いわば私たちと同じ家族の一員ではなく、したがってルーブルには展示されるべきものではない、まったく別の、それ専用の場所に置かれるべきものだ、とここで述べられている。しかし彼の言葉には、そうした「他のアジア」に対する軽蔑的な意味は含まれておらず、むしろその芸術的遺産の美しさと重要性から、特別な関心が向けられるべきであり、そして特定の場所を与えるべきだとする、異なる文化圏への敬意がこめられていると言える。

実際、ジョルジュ・サールがルーブル美術館のコレクションを再編成する任務を負っていた一九四五年まで、日本美術は主に、一八九三年にガストン・ミジョン[3]（Gaston Migeon, 1861-1930）が主導するルーブル美術館内に作られた極東美術部門と、装飾美術館、チェルヌスキ美術館、エネリー美術館、そしてとりわけエミール・ギメ宗教美術館といった、一九世紀末の数十年のうちに創設されたさまざまな美術館に所蔵されていた。ジョルジュ・サールは一九四五年に、ルーブル美術館のコレクションをギメ美術館に移すことを決めた。ギメ美術館は、人類の最も偉大な芸術遺産のひとつを保存し展示することを使命とする、国立東洋美術館へと生まれ変わっていたのだが、ルーブルという、かつて「世界中の宗教」の美術館と呼ばれた権威ある美術館から、このギメ美術館への移管は、美術館の漸進的発展過程において、重要な出来事であった。サールこそ、そのことに最も尽力した人物の一人であったと言えるのである。

さて、ここでのテーマにとってとりわけ重要な点は、アジアの美術、とくに日本美術のこうした再評価のきっかけとなった決定的な論議に、まずフランス人による古代仏教美術の段階的な発見がかかわっているということである。ギメ美術館は確かに、宗教美術の展示を目的として掲げていたが、展示室で目にする作品は、日本の歴史の中では比較的新しい時代のもので、江戸より以前の時代に遡るものはほとんどなかった。これは、江戸時代の仏像で有名なチェルヌスキ美術館にしても同じことであった。また、一九世紀末から二〇世紀初頭にかけて、日本美術のコレクターたちから遺贈されたさまざまな作品が、日本美術のコレクションの大部分を占める他の美術館は、確かに見事な質の浮世絵や装飾美術品を豊富に所有していたが、さらに古い時代の仏教美術の作品を有するところはきわめて稀であった。こうして、一般的に中国やインドは、まだほとんど調査をされていなかったにもかかわらず、ヨーロッパでは古い文化の地として認識されていたが、日本はといえば「新しい国」として見られていたのである。

二〇世紀前半から、中央アジアに派遣されたヨーロッパの考古学調査団や、極東に派遣されたエドゥアール・シャヴァンヌ（Édouard Chavannes, 1865-1918）やポール・ペリオ（Paul Pelliot, 1878-1945）が持ち帰った絵画や彫像によって、日本の寺院や美術館が有する文化遺産に対する知識は徐々に正確なものなり、フランス人の日本美術に対する見方は根本的に前進することとなった。とりわけ浮世絵美術を通じて、一九世紀末の日本文化研究家や、ゴッホ、モネをはじめとする芸術家たちは、自らの表現方法を見直すほどまでに、日本美術の創造的な力やその重要性をすでに理解していた。それは日本とフランス相互の文化理解において、決定的な局面であった。しかし、さらに古い時代の仏教美術の発見によって、特に大学などの研究施設や美術館の世界に、もう一つの大きな変化が起こる。つまり、オリエンタリズムやシノワズリー（中国趣味）、ジャポネズリー（日本趣味）のもつ魅力やエキゾティシズムに代わり、芸術的かつ科学的な新しい見方が生まれようとしていたのである。

二　フランスにおける東洋研究の豊かな歴史

こうしてジョルジュ・サールの意識の中では、アジアの他者への認識は、浮世絵や装飾工芸品に加え、さらに古い時代の美術品への再評価を伴った。しかしこうした歩みは、おのずから自然に生まれたのではなく、文化と歴史の長い道のりの上に位置するものであり、その過程自体も大変興味深いものがある。今日、日本の仏教美術に関するフランスにおける研究の起源に遡ろうとするならば、まず第一に、一般的に日本学はヨーロッパにおいてはかなり長い歴史がある一方で、フランスの東洋学研究全体からすると、まだその歴史は浅いということを考慮しておかなければならない。実際、日本学は一九世紀後半にようやく誕生したが、中近東の言語や文化に対する関心は、ヨーロッパやフランスにおいてそれより遥かに早い時期に現れており、最初の教育施設が一六世紀末に出現したということがそれを裏づけている。

その時代、フランソワ一世はギヨーム・ビュデ（Guillaume Budé, 1467-1540）に勧められ、特にいくつかの東洋言語を教育する目的で、現在のコレージュ・ド・フランスの原型にあたる、王立教授団、コレージュ・ロワイヤル（Collège Royal）を設立させた。フランソワ一世にその比類のない語学の才能を見込まれた、博学な神秘主義者ギヨーム・ポステル（Guillaume Postel, 1510-81）は、一五三八年から王立教授団において、数学と「異国の言葉」（les langues《pérégrines》）と呼ばれた言語、すなわちギリシャ語、ヘブライ語そのほか、ヨーロッパの人々がまだ知らないすべての東洋の言語を教える教授の職を与えられる。

おそらくヨーロッパの最初の偉大な東洋学者の一人であったギヨーム・ポステルの興味深いその後の遍歴については、ここで掘り下げることはできないが、ただひとつだけ言及しておきたいことがある。それは、東洋の宗教や文化について最新の情報を集めようと苦心していたポステルが、イエズス会との密接なかかわりのおかげで、東洋へキリスト教を伝道するために派遣された宣教者たちの文書や手紙を研究することができた、ということである。こうしてポステルは、『世界の驚異、主にインドと新世界の驚嘆すべきことがら』（*Des Merveilles du Monde et principalement des admirables choses des Indes et du Nouveau monde*）を著し、その中でキリスト教の役割とその普遍的使命についての思考を展開している。ここでとりわけ興味深いことは、フランス人イエズス会司祭で中国宣教師のアンリ＝ベルナール・メートル（Henri-Bernard Maitre, 1889-1975）がすでに指摘しているように[4]、このポステルの著作には、キリスト教宣教者、なかでもフランシスコ・ザビエルが日本の通訳アンジロウから聞き取った、日本の仏教の儀礼や図像についての情報が、数頁にわたって記されていることである。実際この書物の中では、人々があらゆる種類の偶像や金色の仏像とともに崇める唯一神、「大日」が話題になっている。

一七世紀になると、ルイ一四世と宰相ジャン＝バチスト・コルベールは、レヴァントの領土におけるフランス王国の外交的・商業的影響力を広げることを目的として、アラビア語、トルコ語、ペルシャ語といった東洋言語の教育を推奨するようになる。そして一八世紀末になると、フランスは二つの相互補完的な学校を擁し、東洋研究において中心的な立場に立つことになる。一つは、一七九五年にルイ・ラングレス（Louis-Mathieu Langles, 1763-1824）によって設立された、現在の国立東洋文化研究所（l'Institut National des Langues et Cultures Orientales:INALCO）の前身である、東洋言語特別学校（l'École Spéciale des Langues Orientales vivantes）で、そこでは通商外交の推進を第一の目的としていた。もう一方の柱となる王立教授団（Collège Royal）では、へ

図1　ギヨーム・ド・ポステル．

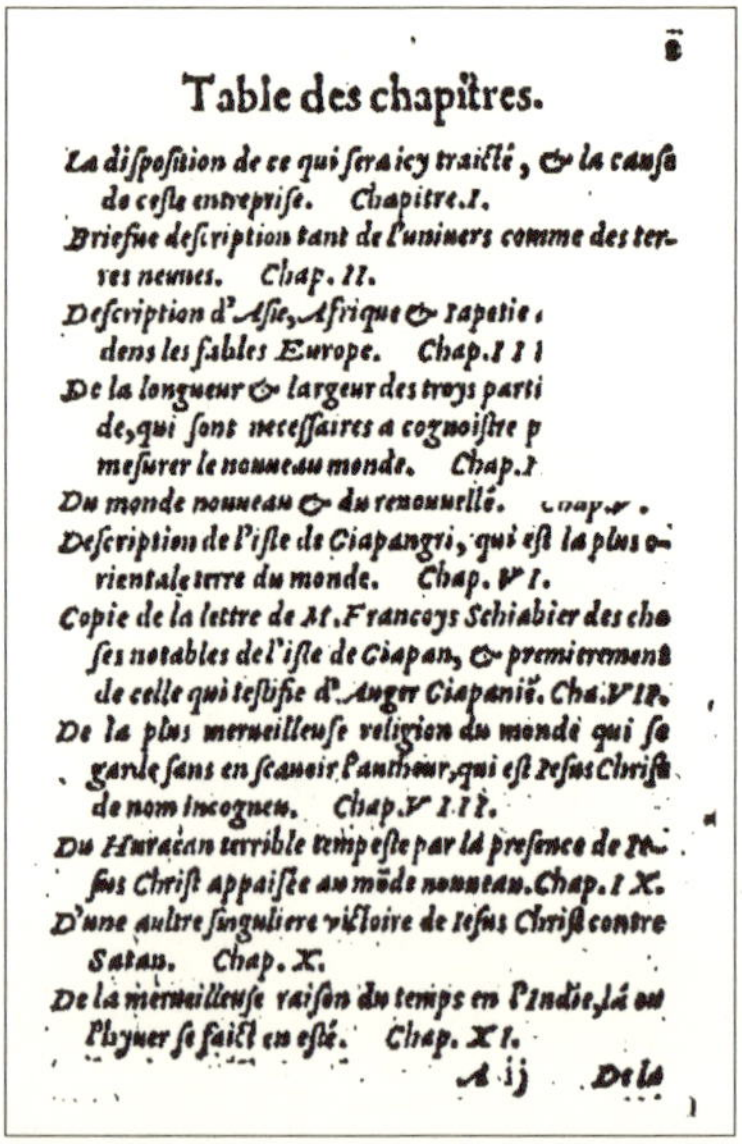

Table des chapitres.

La disposition de ce qui sera icy traicté, & la cause de ceste entreprise. Chapitre.I.
Briefue description tant de l'uniuers comme des terres neuues. Chap.II.
Description d'Asie, Afrique & Iapetie dens les fables Europe. Chap.III
De la longueur & largeur des troys parti de, qui sont necessaires a cognoistre p mesurer le nouueau monde. Chap.I
Du monde nouueau & du renouuellé. Chap.V.
Description de l'isle de Ciapangri, qui est la plus orientale terre du monde. Chap.VI.
Copie de la lettre de M. Francoys Schiabier des choses notables de l'isle de Ciapan, & premierement de celle qui testifie d'Anger Ciapanié. Cha.VII.
De la plus merueilleuse religion du monde qui se garde sans en sçauoir l'autheur, qui est Iesus Christ de nom incogneu. Chap.VIII.
Du Huracan terrible tempeste par la presence de Iesus Christ appaisée au mõde nouueau. Chap.IX.
D'une aultre singuliere victoire de Iesus Christ contre Satan. Chap.X.
De la merueilleuse raison du temps en l'Indie, la ou l'hyuer se faict en esté. Chap.XI.

A ij　De la

図2　ギヨーム・ド・ポステル『世界の驚異，主にインドと新世界の驚嘆すべきことがら』．

ブライ語、カルデア語、シリア語、アラビア語、トルコ語、ペルシャ語、中国語、満州語といった東洋言語によって、文学教育を行っていた(5)。

一九世紀前半は、ヨーロッパにとってアジアのさまざまな国の言語、文学、宗教、哲学、建造物を発見した時代であった。それは批判的探求の精神が、諸文化に対するより正確な知識へと導く方法論を獲得した時期でもあったのである。そしてこの時代はまた、東洋諸国の知識人がヨーロッパの科学に開眼し、彼らの研究に協力するために科学的知識を有するヨーロッパ人が進んで渡欧する時代でもあった。こうして知識の国際交流の精神が誕生するのである。バタヴィアではオランダ人が、カルカッタではイギリス人が主導し、アジアで知識人の会が開催されるようになる。ヨーロッパでも同じような連合機関が必要となり、一八二二年にアジア協会（la Société asiatique）の設立によってフランスがその中心的な役割を果たすことになる。この協会には、ペルシャ、アラブ研究家シルベストル・ド・サシー（Sylvestre de Sacy, 1801-74）や、中国学者のアベル・レミュザ（Abel Rémusat, 1788-1832）、スタニスラス・ジュリアン（Stanislas Julien, 1758-1838）、エジプト学者のジャン＝フランソワ・シャンポリオン（Jean-François Champollion, 1791-1833）、ガストン・マスペロ（Gaston Maspero, 1840-1916）、あるいはエミール・セナール（Émile Sénart, 1847-1928）、ガルサン・ド・タッシー（Garcin de Tassy, 1794-1878）、ウジェーヌ・ビュルヌ（Eugène Burnouf, 1801-1852）といった錚々たる学者の名が連なった。

日本の開国は、フランス人を日本美術に突然開眼させたが、また同時に日本文化の流行は、フランスにおける現代語教育、古代語教育に対する関心とその長い経験が、一九世紀末フランスの東洋の文化や言語の集合体を形成しており、その中に日本語を導入する上で適した環境を醸成していたことにもよるものであった。そこに、フランスの若い知識人、レオン・ド・ロニー(6)（Léon de Rosny, 1837-1914）の先駆的な行動が加わる。彼は東洋学の

図3　パリ帝国図書館での，レオン・ド・ロニーの日本語の授業．ロニーは最初の日本語教師であり，また第1回国際東洋学者会議を開催した．

大きな学派で学び、独学で日本語を習得したあと、一八六三年に国立東洋語学校で最初の日本語の授業を開始した。五年後の一八六八年五月二四日、明治維新後、日本の政情が変化していることを察知したフランス政府はすぐさま反応し、この国立東洋語学校に日本語科を設立して、その教授職にロニーを任命した。

三　東洋の神々の発見

ヨーロッパにおける東洋文化の教育と伝達の数世紀にあって、日本の仏教美術の研究はどこに位置を占めていたのだろうか？日本語は、他の東洋の言語に比べるとかなり遅れて登場したことは先に述べた。また日本とフランスとの間との安定した関係も、一八五八年の日仏修好通商条約の後にようやく成立する。しかしすでに一六、一七世紀から、フランス側からはイエズス会の宣教師たちによって、日本側からは伊達政宗が一六一七年にヨーロッパへ派遣した支倉常長《はせくらつねなが》（一五七一―一六二二年）らに

図4　ベルナール・フランク『日本仏教曼荼羅』.

図5　ベルナール・フランク.

よって、二国間の最初の接触が行われていた。ルネサンス・ヨーロッパの人文主義の大きな波に刺激を受けたこの初期の交流から、ギヨーム・ポステルの著作が書き記しているような、世界の中の極東アジアという地域における神々の意味とその表現に対する、新たな関心が生まれたのである。

百科事典的かつ普遍的な知を目指す一六世紀キリスト教ヨーロッパは、自らの遠い過去に立ち返り、かつての黄金時代の神々を求めて、世界のパンテオンを作ろうとしており、そんな流れの中で一七世紀末に最初の日本の仏像を発見したのである。数年前にこの世を去った、日本の宗教を専門とする偉大なフランス人日本学者であるベルナール・フランク（Bernard Frank, 1927-96）の研究をもとに、こうした哲学的探求の過程で起こったいくつかの偶然的な出来事に着目したい。ベルナール・フランクは以下のように書いている。

> こうした神々の図像は二種類からなる。一方は記述をもとに作られ、古代の、あるいは堕落したキリスト教のような特異な印象を与える。もう一方は反対に、見たところおそ

らく使者が持ち帰った彫像技術をもとに描かれ、名前が書かれていないにもかかわらず、ほとんどすべて見分けられる。おそらくこれらが、西洋人が眺めることのできた最初の日本の礼拝的偶像であった。(7)

ベルナール・フランクが言及した資料の中には、一五五六年にヴェネツィアで出版された、ヴィンチェンツォ・カルターリ（Vincenzo Cartari, 1531-69）の『古代人の神々の図像集』（*Imagini de Gli Dei delli Antichi*）という、ギリシャ・ローマ、オリエント、ケルト、ゲルマンの神々の表現について書かれた書物がまず挙げられる。一六一五年、イタリアのパドヴァにおいてロレンツォ・ピニョーリア（Lorenzo Pignoria, 1571-1631）の監修で改訂版が出版されたのを機会に、インド、南米、極東といった、ヨーロッパ人が発見したばかりの領土から持ち帰られた新しい図像が加わった。ほとんどの図が、図像的にきわめて仔細に表現されていたが、いくつかの例外にもまた注目すべきものがある。このことは、こうした図像の文化的・空間的移動によって起きたきわめて意味深いあるエピソードから、ベルナール・フランクが指摘している。(8)

物語は一五六五年、著名なポルトガル人宣教師ルイス・フロイス（Luis Fróis, 1532-97）が京都の三十三間堂を訪れた後、自身の著書『日本史』（*Historia de Japan*）の中で十一面観音の像を描写したことに始まる。

さらに名仏像は頭上に冠を胸から上方小仏七面と共に有し、後方には冠があり、そこから多くの光線を発している。

Tem mais cada hum na cabeça uma coroa com sete vultos de fotoques pequeninos dos peitos para riba.

（ルイス・フロイス『日本史』第三巻、川崎桃太訳、中央公論社、一九七七年、二四〇頁）

「胸から上方」という表現は、フロイスの頭の中では首から頭の付け根にかけての部分を指すものと思われるが、その曖昧さによって、実物を見ていない読者には誤解を招くことになる。このことが、フロイスの著書の出版から数年しかたっていない一五七三年に出版されたラテン語訳の中で、次のような形になって現れている。

これらの仏像には、胸に関していうと、人間の小さな顔が七ついている。

Pectus insignitae septentis hominum vulticulis.

このエピソードからベルナール・フランクが示したのは、一六世紀末の人文主義の隆盛真っ只中のヨーロッパに広まったこの表現が、日本仏教の神を代表する観音像に向けられた関心や研究に、奇妙な形で影響を与えた、ということである。そして一六一五年に出版された『古代人の神々の像』の改訂版の中に、フロイスの著書の翻訳に忠実な観音像、つまり胸部に七つの小さな頭をもった観音を見出すことになるのである。また、この書物の中に登場する「乳房を具えた」〝自然の女神〟、エフェソスのアルテミスの表現を考えると、著者は、三十三間堂の観音を描写した不可解なテキストをイメージとして読み取る際、アルテミスの図から直接着想を得たのではないかと想像することができる。

また、この図像上の混同は一七世紀の間中続き、一六六九年にオランダ語版が、一六八〇年にフランス語版が出版された有名な『オランダ東インド会社から日本国皇帝に派遣された記憶すべき使節団』（*Ambassades mémorables de la Compagnie des Indes Orientales des Provinces Unies vers les empereurs du Japon*）の中の二つの異なる挿絵に、胸部に描かれた小さな頭でそれとわかる、三十三間堂の観音のおかしな姿を見つけることができるのである。

しかし同時に、時には奇妙に変形された日本仏教の神のこうした図像は、モデルに忠実に、完全にそれとわかるように描かれたこともあり、例えば詩人で古美術の愛好家でもあったジローラモ・アレッサンドロ（Girolamo Alessandro）によって描かれた絵の場合がその例である。

キリスト教ヨーロッパと日本とを結ぶ初期の交流において、宗教画に向けられた関心はまだためらいがちであり、時に現実と幻想との間で揺れ動くが、征服しようとしている未知の世界を想像し解読することは、何よりも刺激に満ちていた。南蛮美術の多くの例からもわかるように、日本とヨーロッパにおいて現れた他者に対するこうした興味と関心は、やがて一九世紀の後半に花開く日本学誕生の萌芽を孕んでいたのである。

四　ジャポニスムと博識

以上概観してきた出来事や書物、学校などは、フランスにおける日本仏教美術の研究と理解にとって重要な段階を成すものであるが、一九世紀の間にヨーロッパに広まり始めた、学問領域としての日本学の誕生が、日本仏教美術研究を一段と大きく飛躍させた(9)。

最初に触れたように、東洋学の長く堅実な伝統と、美術品の発見とともにヨーロッパの美術界に大挙して押し寄せてきた日本文化の流れとが出会ったのは、一九世紀においてであった。フランスにおける日本学の誕生を裏づけ、また特徴づける、博識に満ちた風潮と好奇心との入り混じった、こうした二重のアプローチは、日本仏教美術史研究にもその後長く影響を与えることになる。

フランスにおける日本仏教美術史の始まりを見るとき、中世や古代といった古い時代の美術品がはじめて紹介された一九〇〇年のパリ万国博覧会を境にして、一九世紀末と二〇世紀初頭とを分けて考えなければならない。日本側の事務官長を務めた美術商の林忠正（一八五三―一九〇六年）や、当時できたばかりの東京美術学校の校長であった岡倉天心（一八六三―一九一三年）といった著名な人物がかかわったこの輝かしいイベントは、日本に対するフランス人の関心と研究を根本的に変えることになる。この新しい発見を広めた数々の証言のうち、日本学者クロード＝ウジェーヌ・メートル（Claude-Eugène Maitre, 1876-1925）が一九〇一年に出版した著書『大和の芸術』（*L'Art du Yamato*）には次のような言葉が記されている。

トロカデロで行われた日本美術回顧展以来、日本の芸術は五〇〇年や六〇〇年という年月では捉えきれるものではなく、仏教が華々しく登場した遠い昔、すでにこの芸術は比類なき壮麗な時代を迎えていたということが証明された。[10]

日本の芸術遺産の歴史の長さと重要性をフランス人に知ってもらう目的で、日本によって組織されたこの展覧会は、したがって日本美術に対する認識の見直しを促す役割を果たした。しかしながらこうした変化は、展覧会に際して一九〇〇年に出版された『日本美術の歴史』[11]（*Histoire de l'art du Japon*）という書物が示しているように、東洋学や、あるいはより新しい日本学の分野で、数十年前からフランスが積み上げてきた経験がなければ、生まれ得なかったと言える。

岡倉天心が監修し、東京帝国博物館の協力者たちが執筆したこの本は、日本の古い時代に時代区分をあてはめた最初の本であった。この作品の内容の新しさに加えて着目しなければならないことは、近年日本学者のクリストフ・マルケ[12]（Christophe Marquet, 1974-）も指摘したように、この書物をフランス語に訳したエマニュエル・トロンコワ（Emmanuel Tronquois, 1855-1918）もまた、日本美術史の先駆者であったということである。フランスの東洋学研究の伝統の中で養われ、また一八九四年から一九一〇年までの長期にわたる日本滞在の中で得られた、日本の言語、文化、芸術に関する正確な知識によって、トロンコワはそれまでヨーロッパでほとんど、あるいはまったく触れられてこなかった日本文化の概念やその背景を明解に捉え、伝えることができた。このように、学問の一分野としての日本美術史の発展は、そのほとんどが日本においてもフランスにおいても、一九世紀後半のヨーロッパに芽生えた日仏両国間の手探りの協調や対話の賜物であると言える。

実際、岡倉天心の監修で出版されたこの本は、日本で最初に発表された日本美術史に関する書物のひとつであり、それがまず最初にフランス人に向けて書かれた本である、という事実を強調する必要がある。この本は、日本滞在中、日本の古代遺産の価値と、それらが受けた中国大陸からの影響を強調した、アメリカの知識人アーネスト・フェネロサ（Ernest Fenollosa, 1853-1908）の主張のいくつかの面を、内容、方法論、目標の面で引き受け、また深めるものであったが、また一方で、それに先んじてフランスやイギリスで出版されたルイ・ゴンス（Louis Gonse, 1846-1921）の『日本美術』[13]（*L'art japonais*）やウィリアム・アンダーソン（William Anderson, 1842-1900）の *Pictorial art of Japan* といった、美術史関連の最初の著作に答える形で出版された。ここで、芸術家、芸術愛好家、コレクター、旅行家、東洋学者など、日本の観察者の眼差しや取り組みを通して、一九世紀の後半に日本仏教美術研究の始動を促したいくつかの段階を見てみたいと思う。

明治初期、段階的に進められた開国は、当然のことながら日本の芸術遺産を世界に知らしめるきっかけとなり、新たな展開の根本的な要因となった。日本での滞在を許可された外国人の目を通して、あるいは万博の際に紹介された美術品を通して、ヨーロッパの人々は長年、手の届かないところにあった日本美術を、ようやく目にすることができるようになった。一八六七年の万博でフランスにおいてはじめて出展された日本美術は、即座に芸術家や愛好家、収集家の関心を呼び、さらには情熱を掻きたて、彼らは定期的にサロンや夕食会、ジークフリート（サミュエル）・ビング（Siegfried（Samuel）Bing, 1838-1905）や林忠正といった極東美術を扱う美術商の店などで会合を持つようになった。[14]

図6　1889年7月,「日本通」（ジャポニザン）たちが昼食に集まった. ジークフリート・ビング, ルイ・ゴンス夫人等.

しかし、一九世紀後半にフランスの人々が最初に発見した美術品は、浮世絵にしろ、装飾美術にしろ、あるいは仏像でさえも、桃山時代より以前のものはほとんどなかった。したがって、当事「新しい」文化として受け入れられていた日本文化に、深く影響を受け、魅了された日本文化研究者や画家、装飾家は非常に多かったが、古代の美術に関心を深める人はあまりいなかった。一八七八年に執筆が始まり、一八八三年に出版されたルイ・ゴンスの著書や、一八八八年から一八九一年の間、ジークフリート・ビングによって刊行された雑誌『日本美術』（*L'Art japonais*）といった、日本美術史を専門とする最初の先駆的な書物を見てみると、古代の仏教美術についての言及はきわめて少ないことがわかる。

また同様にフランスの芸術家は、北斎や広重、歌麿の浮世絵に見出した色彩や様式からとりわけ影響を受けたが、例えば日本仏教の神を表現した人はほとんどいなかった。オディロン・ルドン（Odilon Redon, 1840-1916）の仏陀の絵画や、ギュスターヴ・モロー（Gustave Moreau, 1826-98）が描く東洋の神々の絵は稀な例で、エキゾティックな装飾の数々や、東洋の宗教が秘境的な雰囲気を醸し出す象徴的な世界に対する、二人の画家の憧れが反映されていることがうかがえる。

図７　ジークフリート・ビングが創刊した月刊誌『芸術の日本』.

五　日本仏教美術と明治時代に日本を訪れたフランス人

1　ヨーロッパ中心主義的アプローチ

では、日本に立ち寄ったフランス人はどうだろうか？　移動や見学が許可されていた彼らの場合、もっと古い美術や建築を目にすることができた。これは、一九世紀末のこうした旅行者たちが書いた記事や書簡、手帳から出てきた写真や多くの記述が証明している。しかし、フランス人の日本学者パトリック・ベルヴェール[15]（Patrick Beillevaire）が指摘しているように、彼らは多くの点で一致しているが、こうした文書はまた筆者ごとに、あるいは取り組むテーマや訪れた場所、そして旅行の動機そのものによって大きく分かれるものでもある。外交官、裕福な旅行家、収集家、学者、作家、役人、軍人、政府から招聘された技術者など、フランス人、あるいはフランス語圏の筆者は、それぞれ異なった印象や感想を伝えている。こうしたおびただしい文書の中にも、日本仏教美術の捉え方に関して二つの大きな傾向が見て取れる。

一つ目の傾向は、西洋の芸術と比較して、日本の作品が軽く見られ、しばしば特徴のないステレオタイプなものとみなされることである。これは例えば一八七二年から一八七六年まで帝国政府の招きで日本に滞在したパリ裁判所の弁護士、ジョルジュ・ブスケ（Georges Bousquet, 1845-1937）の手記がその例である。有名な『両世界評論』（*Revue des Deux Mondes*）誌にブスケが寄稿した紀行文が、日本についてとりわけよく情報を伝えているのに対し、美術史に関するいくつかの文章からは、古代の美術に対するブスケの認識不足、あるいは軽蔑がにじみ出ている。一八七五年に、ブスケは次のように書いている。

実際、美術史を概観してみると、八世紀に中国人から最初の手ほどきを受け、それから一二世紀まで内戦の影響を受けて緩慢な進展の時代が続く。一二世紀から一五世紀までは、鎌倉幕府の成立で一瞬の輝かしい時代が訪れ、一七世紀に徳川家康が江戸幕府を開府するまで再び暗闇の時代が続く。それから今日まで、大きな平和が日本を支配し、一切の外国との接触を絶たれたおかげで、国内の天才が開花する。まさにこの時、日本の芸術は己を築き、純粋な模倣と袂を分かち、中国から学んだ手法、方法、知識は残しつつ、より優雅さと想像力をもって、彼ら独自の様式によって新しい主題に応用するようになる。ここで、日本の美術は、程度の差こそあれ、ギリシャ文化との接触によるローマ美術の誕生と比肩しうる歴史を達成することになる。この時こそ芸術の最も輝ける、最も豊穣な時代であった。(16)

ここでは古い時代を無視し、江戸を日本美術の全盛期とした見方に加え、芸術家というのは優れた模倣者である場合、一般に創造的精神を欠いている、という広く共有されている考え方が見受けられる。また例えば一八八七年にスイス人の地理学者で探検家でもあったアルチュール・クラパレッド（Arthur de Claparède, 1852-1911）が鎌倉の大仏について書いた、ところどころに滑稽さの見られる以下の文章も同様な認識を示している。

日本人の芸術家は、自分が大きく育つ術を知らないので、巨大なものを作りたかったのだ。そのことから、空想と混同した文字通り「巨大な仏陀」である大仏が存在するのだ。古代ギリシャがロードス島のコロッソスに与えた高さ七〇クデ（およそ三二メートル）、あるいはそれより大きい近代工業の芸術、灯台でもあるニューヨークの自由の女神像にも届かない、また、アローナの聖カロロ・ボロメオ像の高さ（二一メートル）にも並ばないが、大仏は正当に巨像の中に数えられる。最も大きい二つの大仏は、京都と奈良に存在するが、最も美しく、最も有名なのは、おそらく鎌倉の大仏であろう。……

神は東洋人の古典的なポーズで、足を交差させて座っている。手は合わせられ、あるいはむしろ連結され、指は折られている。髪のぶつぶつはエスカルゴを表し、伝説によると、太陽の灼熱から仏陀を守るために、ある日彼の頭に上ったものだという。大仏は瞑想にふけっているようだ。一目で典型的なヒンドゥー系とわかるその容貌は、この上なく静かな優しさと、完全な安らぎを満面に湛えている。

線の調和はあまりに完璧で、均衡にはあまりに狂いがないため、最初の驚きが過ぎると、我々は大仏の並外れた大きさを忘れ、全面的にこの彫像の芸術的美しさに見とれる。

しかし、人間の身長にまで縮められた大仏は、そのすべての特徴を失うということもわかった。この点でギリシャの彫刻とは大きく異なり、大仏の小型の複製は意味のない小像でしかない。なぜか？　それは、日本の建築家と同様に、彫刻家もまた、芸術家が本物の芸術作品を作ることを唯一可能にするこの理想を欠いていたからだ。芸術家は実に完璧に、仏陀の型を複製したにすぎない。それは偉大なる模倣であって、創造ではない。(17)

一方でヨーロッパ中心主義的な見方にとらわれ、また他方では日本仏教美術の最初の傑作群が制作された歴史的背景や宗教的内容に関してよく知らない旅行家から発せられる、同じようなタイプの論評は枚挙にいとまがない。こうした文章は、その時代のフランス人読者に与えた影響を考えると、フランスにおける仏教美術史が誕生しようとしている状況においては考慮に値するが、真の研究対象になるものとは考えられていなかった。それらは、まだ日本に簡単には足を踏み入れることができなかった時代の、現地での実際の出会いから生まれたものであり、正確な描写を集めたものではあるが、常套的で蔑視的な判断に基づく主観的なものにとどまっている。

2　民族誌学的アプローチ・美学的アプローチ・図像学研究のはじまり

一九世紀末の旅行家の物語を特徴づける二つ目の大きな傾向は、概してまだ「下等」とみなされる文化に対するこうした片寄った見方をいくらかは共有するものであるが、二つ目のこの傾向は、日本の仏教美術を美学的な価値だけでなく、哲学的・民族誌学的な関心から評価する、博識に裏づけされたアプローチを優先するものである。それは、カール・ペーテル・ツンベルク（Carl Peter Thunberg, 1743-1828）や、フランツ・シーボルト（Franz

Siebold, 1796-1866）といった、一九世紀前半の優れた何人かの医師や博物学者たち、東洋の宗教の専門家であったジョゼフ・ホフマン（Joseph Hoffman, 1805-78）、一八五九年にレオン・ド・ロニーが設立した民族誌学会（la Société d'ethnographie）のメンバーであり、「名所図絵」のコレクターとして有名なオギュスト・レズーフ[18]（Auguste Lesouëf, 1829-1906）、そしてもちろんフランスにおける日本学の父、レオン・ド・ロニーなど、美術品収集家や東洋学の流派出身の日本学者らが発展させた、百科事典的思想に基づく考え方である。

一九世紀末の旅行家たちの中で特に秀でていたのが、学者や収集家、芸術家、日本美術愛好家などにまたがる傑出した人物たち、例えばアンリ・チェルヌスキ（Henri Cernuschi, 1821-96）、テオドール・デュレ（Théodore Duret, 1838-1927）、エミール・ギメ（Emile Guimet, 1836-1918）、画家のフェリックス・レガメー（Félix Régamey, 1844-1907）やランスのル・ヴェルジュール美術館にコレクションを遺贈した写真家ユーグ・クラフト（Hugues Krafft, 1853-1935）らであった。この流れは、ガストン・ミジョン、エマニュエル・トロンコワやクロード＝ウジェーヌ・メートル、モーリス・クーラン（Maurice Courant, 1865-1935）らが直接に引き継ぐことになる、当時の著名な東洋学者や美術館学芸員とともに、こういった旅行家たちこそ、彼らの成した仕事の重要性から考えても、フランスのアカデミックな世界で形成された学問領域としての日本学の誕生に決定的なきっかけを作ったのだと言える。

画家のフェリックス・レガメーを伴ってアジアに発つ前に、今日の国立東洋美術館の前身である大きな宗教美術館を創設したエミール・ギメ[19]は、その創立二五周年記念に際して、次のように述べている。

私が深く関心をもってきたような、古い文明、あるいは異国の文明を真に理解しようとするならば、自らの信仰を白紙にし、教育や環境によって与えられたあらゆる固定観念を捨て去らなければならない。孔子の教えをよく捉えるには、中国文人の精神をもつことが肝要であり、仏陀を理解するには仏教的な魂をもたねばならない。書籍や収集品のみを通じて、その境地に達することが果たして可能であろうか。その時代や風土、風俗や民族を理解し得たとしても、それのみでは不十分である。その地に赴いて、信仰している人にじかに接すること、その人と話をすること、その人がどのように行動するかを知ることが、不可欠なのである。(20)

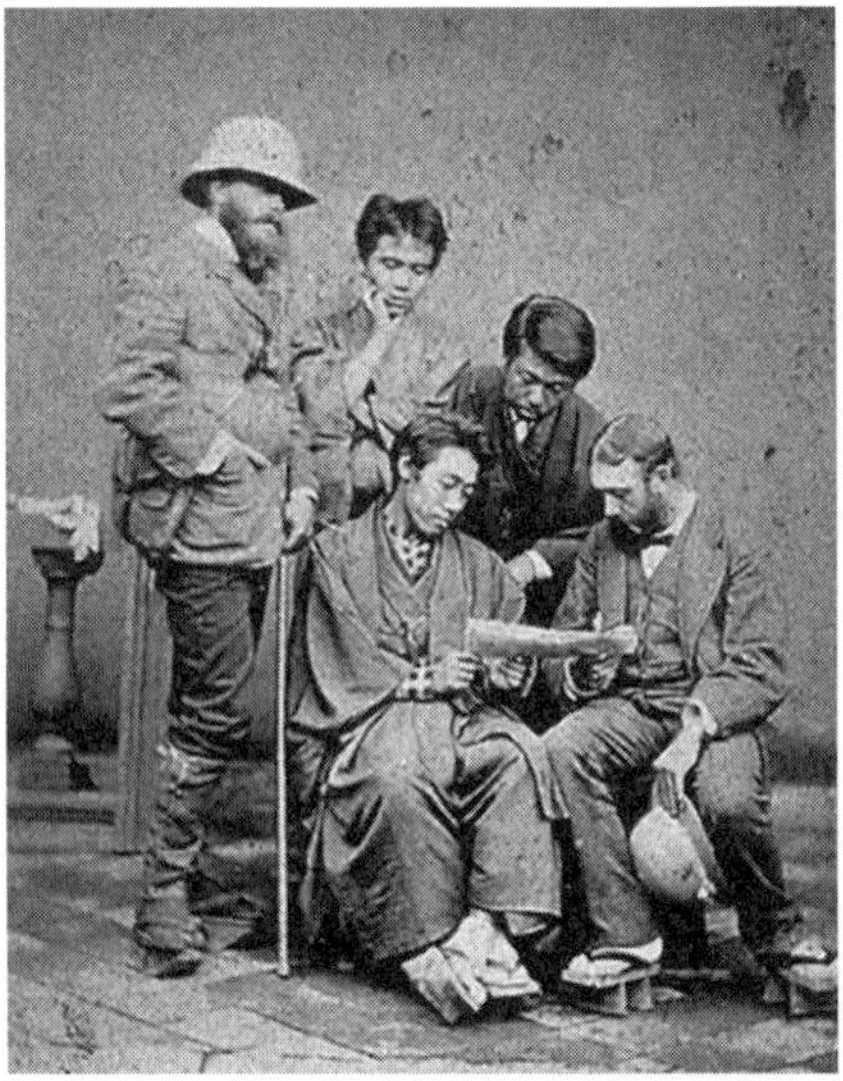
図8　1876年，エミール・ギメ（左端）とフェリックス・レガメー（右端），通訳，料理人とともに．

実際、エミール・ギメは単なる美術品収集家ではなく、知識の普及や啓蒙によって社会の進展に貢献しようとした学者でもあり、企業の社長でもあった。そして、アジア協会の会員でもあり、人類学や考古学のさまざまな国際会議にも参加していたギメは、一八七三年にレオン・ド・ロニーが組織した第一回国際東洋学者会議に出席することになる。そして一八七六年、日本と中国、インドにおいて極東地域の宗教を調査するよう文部省の命を受け、日本に向けて出発する。結局、全部で九週間の滞在にとどまっ

図9　このフェリックス・レガメーの油絵は，建仁寺で催された会議の模様を描いたものである．1976年10月26日．

たが、その結果は彼自身も認識しているように目覚しいものであり、文部省への報告書の中で、「日本の宗教画三〇〇点以上、仏像六〇〇点以上、それに一〇〇〇巻にのぼるコレクション」を収集したと記しており、また手に入れた相当な量の情報を、関心のある人すべてに公開すると宣言している。

アジアにおける任務の成功によって、まず一八七九年にはリヨンに、ついで一八八九年にはパリに宗教美術館が設立されるが、この成功はギメがアジアに発つ前に日本の宗教について集めた情報の質によるところが大きい。ベルナール・フランクもギメ美術館のコレクションについて書いた著作の中で明らかにしているが、エミール・ギメがコレクションを収集するにあたって、優れたアジア宗教専門家であったジョゼフ・ホフマンの研究を拠り所にしたと考えられる。ホフマンは、ドイツ人学者フランツ・シーボルトによって一八三二年から編纂が始まった百科事典において、宗教の項目を担当した人物である。

一八五一年にはじめて、「日本のパンテオン」（*Pantheon Von Nippon*）という表題で公表されたこの宗教の章は、とりわけ一七、一八世紀日本の図像大全である『仏像図彙』を詳細にわたって、いきいきと紹介しており、ギメはこれをもとにコレクションを収集したと考えられる。実際ベルナール・フランクは、「『日本のパンテオン』とギメのコレクションの数々とを比較してみると、驚くほど忠実にその内容を反映していることがわかる」と書いている。(21)

ギメは、自分の美術館が un laboratoire d'idées（思想の研究所）であることを望み、美術品のための美術館ではなく、まして中国趣味や日本趣味が流行した時代の異国趣味のコレクションのひとつでもないと語っていた。世界の宗教、文明についての研究と考察の中心とも言えるギメ美術館の建物の、ちょうど中央に位置する図書館は、美術品展示室と同様に重要な役割を担い、数年の間に、東洋思想の分野では世界で最も優れた図書館のひとつとなる。今日では国立東洋美術館の中にあって、アジア仏教美術史に関する最も豊かな資料を具えた図書館となっている。

コレクションや研究施設、出版などの重要な活動によって、エミール・ギメは仏教美術史研究の誕生に大きな役割を果たした。最初に触れたように、ギメの宗教美術館は戦後、国立東洋美術館へと生まれ変わったが、収集家によって大量に運び込まれた江戸、明治期の仏教美術品は、その頃にはもう時代が新しすぎ、それほど関心を呼ばないものと判断され、保存資料室へと移された。

しかし、その思想や著作によって、仏教の図像研究の分野に真の再生を生み出した日本学の第一人者ベルナール・フランクの努力によって、エミール・ギメのコレクションは再評価と入念な学問的分類の対象となり、それによってコレクションは現在の美術館内に再び展示されることになった。Panthéon bouddhique（仏教パンテオン）の名で知られるこの展示室は一九九一年にオープンし、その数々の美術品の中に、ギメが一世紀前に注文した、東寺の立体曼荼羅の複製や、法隆寺金堂にある一二三二年制作の阿弥陀三尊像のひとつ、勢至菩薩を鑑賞することができるようになった。[22]

著作とコレクションによって、フランスにおける日本仏教美術史の誕生に貢献した旅行家たちに目を向けるとき、豊富な東洋美術コレクションで今日とみに有名なアンリ・チェルヌスキを挙げなければならない。[23]彼は、一八九八年創立のチェルヌスキ美術館の創始者であり、イタリア出身の銀行家で、芸術のパトロンでもあった。アジアでの任務を前に入念に準備したギメとは反対に、ギメより数年早く一八七一年に日本に向かったチェルヌスキは、東京に着いたとき、日本文化については大雑把な知識しか持ち合わせていなかった。彼の旅の同伴者であった、美術評論家でコレクターでもあるテオドール・デュレが、一八七四年に出版された著書『アジアへの旅』（*Voyage en Asie*）の中で語っているように、日本美術の発見はまず、その時代の多くの人と同様に、当時大いに流行していた骨董品店から始まる。

横浜と江戸に着くと、決まった目的もなく、好奇心から店を訪れ、骨董品を買い始めた。数日後、集めた美術品は、とりわけ古色を帯びた青銅製の品が多く、それらは快く目に映った。そしてチェルヌスキ氏は、この思いがけない宝の山を採掘しようと思いつき、粘り強く、そして大規模に、チェルヌスキ美術館へと続く道に乗り出した。

図10　蟠竜寺の大仏. チェルヌスキ美術館蔵.

一八八二年から八三年にかけて日本を訪れた、写真家であり、富裕な旅行家でもあったユーグ・クラフトは、こうした骨董品ブームやジャポネズリーを厳しく批判し、日本文化の特徴である簡素さと無駄を省いた優雅さを褒め称えた。一八八四年の地理学会における講演で、クラフトは次のように日本の家屋について語っている。

どんな階級の住居にも、我々の「日本風」のアパルトマンに備え付けているような装飾的な大きな磁器や派手な刺繡、漆や木製の仰々しい家具や、青銅製の骨董品、そして高価な、あるいは奇妙な品々は見当たりません。日本人にとって本当に美しい品は、大名などの位の高い家にしかなく、そうした品々は、かつてその家に仕えていた特別な芸術家によって彼らのために作られたのです。(24)

最初は多分に偶然の産物だったチェルヌスキのコレクションは、とくに青銅製の仏像や陶器の収集に絞られ、すぐに広範囲にわたる一貫性をもつようになる。たしかに、集められた作品のほとんどが新しい時代のもので、美術史という観点からはそれほど関心を集めるものではないが、デュレが強調したように、その均整のとれた理想的なフォルムをもつこうした仏教の神々は、仏教思想の壮大さを反映し、民族誌学的なレベルにおいては真に意義あるものであった。アジアの偉大な仏陀の像は、この二人の旅行家にとって古代ギリシャ・ローマの像を思わせ、デュレが「醜く不恰好な」と形容するインド・バラモン教の彫刻より、遥かに優れていると評される。体系的で学問的見識を踏まえた見方による仏教美術のこうした評価は、今日なお美術館に君臨し、チェルヌスキ・コレクションを代表する、蟠竜寺の大仏購入の経緯からもうかがえる。これは明治初期の内乱、維新の争乱が収まらない中で、きわめて安価に手に入れられたものであり、デュレは以下のように記している。

大仏を手に入れたことで、我々がすでにいくつか持っている仏陀コレクションは見事に完成する。……仏陀とは別にして、我々は仏教や仏教説話に結びつく人物たちをひとつにまとめる。(25)

六　世界の美術史における日本仏教美術の見直し——二〇世紀から今日までの概観

日本美術史の基礎作りを先導した、これらの人物たちの足跡をさらにたどることも可能だが、ここでは最後に、近・現代の日本学において、仏教美術史という分野がどのような結果をもたらしたのかを手短に見てみたいと思う。このテーマを深く掘り下げる代わりに、何人かの重要な人物と出来事を通して、その発展の主要な段階を素描してみよう。

日本古代美術の遺産の芸術的価値を認識しつつ、この分野に関して行われた研究が少ないことを嘆いたガストン・ミジョンは、一九〇六年に出版された『日本――美術の聖域へのプロムナード』（*Au Japon - promenades aux sanctuaires de l'art*）の中で次のように述べている。

西洋の考古学が、多くの曖昧だった問題を解決し、我がヨーロッパ美術の起源に光を当てているときに、この（極東の）芸術の歴史の頁が白紙のままであること、そしてこれが我々にとって知るべき残された最後の芸術であり、誰も熱心にこれを探ろうとしないということは、事実おかしなことである。その芸術は、他の芸術と同じくらい偉大なのである。彫刻、絵画だけをとって見ても、その最高の表現は、エジプトやギリシャ、フランス、イタリアの傑作と比肩しうるのである。[26]

西洋の模範とようやく肩を並べた日本美術は、二〇世紀前半の日本学者や美術史家の関心を一気に喚び起こした。極東の仏教美術がフランスにおいてようやく獲得した重要性の認識を雄弁に物語る書物として、著名な西洋美術史家、アンリ・フォシヨン（Henri Focillon, 1881-1943）が書いた著作が挙げられる。『かたちの生命』（*La Vie des formes*）の著者であるフォシヨンは、一九二一年に出版された『仏教美術』（*L'art bouddhique*）という表題をもつ著書の中で、西洋芸術における仏教の位置について、きわめて感覚的な考察を行っている。例えば、浮世絵については、以下のような所見を述べる。

浮世絵は、その技術の優雅な精神性、線の純粋さ、そして重力から解放されたフォルムが永遠の光の中をいとも軽やかに展開していくかのような、影のない無限の空間の詩学、そういったことから仏教的であると言える。浮世絵はまた、女性的な感性の力強い優美さ、アジャンタのフレスコ画のごとく、歌麿の作品に輝く阿弥陀の不滅の微笑みによって、仏教的なのだ[27]。

日本仏教美術研究を一気に飛躍させた出来事として、一九〇〇年の万博後の日仏協会（Société franco-japonaise）の設立、一九〇一年の極東学院（Ecole française d'Extrême-Orient）の創立、そして一九二四年、ポール・クローデルの提案による東京日仏会館の設立などが挙げられる。こうした権威ある研究機関におけるダイナミックな国際交流は徐々に研究者の移動を促し、日本学者たちは中国、中央アジア、韓国など、アジアの学者や人類学の専門家と協力するようになった。日本文化を広くアジア大陸との結びつきにおいて捉えようとする、こうした他分野への広がりは、フランスにおける日本仏教美術史研究の飛躍に大きく貢献した。

第二次世界大戦前の数年間に、フランスで発展した仏教史に向けて、博学に基づく人文主義的なヴィジョンを掲げた代表的な東洋学者として、ルネ・グルッセ（René Grousset, 1885-1952）が挙げられるだろう。彼の一九二九年に出版された『仏陀の足跡をたどって』（*Sur les traces du Bouddha*）では、最終章で以下のような文章に出会う。

アジャンタの芸術は、大乗の神秘の図そのもののように我々の前に現れ、大乗が浸透した場所にはどこにでも、同じ美学をもたらす。今日こうして、ボロブドゥール、敦煌、竜門、奈良で、画家や彫刻家が我々の前によみがえらせるのは、大乗の理想、無著《むじゃく》（Asanga）や玄奘の夢である[28]。

このようにアジアにおける仏教美術のさまざまな表現を分析しながら、グルッセはその様式的・文化的な特徴を明らかにしようとした。例えば、正倉院の宝物について、今ではヨーロッパや日本で古典的となった「シルクロードの終着点」という表現を最初に導入したのは彼であった。日本と深いかかわりを持ち、造詣も深かったグルッセは、現在最も著名な日本古代美術史家の一人である秋山光和《てるかず》（一九一八—二〇〇九年）とも親交があった。

ごく最近まで東京日仏会館の研究顧問の一人であり、フランス語に堪能な秋山は、六〇年代初めから絵画やとくに平等院についての書物をフランス語で数多く執筆し、フランスにおいて古代仏教美術を広めた中心的な人物であった。[29] 秋山はまた、この分野での日仏間の貴重な架け橋となった人物であり、ベルナール・フランクやフランソワ・ベルティエ[30]（François Berthier, 1937-2001）といった彼の同僚や弟子が、日本仏教美術と図像学研究の発展に、フランス側としてつい最近まで貢献してきた。

また、一九二〇年代にフランスにやってきたロシア人学者セルジュ・エリセーエフ（Serge Elisseeff, 1889-1975）もまた、古代美術史研究の発展にとって重要な人物である。母国で高校を卒業しないまま、東京帝国大学に入学を認められた最初の学生となるこの著名な日本学者は、教育活動や展覧会の開催、専門書の出版といった形で、この分野の普及に真に尽力した人物であり、一九二五年パリで創刊された著名な雑誌『アジア美術誌』（*Revue des Arts Asiatiques*）に寄稿した彼の数々の論文がそれを物語っている。

すでに見てきたように、フランス人は江戸時代の美術研究では先駆的な役割を果たしたが、一九〇六年には依然としてミジョンが嘆いていたように、古い時代はまだ闇の中にあった。一九〇一年から雑誌『大和の芸術』（*l'art de Yamato*）で古い時代の美術の重要性を強調していたウジェーヌ＝クロード・メートルの孤高の仕事の跡を追い、セルジュ・エリセーエフは同時代の中国学者たちの傍らでこの新しい分野に乗り出す。一九二八年、当時ルーブル美術館の東洋美術部門のチーフであったジョルジュ・サールは、ルーブル美術学校（Ecole du Louvre）でそれより三年前に設置された「極東美術史」講座において、日本美術の講義を開始する役目にエリセーエフを任命する。一九三二年、社会科学応用高等学院（l'Ecole pratique des Sciences Sociales）の宗教学科は、彼のために「日本宗教史」という専攻を設置し、エリセーエフはとりわけ日本の仏教図像学に専心するようになる。

そして、彼の仕事は息子のヴァディム・エリセーエフ（Vadime Elisseeff, 1918-2002）に引き継がれ、ヴァディムは戦後、極東美術の大家の一人となる。外交官であり、実地の活動を重んじる人物でもあったが、ヴァディム・エリセーエフはまず何よりも知識人であった。チェルヌスキ美術館とギメ美術館学芸員の職に従事し、一九八二年から八六年まではギメ美術館館長を務め、また東洋言語学校（INALCO）では極東文明史、ルーブル美術学校では日本・中国考古学を教えた。彼の研究は特に中国美術と考古学に向けられたが、同様に日本にも強い興味を示し、日本に関する出版物の出版や日仏間の交流の活動にも目覚ましいものがあった。一九六五年から六七年には九州の唐津での発掘現場を指揮し、また彼の発起した多くの国際展覧会では、そのテーマも博物館学も、きわめて斬新な彼のヴィジョンを裏づけるものであった。例えばその一つである、一九七七年から七八年に、チェルヌスキ美術館で開催された展覧会「一二世紀から一七世紀にかけての日本仏教版画——浮世絵の先駆者たち」（*Estampes bouddhiques japonaises. XII-XVIIe siècles. Les précurseurs de l'Ukiyo-e*）では、かなりの数の作品がはじめて紹介されるものであった。ヴァディム・エリセーエフに対して日本人の同僚たちが寄せる信頼によって、日本仏教美術の大きな展覧会が数回開催され、それらはフランスで大きな成功を収めた。こうして一九七七年春、パリのプチ・パレにおいて「唐招提寺展」が開催され、この時によく知られている鑑真和上坐像がはじめて日本を離れたのだった。フランソワ・ベルティエ、浜田隆らによる日仏協力関係の成果であったこの催し物は、広く一般の人々に古い時代の日本仏教美術を紹介する機会となった。その展示レイアウトの担当に選ばれたのは、東京国立博物館東洋館の設計者で、最近ニューヨークのMOMA美術館改築を担当した、やはり美術館を専門とする著名な建築家、谷口吉生《よしお》（一九三七―年）の父親である、谷口吉郎（一九〇四―七九年）であった。

近年の展覧会としては、一九九六年秋にパリ、グラン・パレ美術館にて「日本仏教美術の宝庫・奈良 興福寺展」が開かれ、日本の古い時代における、その類稀な芸術遺産をより広める機会となった。

こうした豊かな歴史を受け継ぐフランスの日本学は今日、文学、能、文献学、宗教史、思想、近代美術史といった多彩な分野へ広がって活発に活動している。仏教美術史研究は、作品そのものに直に接することが重要であり、また長い研究期間と日本での長期滞在が必要なため、数年前から敬遠されがちである。しかし、日仏の大学間の提携の強化によって、アプローチが容易になれば、新しい世代のフランス人学生が、日本仏教美術についての本や情報を探しに図書館や資料センターに通うようになる日がくることも期待される。

おわりに

最後に、日仏文化交流の歴史において非常に重要なある書物のことを想起したい。一九七七年、二〇世紀の最も偉大な日本学者の一人であり、日本文学の専門家であるルネ・シフェール（René Sieffert, 1923-2004）が、一九三三年出版の谷崎潤一郎『陰翳礼讃』のフランス語版を出版した。この本の出版は、日本贔屓の間にとどまらず広く成功を収めたが、このことは数世紀に及ぶフランスにおける日本仏教美術の理解への道のりを、最も如実に表していると言える。谷崎の言葉ははっきりとした明晰さをもって受け止められているようだが、この書物に表されている仏教的美学の概念は、巧みに、遠まわしにほのめかされているにとどまる。百数十年来の日本仏教美術に対する粘り強い慎重な仕事がなければ、中宮寺の菩薩、僧侶の袈裟、茶の湯、あるいは床の間の精神空間といった、音符のように次々に現れる言葉の意味を、今日いったい誰が理解できただろうか?

注

(1) サールとマルローは共同で、一九六〇年に、有名な大美術全集『フォルムの宇宙』(*L'Univers des Formes.* 日本版では『人類の美術』)を刊行する。

(2) ジョルジュ・サールに関しては、筆者による以下の論文がある。「世界の芸術遺産と『ムッシュー・ルーヴル』の眼差し――ジョルジュ・サールの生涯と功績」『ノートルダム清心女子大学生活文化研究所年報』二八、二〇一五年、五一―五二頁。

(3) ジョルジュ・サール『ルーブル美術館にて』(Georges Salles, *Au Louvre*, Domat, 1950)。意訳、梶浦彩子。ガストン・ミジョンに関しては、筆者による以下の三つの論文がある。「ガストン・ミジョン(1861-1930)――ルーブル美術館極東美術コレクション初代学芸員・日本滞在百周年にあたりその業績を振り返る」『お茶の水女子大学比較日本学教育研究センター研究年報』三号、二〇〇七年、一三五―一四九頁。「ガストン・ミジョンとルーブル美術館の中の日本――知と技の継承、融合、変革」『お茶の水女子大学比較日本学教育研究センター研究年報』五号、二〇〇九年、一五五―一七〇頁。「日本仏画の記述と比較――ガストン・ミジョンが見た東寺旧蔵十二天像」『東洋日本美術史と現場――見つめる・守る・伝える』竹林舎、二〇一二年、三七一―三九〇頁。

（4）アンリ＝ベルナール・メートル「東洋学者ギョーム・ポステルと日本精神の探索」（Henri-Bernard Maitre, "L'orientaliste Guilllaume Postel et la découverte spirituelle du Japon", *Monumenta Nipponica*, 1953, pp. 83-108. イエズス会の宣教師たちとアンリ＝ベルナール・メートルに関しては、Christophe Marquet（éd. établie et présentée par）, Henri Bernard-Maître, Pierre Humbertclaude, Maurice Prunier, *Présences occidentales au Japon. Du «siècle chrétien» à la réouverture du XIXe siècle*, Paris, Les Éditions du Cerf, coll. «Cerf Histoire», 2011. Édité avec le soutien du Bureau français de la Maison franco-japonaise de Tôkyô.

（5）『東洋言語学校二百年の歴史』参照（Cf. *Deux siècles d'histoire à l'Ecole des Langues Orientales*, Paris, Editions Hervas, 1995）。Griolet, Pascal, *Plus de «cent cinquante ans» d'histoire de l'enseignement du japonais*. Dans *Le japonais au XXIe siècle : bilan et perspectives*. 2010, pp. 47-63.

（6）レオン・ド・ロニーに関しては、以下を参照。レオン・ド・ロニー『日本文明』（*La civilisation japonaise*, Ernest Leroux, Paris, 1883）。堀口良一「仏教の伝道とレオン・ド・ロニー」（"Les missions bouddhiques et Léon de Rosny", *Cipango* 4, 1995）。松原秀一「レオン・ド・ロニーと福沢諭吉」（"Léon de Rosny et Fukuzawa Yukichi", *L'Ethnographie*, LXXXVI, 2, 1990）。松原秀一「フランス東洋学とレオン・ド・ロズニー――福沢諭吉との関連に於いて」『福沢手帳』二、一九七四年。松原秀一「レオン・ド・ロズニー略伝」『近代日本研究』三、一九八六年。スザンヌ・エスマン「ある一九世紀の図書館――レオン・ド・ロニーの図書館」（"Une bibliothèque japonaise au XIXème siècle: celle de Léon de Rosny", *Nouvelles de l'Estampe*, 85, 1986）。スザンヌ・エスマン『レオン・ド・ロニーの日本図書館』（*La bibliothèque japonaise de Léon de Rosny*, Lille, Bibliothèque municipale de Lille, 1994）。堀口良一「レオン・ド・ロズニーの日本仏教に対する関心――島地黙雷との出会いを中心にして」『政治経済史学』三四二、三四三、一九九五年。ルーク・シャイユ「レオン・ド・ロニーとフランスにおける日本の知識」（"Léon de Rosny et la connaissance du Japon en France", 1990, *L'Ethnographie*, LXXXVI, 2, 1990）。Bénédicte Fabre-Muller, Pierre Leboulleux, Philippe Rothstein, *Léon de Rosny 1837-1914 : De l'Orient à l'Amérique*. Villeneuve d'Ascq, Presses universitaires du Septentrion, 2014.

（7）ベルナール・フランク『仏教パンテオン――エミール・ギメ・コレクション』（Bernard Frank, *Le Panthéon bouddhique - Collections d'Emile Guimet*, Réunion des Musées Nationaux, Paris, 1991, p15）。意訳、梶浦彩子。

(8) ベルナール・フランク「十六世紀ヨーロッパに誤訳により伝えられた十一面千手観音像」『日本仏教曼荼羅――日本仏教の諸尊が綾なす曼荼羅』仏蘭久淳子訳、藤原書店、二〇〇二年、二九一―三〇三頁。

(9) 二〇世紀におけるフランス日本学の歴史については、以下を参照。ベルナール・フランク「フランスにおける日本研究」（Bernard Frank, "Les études japonaises en France", in Cinquante ans d'orientalisme en France（1922-1972 ）*Journal Asiatique*, CCLXI, 1973）。

(10) クロード・メートル「大和の芸術」（Claude Maître, *L'Art du Yamato*, *Librairie d'art ancien et moderne*, 1901, p. 7）。意訳、梶浦彩子。

(11) *Histoire de l'art du Japon. Ouvrage publié par la Commission impériale du Japon à l'exposition universelle de Paris*, Paris Maurice de Brunoff, XV-277-3p, 1900.（福地復一・紀淑雄著、序論・林忠正、序文・九鬼隆一、翻訳・エマニュエル・トロンコワ（Emmanuel Tronquois）。日本語版のタイトル『稿本日本帝国美術史略史』）。以下を参照。馬渕明子「一九〇〇年パリ万国博覧会と*Histoire de l'art du Japon* をめぐって」『今、日本の美術史学をふりかえる』東京国立文化財研究所、文化財の保存に関する国際研究会、一九九九年）。

(12) クリストフ・マルケ「エマニュエル・トロンコワ（1855-1918）――日本美術史研究の先駆者」（Christophe Marquet, "Emmanuel Tronquois（1855-1918）—Un Pionnier des études de l'art japonais", *Ebisu Etudes japonaises*, 29, 2002）。クリストフ・マルケ「フランス人エマニュエル・トロンコワと明治中期の洋画壇」『美術研究』三八六、二〇〇五年。

(13) ルイ・ゴンスに関しては、以下を参照。ルイ・ゴンス『日本美術』（*L'Art Japonais*）、ジャポニスムの系譜全二巻＋解説冊子、解説・馬渕明子、エディション・シナプス、二〇〇三年（原本・Albert Quantin, 1883）。フランソワ・ゴンス「一八八三年日本美術史――ルイ・ゴンスの目」（François Gonse, "Une histoire de l'art japonais en 1883—L'oeil de Louis Gonse", *Histoire de l'Art Extrême-Orient*, 40 /41, 1998）。

(14) 以下を参照 。『林忠正宛書簡集』東京文化財研究所編、国書刊行会、二〇〇一年。Brigitte Koyama-Richard, *Japon rêvé. Edmond de Goncourt et Hayashi Tadamasa*, Hermann Editeurs des Sciences et des Arts, 2001.

(15) パトリック・ベルヴェール『日本への旅』（Patrick Beillevaire, *Le voyage au Japon*, Robert Laffont, 2001.

(16) ジョルジュ・ブスケ「『両世界評論』誌、一八七五年」（Georges Bousquet, "*Revue des Deux Mondes*, 1875", in *Le voyage au Japon* Patrick Beillevaire, p.817）。意訳、梶浦彩子。

（17）アルチュール・ド・クラパレッド（Arthur de Claparède, 1887, in *Le voyage au Japon* Patrick Beillevaire, p. 822）。意訳、梶浦彩子。

（18）オーギュスト・レズーと「博学なジャポニスム」に関しては、以下を参照。（ヴェロニック・ベランジェ「名所絵図――オーギュスト・レズー（1829-1906）・コレクション」（Véronique Béranger, " Les receuils illustrés de Lieux célèbres（*meisho zue*）―La collection d'Auguste Lesouëf *(1829-1906)*", *Ebisu Etudes japonaises*, 29, 2002）。

（19）エミール・ギメに関しては、以下を参照。エミール・ギメ著・フェリックス・レガメー画『1876ボンジュールかながわ――フランス人の見た明治初期の神奈川』青木啓輪訳、有隣堂、一九七七年。尾本圭子、フランシス・マクワン（Francis Macouin）『日本の開国――エミール・ギメ あるフランス人の見た明治』創元社、一九九六年。フランシス・マクワン「エミール・ギメ――オリエンタリズムの勝者」（Francis Macouin, "Emile Guimet, champion de l'orientalisme"）『Historia』六五五、二〇〇一年、三八―四一頁。尾本圭子「ギメとレガメーの日本旅行（一八七六年）」『ジャポニスムの時代――一九世紀後半の日本とフランス、第二回日本研究日仏会議』日仏美術学会、一九八三年。*Ages et visages de l'Asie : un siècle d'exploration à travers les collections du musée Guimet*, Dijon : Musée des Beaux-Arts, 1996.〔アジアの年齢と顔――ギメ美術館コレクションに見る探検の世紀〕。Frédéric Girard, *Émile Guimet : dialogues avec les religieux japonais*. Suilly-la-Tour : Findakly, 2012.

（20）『日本の開国――エミール・ギメ あるフランス人の見た明治』前掲書、五頁。

（21）エミール・ギメのコレクションと『仏像図彙』との関係については、以下を参照。"L'intérêt pour les religions japonaises dans la France du XIXeme siècle et les collections d'Emile Guimet", *Le panthéon bouddhique, Collections japonaises d'Emile Guimet*, RMN, 1991年.〔「一九世紀フランスにおける日本宗教への関心とエミール・ギメのコレクション」ギメ美術館パンテオン・ブディック・ギャラリーカタログ。末木文美士「シーボルト／ホフマンと日本宗教」『季刊日本思想史』五五、一九九九年、二六―四二頁。

（22）東寺の立体曼荼羅の複製については、以下を参照。Bernard Frank, *Le panthéon bouddhique, Collections japonaises d'Emile Guimet*, p. 48, pp. 163-185. エミール・ギメ・コレクションの勢至菩薩については、以下を参照。『国宝法隆寺展』奈良国立博物館、一九九四年、九五頁。尾本圭子「法隆寺勢至菩薩の発見」『日本の開国――エミール・ギメ あるフランス人の見た明治』前掲書、

一八〇頁。Bernard Frank, *Le panthéon bouddhique, Collections japonaises d' Emile Guimet*, p. 93.

（23）アンリ・チェルヌスキ、テオドール・デュレ、チェルヌスキ美術館に関しては、以下を参照。「パリ市立チェルヌスキ美術館開館百周年記念シンポジウム——チェルヌスキ（一八二一—一八九六）その政治・経済と東洋美術蒐集」（"Henri Cernuschi (1821-1896) homme politique, financier et collectionneur d'art asiatique", *Ebisu Etudes japonaises*, 冬号, 1998）。

（24）テオドール・デュレ『アジアへの旅——日本、中国、モンゴル、ジャワ島、セイロン、インド』（Théodore Duret, *Voyage en Asie : Le Japon, la Chine, La Mongolie, Java, Ceylan, L'Inde*, Paris : Michel Lévy Frères, 1874, p. 367）。Suzanne Esmein「明治日本におけるユーグ・クラフト——旅の写真1882-1883」地理学会講演（一八八四年）（Suzanne Esmein, *Hugues Krafft au Japon de Meiji Photographies d'un voyage, 1882-1883*, Hermann, 2003, p. 106）。意訳、梶浦彩子。

（25）意訳：梶浦彩子

（26）ガストン・ミジョン『日本——美術の聖域へのプロムナード』（Gaston Migeon, *Au Japon－promenades aux sanctuaires de l'art*, Hachette, 1906, p. 2）。意訳、梶浦彩子。

（27）アンリ・フォション『仏教美術』（Henri Focillon, *L'art bouddhique*, Henri Laurens, 1921）。意訳、梶浦彩子。以下も参照。藤原貞朗「アンリ・フォションの浮世絵解釈とジャポニスム以後の日本美術史編纂」『美術フォーラム21』一、醍醐書房、一九九九年、九〇—九四頁。

（28）ルネ・グルッセ「仏陀の足跡をたどって」（René Grousset, *Sur les traces du Bouddha*, L'Asiathèque Réédition, 1991, p. 259）。

（29）秋山光和氏のフランス語による著作には以下のようなものがある。『日本の絵画』（*La peinture japonaise*, Skira, 1961）。「四季と名所——宇治平等院鳳凰堂扉絵における二つの要素の融合」（"Les quatre saisons (shiki) et les sites célèbres (meisho): deux éléments incorporés dans la peinture des portes du Pavillon du Phénix du Temple Byôdô-in à Uji", in *Le Vase de Béryl-Etudes sur le Japon et la Chine*, Philippe Piquier, 1997, pp.317-325）。また、美術史の専門家としてのキャリアにおけるさまざまな出会いを綴ったエッセーとして、秋山光和『出会いのコラージュ』講談社、一九九四年。

（30）日本仏教美術についてのフランソワ・ベルティエの研究に関しては、以下を参照。『日本仏像の誕生』（François Berthier *Genèse de la sculpture bouddhique japonaise*, POF, 1979）。「ギメ美術館所蔵の瞑想する菩薩像の均整」（François Berthier, "propos d'une statuette de bodhisattva en méditation conservée au Musée Guimet", in *Revue Arts Asiatiques*, Tome XXXII, 1976）。「飛鳥寺問題の再吟味」『仏教芸術』九六号、一九七四年、五五—七四頁。（秋山光和が、フランソワ・ベルティエに寄せた記念論文集の記事、「フランソワ・ベルティエ氏の思い出」（"In Memoriam. Francois Berthier", in *Revue Arts Asiatiques*, 2002, pp. 163-165）。

図版出典

図3、図6、図8、図9
尾本圭子、フランシス・マクワン『日本の開国——エミール・ギメ あるフランス人の見た明治』尾本圭子訳、創元社、一九九六年
図4、図5
ベルナール・フランク『日本仏教曼荼羅』仏蘭久淳子訳、藤原書店、二〇〇二年

＊ この論文は、すでに発表している「フランスにおける日本仏教美術研究への外観——その誕生と発展」（『日仏図書館情報研究』三一号、日仏図書館情報学会、二〇〇五年、一一—一九頁）を加筆、改訂したものである。

第三章　中世文学作品における「いのち」の表れ
――『初期中高ドイツ語創世記』の「テクスト」と「挿絵」を題材に――

浜野明大

はじめに

周知のように「テクスト」と「イメージ」[1]の関係は、美術作品発生の根源、また芸術の骨幹に係わる問いであり、文学・美術という学問のジャンルを横断し、長いこと多くの研究者の関心を惹起しているテーマである。[2]「中世」という時代に特化すると、その傾向はなおさら顕著となる。

そもそも旧約聖書において、「神は御自分にかたどって人を創造された。神にかたどって創造された。男と女に創造された」[3]（『創世記』一章二七節）とある一方で、神は「あなたたちはわたしについて、何も造ってはならない」（『出エジプト記』二〇章二三節）と語り、偶像崇拝を厳しく禁じている。中世キリスト教美術は、まずこの大きな宗教的伝統の二律背反と対峙しなくてはならなかった。

ビザンティン帝国を二度にわたり二分したイコノクラスム論争は、イメージを破棄し、聖像破壊へと導くこととなる。これに対し、ローマ教会はこの論争を回避し、イメージは人間と神とを仲介すると理解した。つまり、神に姿かたちを与えることは異教的でも偶像崇拝でもなく、神を敬う行為であり、救いの手段であるというイメージを容認する立場を取った。これによりローマ教会は、神の表象を禁ずるユダヤ教、イスラム教、そして東方正教会とも一線を画すことになる。[4]

元来キリスト教ではロゴスが中心であり、ロゴスのイメージに対する優位が強調されてきたが、同時に図像表現などによるイメージの積極的な利用も認められてきた。[5] 但し、あくまでこれにはキリスト教の「テキストの理解を中心に置くロゴス中心主義的な教義[6]」が絶対的前提としてあり、「イメージはロゴスの装飾や荘厳化に利用され[7]」、文盲の人たちを教化する副次的な媒体であった[8]という見方が趨勢である。

『聖書』の「イメージ」研究は、古代ギリシア語で書かれ、約六世紀に成立したとされる『ウィーン創世記[9]』（*Die Wiener Genesis*）が主に美術史研究家たちの興味を掻き立ててきた。[10]

他方、中世ドイツ語圏におけるこれに係わる研究では『初期中高ドイツ語創世記[11]』（*Die frühmittelhochdeutsche Genesis*）が中心的な役割を果たし、大きな意義を持つとされている。というのも、これは一作品を通して組織的に挿絵の挿入が計画された写本としてドイツ語圏最古であり[12]、その「テクスト」と「イメージ」の複雑な相互関係が研究史でさまざまに議論されてきたからである。[13] 小論では日本の研究史で扱われてこなかった中世における聖書に題材をとった民衆（俗語）文学作品に注目したいと考え、この作品を取り上げた。

『初期中高ドイツ語創世記』は、初期中高ドイツ語時代の一一世紀後半から一二世紀初頭に成立し[14]、ラテン語訳の聖書『ウルガタ』に拠っている一方、意訳、要約、詳細な記述、アレゴリー的な解釈も多く含んでいる。[15]「世界創造」（die Erschaffung der Welt）、「堕罪」（der Sündenfall）、「カインとアベル」（Kain und Abel）、「ノア」（Noah）、「アブラハム」（Abraham）、「ヤコブとその息子たち」（Jakob und dessen Söhne）、「エジプトのヨセフ」

（der ägyptische Joseph）を題材としており、ウィーン写本（*Wiener Handschrift Cod. Vind. 2721*）、フォーラウ写本（*Vorau Handschrift Cod. 276*）、ミルシュテット写本（*Klagenfurter - Millstätter Handschrift*）という三つの写本で伝承されている。ウィーン写本とミルシュテット写本は共通の原典 WM を持ち、フォーラウ写本にはその WM と近親的関係にある WMV がある。しかしながらこれらの研究史において一八六二年以来、約一五〇年間にわたって最も信憑性のあるとされるヨゼフ・ディーマーの写本伝承相関図では、この WMV も一次原典ではなく、一次原典 X が存在するとされている。(16)

いずれにせよ三つの写本には何らかの共通原典が推定される訳ではあるが、挿絵の伝承形態は三者三様となっている。フォーラウ写本には挿絵や章表題（Kapitelüberschrift）も、またそれらが予定されていたであろうと思われる余白も一切存在しない。これに対して、ミルシュテット写本には既述したように、章の表題とともに一作品を通して組織的に計画されたものとしてはドイツ最古とされる八七の挿絵が描かれている。(17)

一方ウィーン写本にはミルシュテット写本の挿絵に描かれた箇所とほぼ同じ所に章表題のためと思われる余白が八四、章表題とともに挿絵を入れるために設けられたと思われるより大きな余白が三二ある。そのことから本来ウィーン写本にもミルシュテット写本と同様に、ペン画の挿絵による章表題が全編にわたって計画されていたと推測されるが、実際には最初の五頁までに七つの挿絵が描かれているだけである。しかも最初の四つの挿絵は絵画としての質が低く、後半の三つの挿絵はそれに比べて格段と質の高いものとして評価されることから、(18)この七つの挿絵すら二人の異なる人物によって書かれたと推測されている。

このことからおそらく原典 WM には挿絵は存在したが、フォーラウ写本との共通原典 WMV に挿絵はまだなかったと推測される。

挿絵が最も多く描かれているミルシュテット写本に関する研究は、ゲルマニストのみならず、美術史家によっても盛んに行われてきた。美術史的な研究のアプローチとしては、まず一九三三年にクレー・ラッハマンによってさまざまな『創世記』作品がその濫觴から一二、一三世紀に至る作品まで広範囲にわたって分類されたが、それらとミルシュテット写本との繋がりを明示するには至らなかった。[19] これに対してその約二〇年後、ヘルマン・メンハルトによって一九五四年に書かれた論文『ミルシュテット創世記の挿絵とその関連作品』(*Die Bilder der Millstätter Genesis und ihre Verwandten*)は詳細にミルシュテット写本の挿絵を分析しており、この研究におけるゲルマニスト的アプローチの中心的礎を築いているものと言える。[20] ミルシュテット写本の挿絵は中央ビザンティンの『Oktateuch 創世記』写本を基にしていた、[21] とするメンハルトの主張はさまざまな議論を呼び起こした。フォスはこれに対し、クルト・ヴァイツマンと同じく、火災により半焼したヴェネツィアのサン・マルコにあるモザイクに写しとられた『コトン・ゲネシス』(*Cotton Genesis*)写本の原典説を唱えたが、[22] 結局どちらも確証のある結論に至ることはなかった。オットー・マーザルは『Oktateuch 創世記』写本も『コトン・ゲネシス』写本も同じ伝統の上にあるとし、双方がともにミルシュテット写本の原典であったであろうという折衷的立場を取った。[23] いずれにしても、挿絵が初期キリスト教時代の古代後期ギリシャの伝承系統に起源をもっていることは言えよう。

フレデリック・P・ピッケリングは一九五六年の論文ではメンハルトと、[24] 一九六四年の論文ではヘラ・フォスと対決する姿勢をもってミルシュテット写本の挿絵研究に取り組んだ。[25] ピッケリングは彼の論文のタイトルが示すように「三位一体・創造主」(trinitas creator)で創造の場面における挿絵を解釈した。シャーデはこのピッケリングの解釈に対して極めて批判的に挿絵の個々の場面を神学的・哲学的背景を考慮しながら解釈した。[26]

このような研究史においてテクストと挿絵の相互関係について言及したのは主にヘラ・フォス[27]、ウテ・シュワプ[28]とバーバラ・グートフライシュ・ツィシェ[29]である。フォスはミルシュテット写本の挿絵がどのような機能を果たしているのかという問題提起をしつつ、テクストと挿絵の相互関係は依存関係にあるのではなく、独立しており、挿絵はテクストの理解を深めるために描かれたものではないと主張する[30]。

これに対してシュワプは挿絵とテクストが相互影響の関係にあると推測する。アブラハムの場面を例にとり、作者と挿絵画家の緊密な共同作業、つまり挿絵画家と作者がお互いに信頼を寄せ合った共同作業を通して『創世記』という作品を造りあげたというテーゼを打ち立てた[31]。

グートフライシュ・ツィシェはテクストが挿絵とは独立して最初に書かれ、後から挿絵が挿まれたという推測とは逆に、テクストの方が後から挿絵に関連付けて書かれているという見解を示した[32]。一見いささか奇抜な解釈であるように思われるが、彼女の『創世記』の挿絵研究の独創性は注目に値するものと言える。

こうしたテクストとイメージの関係性を踏まえながら、小論では『初期中高ドイツ語創世記』における「いのち」が表されている場面のテクストと挿絵に焦点を当てたい。

『創世記』の「いのち」のモチーフは、物語の冒頭、「神による人（アダム）の創造」「エバの創造」で重要なものとなっており、とりわけ『初期中高ドイツ語創世記』では、その挿絵が描かれている。さらにミルシュテット写本の章表題にも着目したい。なぜなら章表題は挿絵とともに描かれているものもあり[33]、関連するテクストの内容を端的に示し、テクストと挿絵の橋渡し役を果たすこともあれば、テクストとは完全に独立して章の内容を表すこともあるからである[34]。そこで、本章では『創世記』の中の「いのち」を表す場面を挿絵によって区分し、それに該当する『ウルガタ』のテクスト、ミルシュテット写本の章表題、ウィーン写本とミルシュテット写本のテクスト、挿絵の差異を検証し、そこから浮き彫りとなる中世ドイツ語圏初期中高ドイツ語時代の民衆（俗語）文学に表れている「いのち」概念をめぐる神学的受容の一面を俯瞰することとする。但し、その神学的・倫理学的議論に立ち入ることはしない。

一　「人間を創造する決議」（ウィーン写本挿絵七、fol. 5v、ミルシュテット写本挿絵一、fol. 3r）

一一世紀後半から一二世紀初頭に成立した『初期中高ドイツ語創世記』の最も重要な原典は、『ウルガタ』（*Vulgata*）であることに疑いはないにしても、[35] 決してその逐語訳ではない。物語の始まりがその証左を示す。

『ウルガタ』

In principio creavit Deus caelum et terram. terra autem erat inanis et vacua et tenebrae super faciem abyssi et spiritus Dei ferebatur super aquas dixitque Deus fiat lux et facta est lux et vidit Deus lucem quod esset bona et divisit lucem ac tenebras appellavitque lucem diem et tenebras noctem factumque est vespere et mane dies unus.[36]

初めに、神は天地を創造された。地は混沌であって、闇が深淵の面にあり、神の霊が水の面を動いていた。

神は言われた。「光あれ」。こうして、光があった。神は光を見て、良しとされた。神は光と闇を分け、光を昼と呼び、闇を夜と呼ばれた。夕べがあり、朝があった。第一の日である。（『創世記』一章一―五節）

これとは大きく異なり、『初期中高ドイツ語創世記』は以下のように始まる。(37)

ウィーン写本（詩行一―八）

Nv fer nemet mine liebe,
ich wil iu aine rede ***fore tŏn.***
ube mir got der gŏte
gerŏchet senten ze mŏte
daz ich chunne reden
also ich diu bŏch hore zelen,
so wurde diu zala minnechlich:
dem gotes wntere ist niwet clich.

さあ、親愛なる皆様、お聞きください、
私はあなた方に**お話をしよう**と存じます。
私が本の伝えることを聞くように語れるよう、

ミルシュテット写本（詩行一―八）

Nv uernemet mine lieben,
eine rede wil ich iv ***uorbrieuen:***
obe mir got der gůte
gerůchit ze senden ze můte,
daz ich wol chunde reden
also ich div bůch hore zelen,
so wrde min sprechen lobelich:
dem gotes wndir ist niht gelich

さあ、親愛なる皆様、お聞きください、
私はあなた方に**お話を書き記そう**と存じます。
私が本の伝えることを聞くように語れるよう、

善なる神が私にお力添えしてくださるなら、
物語は素晴らしくなるでしょう。
神の奇跡に比しうるものはありません。

善なる神が私にお力添えしてくださるなら、
私の話は称賛に値するものとなるでしょう。
神の奇跡に比しうるものはありません。

これは明らかに語り手から聴衆に向けた説教のテクストであり、中世文学作品に典型であるプロローグの導入手法として慣例的な口頭伝承の伝統が看取される。[38] 加えて、ウィーン写本とミルシュテット写本との間には *fore tŏn* „vormachen; vorlegen; geben“（して見せる、示す、与える）と *uorbrieuen* „vorschreiben“（書いて見せる）というそれぞれ違った動詞が使われており、口頭性 Mündlichkeit と文書性 Schriftlichkeit の揺らぎも顕著となっている。[39]

この後の約九〇行は神が天使たちを創造し、蜂起した堕天使ルシフェルを殲滅し、その代わりとして人間を御身に似せて創造する意思を語るとなっており、『ウルガタ』とは明らかにその内容が異なる。[40] 確かに『ウルガタ』以外にも『初期中高ドイツ語創世記』にはさまざまな原典が推測されているが、『初期中高ドイツ語創世記』の著者が何を直接の原典として用いていたのかは定かでない。[41] しかし、まさにこの『ウルガタ』との差異にこそ教父たちの神学ではなく、聖書以外の書物、説教、典礼などにより、この時代に一般的でなじみのあった神学的知識[42]を窺い知ることができ、そこにこの作品の研究意義が存在するのである。

『初期中高ドイツ語創世記』において、既述した『ウルガタ』の『創世記』（一章一—五節）に該当する詩行はウィーン写本で詩行九七—一〇九、ミルシュテット写本では詩行一〇二—一一四であり、テクストは以下となっている。

ウィーン写本（詩行九七—一〇九）

er begunde scaffen.
himel unde erde machen,
diu finstere diu was uil groz.
wazzer uber alle die erde floz.
er nebeit sa nieht,
er sprach 'nu wese lieht.'
do er do gesach
daz lieht gůt was,
do tét er sunter
lieht unde uinster.
daz lieht nante er tach,
finstere die naht.
daz was daz eriste tegewerch sin.

彼（神）は創造を始め、
天と地を創造した。

ミルシュテット写本（詩行一〇二—一一四）

er begunde schaffen,
himil und erde machen.
div uinster was uil groz,
wazzir ubir alliz ertrich uloz;
erne beitet sa nieht,
er sprach 'nu werde lieht.'
do er do daz gesach,
daz lieht was des mennischen gemach,
do schiede da er sundir
daz lieht uon der uinstir,
daz lieht nant er tach
die uinstir die naht.
daz was daz erste tagewerch sin:

彼（神）は創造を始め、
天と地を創造した。

闇は極めて大きく、
水がすべての地の上に流れていた。
彼はすぐに躊躇うことなく、
以下のように語った。「さあ、光あれ」
彼が光を良いと見たとき、
そこで光と闇とを分けた。
彼は光を昼と呼び、闇を夜と呼んだ。
これが彼の最初の日の仕事であった。

闇は極めて大きく、
水がすべての地の上に流れていた。
彼はすぐに躊躇うことなく、
以下のように語った。「さあ、光あれ」
彼は光を人間の安らぎ（喜び）と見たとき、
そこで闇から光を分けた。
彼は光を昼と呼び、闇を夜と呼んだ。
これが彼の最初の日の仕事であった。

ウィーン写本とミルシュテット写本の細かな表現の差異こそあれ、テクストの内容は『ウルガタ』の神の第一の日の創造と大幅に合致している。以降、第二の日（ウィーン写本詩行一一一―一二〇。ミルシュテット写本詩行一一六―一二五）、第三の日（ウィーン写本詩行一二一―一三四。ミルシュテット写本詩行一二六―一三九）、第四の日（ウィーン写本詩行一三五―一五四。ミルシュテット写本詩行一四〇―一五九）、第五の日（ウィーン写本詩行一五五―一七〇。ミルシュテット写本詩行一六〇―一七五）、第七の日（ウィーン写本詩行四五五―四六二。ミルシュテット写本詩行四六〇―四六七）も同様に約七―一九詩行で簡潔にまとめられているが、第六の日（ウィーン写本詩行一七一―四四四。ミルシュテット写本詩行一七八―四四七）だけは約二八〇詩行と極端な広範囲となっており、『ウルガタ』とは著しく逸脱している。つまり『初期中高ドイツ語創世記』は『ウルガタ』の一章二六―二八節と二章七節の四詩節を約二八〇詩行で叙述し、さらにその内容を、一、Gott plant den Menschen und seine Bestimmung.「神が人とその規定を計画する」（ウィーン写本詩行一七一―二一四。ミルシュテット写本詩行一七八―二一九）、二、Gott fertigt den Menschen.「神が人を造る」（ウィーン写本詩行二一五―三七四。ミルシュテット写本詩行二二二―三八二）、三、Gott setzt ihn zusammen.「神が人を組み立てる」（ウィーン写本詩行三七五―三九八。ミルシュテット写本詩三八四―三九七）、四、Gott macht ihn lebendig und gebietet ihm.「神が人に生を与え、命令する」（ウィーン写本詩行三九九―四四四。ミルシュテット写本詩行四〇二―四四七）という四つに細分化している。[43]

『ウルガタ』における第六の日は、第五の日に神が創造した水の中と地の上の生き物からさらに地の生き物、すなわち家畜、這うもの、地の獣を生み出させ、それらすべてを支配するものとして人を創造されたという内容であり、また、さまざまな生き物と人の「いのち」の創造の章となっている。「神による人の創造」は以下のように叙述されている。

『ウルガタ』

et ait ***faciamus*** *hominem ad imaginem et similitudinem* ***nostram*** *et praesit piscibus maris et volatilibus caeli et bestiis universaeque terrae omnique reptili quod movetur in terra.*

我々にかたどり、**我々**に似せて、人を造ろう。そして海の魚、空の鳥、家畜、地の獣、地を這うものすべてを支配させよう。

（『創世記』一章二六節）

これに該当する『初期中高ドイツ語創世記』のテクストは、既述した四分化された、一、「神が人とその規定を計画する」であり、以下のようになっている。

ウィーン写本（詩行一七一―一八二）

***D**uo got mit siner chrefti*
uol worhte alle sine gescephte,
do sprach er gůt
mit frolichem můt
*‘Nv tůn **wir** ouch einen man*
*nach **unserem** pilidi getan,*
*der aller **unserer** getate,*
*nach **uns** gebiete,*
deme sich daz wite mere
nicht iruere
daz er dar inne neme
al des in gezeme,

神が自らのお力で
すべての創造物を創り終えたとき、

ミルシュテット写本（詩行一七八―一八九）

***N**ů got mit siner chrefte*
uol worhte sine geschefte
do sprach der gůte
mit urolichem můte,
***N**v schephen **wir** einen man*
*nach **unserem** bilde getan*
*der aller **unsirer** getaete*
*nach **uns** gebiete,*
und uor des willen daz wite mêr
sich nimmer gewer,
daz er dar inne neme
allis des in gezeme:

神が自らのお力で
すべての創造物を創り終えたとき、

喜びに満ちて以下のように言われた。
「さあ、**我々**も一人の人間を
我々の姿に似せて創造しよう。
その者はすべての**我々**の被造物を
我々のもとで支配し、広大な海も
彼にふさわしいものはなんであれ、
その中で手に入れることを
妨げることはない」

喜びに満ちて以下のように言われた。
「さあ、**我々**は一人の人間を
我々の姿に似せて創造しよう。
その者はすべての**我々**の被造物を
我々のもとで支配し、広大な海も
彼にふさわしいものはなんであれ、
その中で手に入れることをその意に反して
妨げることはない」

両写本ともに共通して、神自らが人の創造の喜びを言葉に表し、人の創造が複数形で表現されている『ウルガタ』のテクストをそのまま踏襲している。つまりウィーン写本とミルシュテット写本の神にも一人称単数形を意味する「私」（*ich*）ではなく、一人称複数形の「我々」（*wir* や *unser, uns*）という人称代名詞が使われているのである。神の人の創造に単数形ではなく複数形が使われるという用法は、既にヘブライ語原典にあり、その理由については定説がないものの以下の四つの説があるとされている。一、三位一体の神、二、君主やそれに類する位の高い者が自分を指して使う代名詞、三、神の偉大さを示す複数形（畏敬の複数形）、四、神と天使を指している。[44] しかしヘブライ語原典には人の創造を行った行為者が常に複数形で表されるという一貫性はなく、続く『ウルガタ』のテクストもヘブライ語原典と同様に複数形用法を以下のように変えている。

『ウルガタ』

et ***creavit Deus*** *hominem ad imaginem* ***suam*** *ad imaginem Dei* ***creavit*** *illum masculum et feminam* ***creavit*** *eos.*

神は御自分にかたどって人を**創造**された。神にかたどって**創造**された。男と女に**創造**された。

（『創世記』一章二七節）

ここには *Deus*「神」という単数主語があり、人称代名詞も *suam*「彼の」、動詞も *creavit*「創造した」と三人称単数形（現在完了）で、神が単数で人間を創造したことが明確に記されている。

これに反してウィーン写本とミルシュテット写本は、共通してこのテクストを直接的に翻訳してはいない。ライオン、鳥、蛇、毒が人の力の大きさを示す比較対象として示され、また、人が二本足で立つ理由が説明されるなど『ウルガタ』には無い叙述が続くこととなる（ウィーン写本詩行一八九―二一四。ミルシュテット写本詩行一九六―二一九）。この後さらに、二、「神が人を造る」では、解剖学的ともいえる人間の身体細部の詳細な描写が続く（ウィーン写本詩行二一五―三九八。ミルシュテット写本詩行二二二―三九七）。(45)

しかし、これは『初期中高ドイツ語創世記』が一貫して『ウルガタ』の複数形による人の創造のテクストは受け入れ、単数形による人の創造のテクストを拒否したことには繋がらない。なぜならば、既述した『初期中高ドイツ語創世記』のテクストに先立ってミルシュテット写本には章表題と挿絵が存在し、章表題は以下のように記されているからである。

ミルシュテット写本章表題（詩行一七六―一七七）

Hie schult ir merchen
wie got den mennisch wolde schephen.

ここであなた方は、いかに神が人間を創造しようとしたのか気づかねばならぬ。

ミルシュテット写本章表題には『ウルガタ』と同様に *got*「神」という固有名詞が使われており、動詞 *schephen*「創造する」も助動詞 *wolde* を伴って単数形となっている。

しかし、これに係わる挿絵はそうではない。ウィーン写本の挿絵（図1）にもミルシュテット写本の挿絵（図2）にも、『ウルガタ』と『初期中高ドイツ語創世記』のテクストに登場しない存在が描かれている。ウィーン写本は第五の日の叙述の後、fol. 4r-5v まで四つの挿絵が連なっており、これが一番最後に登場する七番目の挿絵となる。これに対して、ミルシュテット写本では一番最初に登場する挿絵であり、全物語の中で、ウィーン写本とミルシュテット写本で同じモチーフの挿絵が並んでいる唯一無二の場面となっている。フォスは、ウィーン写本の挿絵には „Thronender Gott mit Kreuznimbus und Spruchband, dessen anderes Ende eine barfüßige mit Tunika und Pallium bekleidete Gestalt hält."「十字の光輪を伴い巻物を持った王座に君臨している神とその巻物の反対の端を持つ、チュニカとパリウムを着た裸足の人物」、ミルシュテット写本の挿絵には „Beschluss, den Menschen zu schaffen."「人を創造する決議」という表題をつけた。[46] 両写本ともに同じ「神が人とその規定を計

図1　ウィーン写本挿絵七, fol. 5v.

図2　ミルシュテット写本挿絵一, fol. 3r.

画する」というモチーフの挿絵であることに違いはないが、但しウィーン写本の挿絵に描かれている存在とミルシュテット写本の挿絵に描かれている存在には明確な隔たりがある。すなわち、ウィーン写本の挿絵に描かれている存在には聖人を象徴する光輪がない。ヘルマンはこの存在をアダムと解釈したが[47]、この解釈は研究史では疑問視されている[48]。

他方、ミルシュテット写本の挿絵に描かれている存在には光輪と翼がある。ピッケリングは「三位一体、創造主」(trinitas creator)で挿絵を解釈するがゆえに、このミルシュテット写本の存在を天使ではなく聖霊とみなしたが、これには多くの批判が集まった[49]。研究史ではこの存在を天使とする見方が趨勢であると言えよう[50]。メンハルトは彼がこの挿絵の原典と主張している『Oktateuch 創世記』写本にこの天使のモデルがあると指摘している[51]。しかしフォスはこの挿絵が創世記作品群には属していないとし[52]、天使についても、似たようなモチーフが他の挿絵やレリーフにもあることを挙げているが、その原典モデルを断定してはいない[53]。

これ以降もこの天使はアダムとエバの楽園追放まで常に神の従者として現れることとなる[54]。しかしながら、ウィーン写本のテクスト文脈の中で成立した挿絵はこれしかなく、この天使が続けてウィーン写本の挿絵に登場することになっていたのか、また、ウィーン写本とミルシュテット写本の共通原典 WM ではどうであったのかは定かではない。いずれにせよ、神ともう一つの存在が登場し、人の創造の際に存在していたことは、両写本共通のモチーフの挿絵が如実に示している[55]。既述したように、この天使についてテクストで言及されることは一切なく、「いのち」の創造の場面に登場する天使の存在自体が、テクストの伝承系統とは異なった挿絵の伝承系統を示すものと言えよう。

二 「アダムの創造」（ミルシュテット写本挿絵二、fol. 3v）

次に「神が人を造る」場面を検証する。先にも触れたように、『ウルガタ』のテクスト、「神は御自分にかたどって人を創造された。神にかたどって創造された。男と女に創造された」（『創世記』一章二七節）は『初期中高ドイツ語創世記』には存在しない。『初期中高ドイツ語創世記』は、この内容を「神が人とその規定を計画する」と「神が人を造る」という二段階に分け、テクストでは後者の「神が人を造る」場面が記されることとなる。しかしながら、ミルシュテット写本の章表題はこの内容に照応していない。『ウルガタ』の *benedixitque* ***illis*** *Deus*「神は**彼ら**を祝福して」（『創世記』一章二八節）というテクストの一部のみを採り、以下のように書き換えたと思われる。

ミルシュテット写本章表題（詩行二二〇―二二一）

*Gesegent **si** er genůch*
der den mennischen hie gescůf.

人をここで創造した彼（神）が存分に祝福されますように。

『ウルガタ』において *illis* は人称代名詞 ille, illa, illud の複数三格で動詞 benedīcere「祝福する」の目的語であるのに対し、ミルシュテット写本章表題の *si* は人称代名詞複数形の目的語でなく、過去分詞 *gesegent* とともに用いられ、動詞 sîn の接続法の要求、願望を表す状態受動となっている。つまり「神が彼らを祝福する」のではなく、「神が祝福されますように」と能動態から受動態に変えられているのである。また、前述の章表題と同様に、人を創造した神は『ウルガタ』と同じく単数形で表されている。

続く『初期中高ドイツ語創世記』のテクストは、この『ウルガタ』のテクストやミルシュテット写本の章表題のテクストに直接係わるものではなく、人の創造の細部を詳らかにしている。

ウィーン写本（詩行二一五—二二八）

***D**er here werchman*
da nach einen leim nam,
also der tůt der uz wahsse
ein pilede machet,
also prouchet er den leim
suîez geuiel in zuein,
deme uater iouch deme sune,
der sp̄c sanctus al mit ime.

ミルシュテット写本（詩行二二二—二三五）

***D**er uil here werchman*
dar nach einen leim nam:
also der tůt
der ŏz wahse machet ein bilde gůt,
also prŏchet er den leim;
swie abir ez geuiel den zwein
dem uatir unde dem sun,
der heilige geist was al mit ime,

irne waren doch nieht drî.
der eine hete namen drî,
der têt in sines water wisheite
nach des heiligen geistes geleite
uz deme leime einen man
nach sineme pilede getan.

高貴なる職人（神）は、
その後ローム[56]〔粘土質の土〕を取った。
臘から一つの形を造り出す者が行うように、
彼はロームを彼ら両方の意に
かなうものに仕立て上げた。
すなわち、聖霊も含め、
父と息子の両方の意にかなうものに。
しかしながら、彼らは三だったのではない
一として三位を擁した彼は、
父の知恵において、聖霊の手ほどきにより、
ロームから自らの似姿に応じて

nu merchet doch da bi,
der eine het namen dri,
der tet in sines water wisheite
nach des heiligen geistes geleite,
er schůf ǒz dem leime einen man
nach sinen bilde getan.

非常に高貴なる職人（神）は、
その後ロームを取った。
臘から一つの良い形を造り出す者が行うように、
彼はロームを彼ら両方の意に
かなうものに仕立て上げた。
すなわち、聖霊も含め、
父と息子の両方の意にかなうものに。
さあ、だがその際に覚えておくように、
一として三位を擁した彼は、
父の知恵において、聖霊の手ほどきにより、
ロームから自らの似姿に応じて

一人の人間をお創りになったのである。

一人の人間をお創りになったのである。

神は「父」（*uater* ウィーン写本詩行二二一／*uatir* ミルシュテット写本詩行二二八）、「息子」（*sune* ウィーン写本詩行二二一／*sun* ミルシュテット写本詩行二二八）と「聖霊」（*der spc̄ sanctus* ウィーン写本詩行二二二／*der heilige geist* ミルシュテット写本詩行二二九）の意の叶うように、[57] それらと一つとなって一人の人間を創造した。また、ウィーン写本ではその直後の詩行で三という複数による人創造の可能性がはっきりと否定されている—— *irne waren doch nieht drî.*「しかしながら、彼らは三だったのではない」（ウィーン写本詩行二二三）。つまり神のみではなく、三位一体によって人を創造したことが示されているのである。[58]

これに対してミルシュテット写本は該当する詩行を *nu merchet doch da bi,*「さあ、だがその際に覚えておくように」（ミルシュテット写本詩行二三〇）というテクストに変更している。だからと言って、ミルシュテット写本が三位一体自体を否定している訳ではなく、続く詩行ではウィーン写本のテクストとほぼ同様に人の創造主が三位一体であるというテクストが存在している（ミルシュテット写本詩行二三一—二三五）。これに加えて、神が人の身体を頭から足の指先まで創り上げた後（ウィーン写本詩行二二九—三七四。ミルシュテット写本詩行二三六—三八一）、ミルシュテット写本では挿絵を伴わない章表題が続き、[59] そこには三位一体によって人を創造したことが再び強調されている。

ミルシュテット写本章表題（詩行三八二—三八三）

Wie die dri namene

図3　ミルシュテット写本挿絵二, fol. 3v.

den menmischen lideten zesamene....

三位が人を一つに結び合わせたように……。

こうしてみると、『初期中高ドイツ語創世記』のテクストは上述した神の人の創造に単数形と複数形が使われる理由を「三位一体」で解釈しているようである[60]。

一方、挿絵（図3）には「アダムの創造」が描かれている。アダムは両目を閉じ、両手を太ももの上で交差させて中央に横たわっている。その左側には、両手でアダムの頭部を支える神が立っている。そして、その右側にはまたもや翼と光輪のある天使が登場する[61]。天使は跪き、アダムに向かって両手を差し出している。この挿絵の原典に関して、メンハルトはこの挿絵とサン・マルコのモザイクの類似性を[62]、フォスはグランヴァルの聖書のアダムとエバの創造挿絵群との類似性[63]をそれぞれ主張し、研究者の見解は一致していない。しかしどちらであるにせよ、テクストの伝承系統には存在しない「天使」という挿絵伝承系統のモチーフが続けて、『初期中高ドイツ語創世記』に存在していることに違いはない。

三 「アダムへのいのちの吹き入れ」（ミルシュテット写本挿絵三、fol. 6r）

次に、三、「神が人を組み立てる」場面と、四、「神が人に生を与え、命令する」場面を見ていく。『ウルガタ』で、神は土（アダマ）の塵《ちり》で人（アダム）を造り、その鼻に命の息を吹き入れた。

『ウルガタ』
formavit igitur Dominus Deus hominem de limo terrae et inspiravit in faciem eius spiraculum vitae et factus est homo in animam viventem.

主なる神は、土（アダマ）の塵で人（アダム）を形造り、その鼻に命の息を吹き入れられた。人はこうして生きる者となった。
（『創世記』二章 七節）

『初期中高ドイツ語創世記』では『ウルガタ』にあるテクスト *de limo terrae*「土（アダマ）の塵で」は前章で引用したテクストにあるように *leim, lettun*「ローム」（ウィーン写本詩行二一六、二一九、二二七／ミルシュテット写本詩行二二三、二二六、二三四）とされ、さらに ***zâch***「粘着性のある」（ウィーン写本詩行三七八、三八六、三九三／ミルシュテット写本詩行三八七）ロームで、神による人の創造は完成させられることとなる（ウィーン写本詩行三七五―三九八。ミルシュテット写本詩行三八四―三九七）。その後、神は自らの霊を人に吹き入れるのである（ウィーン写本詩行三九九―四四四。ミルシュテット写本詩行四〇二―四四七）。

ウィーン写本（詩行三九九―四〇四）

Duo̊ er daz pilede erlich
gelegete fure sich,
dů stůnt er ime werde
obe der selben erde.
sinen geist er in in blies,
michelen sin er ime friliez.

彼（神）は素晴らしい姿が
眼前に横たわっているのを見たとき、
この土壌の産物に非常に満足なさって
立っておられた。
彼はそれに自身の霊を吹き入れ、

ミルシュテット写本（詩行四〇二―四〇七）

***Do** got daz pilde erlich*
do gelegete fur sich,
do stund er im werde
ob der selben erde,
sinen geist er im inblies,
michilen sin er im uerliez.

神は素晴らしい姿が
眼前に横たわっているのを見たとき、
この土壌の産物に非常に満足なさって
立っておられた。
彼はそれに自身の霊を吹き入れ、

大いなる分別をお与えになった。

大いなる分別をお与えになった。

ここでウィーン写本 *michelen sin er ime friliez.*（詩行四〇四）とミルシュテット写本 *michilen sin er im uerliez.*（詩行四〇七）には「神が人に大いなる分別をお与えになった」という『ウルガタ』にはないテクストが付け加えられている。[64] すなわち『初期中高ドイツ語創世記』では、*sinen geist*「彼（神）の霊」と *michelen sin/michilen sin*「大いなる分別」が直接的に結び付けられており、ここで「神の霊」とともに「大いなる分別」が人に与えられることとなる。[65]

この他にも『ウルガタ』にはないテクストはミルシュテット写本章表題にも存在する。

ミルシュテット写本章表題（詩行 三九八—四〇一）

Wie ***die roten erde***
got hiez lebentich werden
mit sinem adem
den er in in begunde blasen

神が**赤い土**を自ら吹き入れた息で生きる者になさったように。

ミルシュテット写本章表題のテクストは、*de limo terrae*「土（アダマ）の塵」を *die roten erde*「赤い土」に変えている。この「赤い土」とは果たして何を意味するのであろうか。『初期中高ドイツ語創世記』では、以下のテクストが該当箇所となる。

ウィーン写本（詩行四〇五―四〇八）

die adere alle
wrden pl̊utes folle
ze fleiske wart div erde,
ze peine der leim herte,

すべての血管は
血で満たされ、
土は肉となり、
堅いロームは骨となった。

ミルシュテット写本（詩行四〇八―四一一）

die adir alle
wrden pl̊utes uolle,
ze uleisch wart div erde,
ze peine der leim herte;

すべての血管は
血で満たされ、
土は肉となり、
堅いロームは骨となった。

このように、「赤い土」との記述はテクストには存在しない。スミッツは *die roten erde*「赤い土」ではなく、*die toten erde*「死んだ土」とするが、[66] フライタークは死が土の特性とされる典拠例は初期中高ドイツ語時代にはないと異論を唱え、[67] さらに「アダム」という名が「火のように真っ赤な」というヘブライ語に由来するがゆえに、ラテン教父たちのテクストに「赤い土」の典拠例が多く存在したと結論づける。[68] つまり、ここでの「赤い土」

図４　ミルシュテット写本挿絵三, fol. 6r.

とは、ミルシュテット写本章表題の独立した神学的知識の表れを示すものということになる。(69)

挿絵（図４）にはまたしても神と天使がアダムとともに描かれている。神はアダムの右手手首を左手で摑みながら、右手の人差し指と中指の二本の指をアダムに向けており、何かを語りかけている（もしくは息を吹き入れている？）ような身振りをしている。光輪と翼がある天使は豪華な衣服を身に纏い、その左手で十字の笏を持ちながら両手を広げている。フォスは天使がこの挿絵でのみアットリビュート（神話の神や歴史上の人物を象徴する持ち物）として笏を持ち、この挿絵とミルシュテット写本の挿絵六、fol. 9v でのみ天使の衣服がふち飾りされていることに違和感があると言及している。(70)また、章表題のテクスト以外にも、神の衣、天使の衣、翼、十字の笏がそれぞれ赤色で着色されているにもかかわらず、アダムの身体に赤色は一切使われていない。

これまでの挿絵と同様に、この挿絵の原典についても研究者の見解は分かれているが、その内容はいままでとは明らかに異なっている。すなわち、フォスがこの挿絵とサン・マルコのモザイクとの類似性を主張するのに対し、[71]メンハルトは今までの挿絵とは異なり、挿絵の原典は明らかでないとし、この挿絵におけるミルシュテット写本の独自性を主張する見解に至るのである。[72]確かにフォスの指摘するような挿絵原典にモチーフの類似性はある程度認められるものの、それらに天使は存在しない。この限りにおいて、メンハルトの主張する独自性は正当と言えよう。

ようやくここにきてはじめて、挿絵伝承の原典モチーフから離れた中世ドイツ語圏俗語文学の表現における自由の一端を垣間見ることとなる。

四　「エバの創造」（ミルシュテット写本挿絵六、fol. 9v）

最後に「エバの創造」の場面を検証する。既述した「人の創造」の『ウルガタ』テクストをもう一度精読すると、再び複数形と単数形の解釈問題に直面する。『ウルガタ』には「神は御自分にかたどって人を創造された。神にかたどって創造された。**男と女に創造された**」（『創世記』一章二七節）とある。続くテクストにも「神は**彼ら**を祝福して言われた」（『創世記』一章二八節）と記されており、創造された人にも複数形が使われていることがわかる。つまり創造者が複数であったばかりではなく、被創造者も複数形で表されているのである。この複数形が

「男と女」を指していることは言うまでもない。
さきほども触れたように『初期中高ドイツ語創世記』において、既述した『ウルガタ』のテクストは二つの写本とも存在しない。これにより、以下の神の御言葉をより自然なものとしていると言えよう。すなわち、それは第二の人創造である「エバの創造」場面における神の以下の御言葉に係わる。

『ウルガタ』

dixit quoque Dominus Deus ***non est bonum esse hominem solum*** *faciamus ei adiutorium similem sui.*

主なる神は言われた。「**人が独りでいるのは良くない**。彼に合う助ける者を造ろう」。（『創世記』二章一八節）

『ウルガタ』で、神は人を「**男と女**」に創造し、「**彼ら**」を祝福したのに、「**人が独りでいるのは良くない**」と語る。これに対して、両写本のテクストは神が人を「**男と女**」に創造し、「**彼らを祝福した**」というテクストを無くし、それに代わってロームで人（単数形）を造り上げる様子を細かく描写している。その後、神は「私には男が独りでいるのは良くないと思われる」（ウィーン写本詩行五八四—五八五／ミルシュテット写本詩行六二三—六二四）と語るのである。

ウィーン写本（詩行五八三—五八六）	ミルシュテット写本（詩行六二一—六二七）
Do̊ sprach aue got	*Do sprach der gewaltige got*

'mich ne dunchet nieht gůt
daz so eine si der man,

***wir** sculen im eine hilfe tůn.'*

そこで再び神は語った
「私には男が独りでいるのは
良くないと思われる。

我々は彼に助けを与えよう」。

'ez dunchet mich niht gůt
daz der man si eine;
uon einem rippe chleine
*eine gehelfen mache **wir** im.'*

そこで巨大な権力をもつ神は語った
「私には男が独りでいるのは
良くないと思われる。
我々は小さな一本のあばら骨から
補佐する女性を造ろう」。

ここでも『初期中高ドイツ語創世記』は、創造の行為者を複数形にしている。なぜなら既述した『ウルガタ』のテクスト *faciamus ei adiutorium similem sui.*「彼に合う助ける者を造ろう」（『創世記』二章一八節）の動詞 *faciamus* は一人称複数形で「我々」という主語があり、『初期中高ドイツ語創世記』は、またもテクストに忠実にこれを一人称複数形 *wir*「我々」で表しているからである。しかし、またしても一貫性はなく、『ウルガタ』は人の創造を単数形で叙述する。

『ウルガタ』聖書の「エバの創造」のテクストは以下のように続く。

『ウルガタ』

inmisit ergo Dominus Deus soporem in Adam cumque obdormisset tulit unam de costis eius et replevit carnem pro ea et aedificavit Dominus Deus costam quam tulerat de Adam in mulierem.

主なる神はそこで、人を深い眠りに落とされた。人が眠り込むと、あばら骨の一部を抜き取り、その跡を肉でふさがれた。そして、人から抜き取ったあばら骨で女を造り上げられた。（『創世記』二章二一―二二節）

ここでの行為者は神のみで、テクストは常に単数形で表されている。ミルシュテット写本の章表題も同様に神が単数でエバを創造している。

ミルシュテット写本章表題（詩行 六一八―六二一）

Adam slief unde lach
unz im got ein rippe ôz prach
da non geschůf er ein wip
si beidiv wrden do ein lip.

アダムは横たわって眠った。
神は彼からあばら骨を折り、

図5　ミルシュテット写本挿絵六, fol. 9v.

そこから一人の女性を創った。

彼ら二人ともこうして一つの身体（いのち）となったのであった。

では、これに係わる挿絵はどうであろうか。章表題に続く挿絵（図5）の左側には、右手で頬杖をし、木にもたれかかってアダムが眠っている。中央では、神がそのアダムの左胸から両手でエバの頭を取り出している。エバの身体は頭部まで描かれていて、その首はアダムのあばら骨から伸びている。そして、その神の右隣には光輪はあるが、翼のない天使が「エバの創造」を見守っている。またも『ウルガタ』にも両写本のテクストにも章表題にも現れない天使が登場することとなる。さきほど触れた挿絵（図4）の天使とは異なり、ここに登場する天使は、より簡素な衣服（袖に飾りもない）に身を包み、翼もなく笏も持っていない。(73)

この天使はミルシュテット写本の挿絵画家の着想であり、挿絵の原典はないとメンハルトは主張する。(74) これに対してフォスは、この挿絵とサン・マルコのモザイクとの類似性を指摘している。[75] しかし、サン・マルコのモザイクの「エバの創造」に天使は存在しない。さらにフォスはヒルデハイムの青銅製の扉、「ベルンヴァルトの扉」(Bernwardstür)の「エバの創造」場面に天使が登場すると断定しているものの、[76] ここには神の下で横たわっている人物とそれを見守る人物の二人が登場しており、もし仮にこれが「エバの創造」であるとすれば、既にエバが存在していて自分の創造を見ているという矛盾が生じてしまうし、逆に「アダムの創造」と解しても、やはりこの場面を見守っている人物の説明がつかない。これはおそらく「アダムの創造」に「エバの創造」が融合した結果生じた混淆現象であり、「アダムの創造」の変形と捉えるのが自然であると思われる。よって「エバの創造」場面に天使が存在しているとは言えない。この他にも、スウェーデンのゴットランドにあるエケビー教会の洗礼盤レリーフに「エバの創造」の場面の上部に三位一体を表すと思われる三つの上半身の存在が描かれているが、[77] これも天使ではないし、グランヴァルの聖書にもヴィヴィアンの聖書にも「エバの創造」の場面は描かれているが、やはり天使は現れない。[78] したがって、ここでもメンハルトの主張するミルシュテット写本の挿絵画家の独自性を認めざるをえないだろう。

おわりに

こうしてみると、『初期中高ドイツ語創世記』に表れている「いのち」概念をめぐる神学的受容は以下の特徴にまとめられる。一、「いのち」の創造場面である「人の創造」は『ウルガタ』から著しく逸脱し、はるかに広範囲で詳細な内容となっている。二、ラテン教父たちの神学やこの時代に一般的で馴染みのあった神学的知識が色濃く反映されている。三、ウィーン写本とミルシュテット写本のテクスト、ミルシュテット写本の章表題、挿絵にはそれぞれ異なる神学的解釈がみて取れる。四、「アダム」と「エバ」の「いのち」の創造場面には、テクストに登場しない天使が常に挿絵に描かれている。そのうち「アダムへのいのちの吹き入れ」（図4、ミルシュテット写本挿絵三、fol. 6r）と「エバの創造」（図5、ミルシュテット写本挿絵六、fol. 9v）に描かれている天使は挿絵の原典サイクルにも存在しないミルシュテット写本挿絵独自のものであり、その姿もそれぞれ明確に異なっている。

挿絵の原典サイクルとミルシュテット写本の挿絵との違いは、ミルシュテット写本の挿絵画家の独自性を示すものではなく、多くの場面収斂によるものとフォスは結論づけるが[79]、果たしてそれだけであろうか。原典には現れない挿絵モチーフにこそ、挿絵伝承系統から独立し、「いのち」の創造の場面には必ず天使が伴うという、ある許容範囲で許されたミルシュテット写本独自の神学的解釈がみて取れるのではなかろうか。それは例えば、ビザンティン中期美術フレスコ画に厳しい様式的制約の内にも許された衣の襞の表現のように、天使の表現に許された自由の中にこそメディアとしての独自の価値を誇示する意識の萌芽が存在したと考えられる。

研究史で議論されてきた「テクスト」と「挿絵」の間にある関係性に関して言えば、確かにフォスの「テクスト」と「挿絵」の独立説が最も正当であるように思われる。しかし彼女の主張する「挿絵」が教示的な意図もなく、「テクスト」の内容の明瞭化にはほとんど役立たないというほど極端にかけ離れた乖離は存在しない[80]。また、その一方でミルシュテット写本の「挿絵」の本来の意義は、テキスト内容を具象化する機能にあったのではなく、民衆語（俗語）テキストの価値を証明することにあったとする見方もある[81]。すなわちクルシュマンが主張するように、「挿絵は文字の価値の担い手としての機能において、民衆語を根拠づけ、活性化する[82]」のであり、ミルシュテット写本「挿絵」の持つ意味とは、一貫した挿絵サイクルが最初に民衆語のテキストに組み込まれたこと自体にあった。なぜならこれによって民衆語（俗語）の本がラテン語の本と比肩しうる外観を得ることが可能になったからである。[83] つまり外観の相似から背後に透けて見えるラテン語の権威こそが、ドイツ語テキストの「文学的価値」（Literarizitätstatus）を一歩前進させたのである。[84]

このような背景の下に「テクスト」と「挿絵」というそれぞれ異なった伝承系統をもつ神学的解釈が、『初期中高ドイツ語創世記』において一作品として結び付けられており、ここでの「挿絵」は決して単なる文盲教化のための副次的な媒体ではなく、イメージのメディアとしての価値の高さを示しているのである。また、原典に従いながらも、ある許容範囲内での独自のメディア価値を誇示する意識の覚醒も窺え、こうした事実が旧約聖書を題材とした初期中高ドイツ語時代の民衆（俗語）文学の「いのち」の創造場面に表れていることは極めて興味深い。

注

（1）本章で使用する「テクスト」という語は、「テキスト」と同義語として「文書」を意味し、「イメージ」とは「画像」を指す。

（2）古来より文学と絵画の対比は美学の核心的な問題の一つであったのを、ゴットホルト・エフライム・レッシングが『ラオコオン』の著作によって、近代における絵画と文学との境界線をめぐる議論の端緒を開いた。レッシング『ラオコオン——絵画と文学との限界について』斎藤栄治訳、岩波文庫、一九七〇年。テクストとイメージの関係性についての研究史は、W・J・T・ミッチェル『イコノロジー——イメージ・テクスト・イデオロギー』鈴木聡・藤巻明訳、勁草書房、一九九二年、五三—一八八頁、とりわけ歴史家のイメージ研究史に関しては、ジャン＝クロード・シュミット『中世の聖なるイメージと身体——キリスト教における信仰と実践』小池寿子訳、刀水書房、二〇一五年、一九一—二六頁を参照されたい。

（3）本章で使用する聖書の日本語訳は下記のものを使用し、章・節を本文において漢数字で表記する。『聖書新共同訳 旧約聖書続編つき』日本聖書協会、一九九五年。

（4）ジャック・ル＝ゴフ『中世とは何か』池田健二・菅沼潤訳、藤原書店、二〇〇五年、九五—九六頁。また、中世の画像は「キリスト教文化の中心的パラダイム、すなわち『キリストの受肉』に従って具象化されている」ので、ユダヤ教の禁忌を超越する論拠として聖職者たちによって正当化されたとジャン＝クロード・シュミットは主張する。シュミット、前掲書（注2）、八頁。

（5）加藤哲弘「イメージとテキスト——物語絵画の解釈の問題」『西洋美術研究』一、特集「イメージとテキスト」三元社、一九九九年、一四一頁。さらに、「イメージはしばしば理論的な考察に先立つ」のであり、「信仰はまずイメージによって、それから言葉によって表される」つまり、「イメージは信者たちの信仰を表象し表現」する、とJ・ル＝ゴフは主張する。ル＝ゴフ、前掲書（注4）、九七—九八頁。

（6）加藤哲弘、前掲書（注5）、一四一頁。

（7）同上。

（8）ヨアヒム・ブムケは絵画の果たした教育的意義を強調する。「トーマズィーン・フォン・ツィルクレーレは、文字の読めない者すべてにとって絵画は高い教育的価値をもつと考える。その対象は主として子供であるが、文盲の大人もこれに含まれた。『農民や子供には絵によって喜びの与えられることが多い。知恵のある者は文字によって多くのことを知ることができるが、それのできない者は、絵画で満足すべきである。聖職者は書物を読むのがよく、教育がなくて文字の読めない者は絵を見ればよい』（一〇九七—一〇六）。この見解は中世には広く支持されており、根拠には大グレゴリウスの言葉があった。彼はすでに言っていた、『教会に絵画を置くのが望ましいわけは、文字を知らぬ者らが、書物から読み取れぬ事柄を、すくなくとも壁面を見て知ることができるからである』（『書簡』一〇二七—二八段）」ヨアヒム・ブムケ『中世の騎士文化』平尾浩三・和泉雅人・相澤隆・斎藤太郎・三瓶慎一・一條麻美子訳、白水社、一九九五年、四一四頁。

（9）Cod. Vindob. theol. Graec. 31として現在ウィーン国立図書館に所蔵されている。

(10)『ウィーン創世記』の研究史については、カルル・クラウスベルク『ウィーン創世記——絵で読む聖書の物語』加藤哲弘訳、三元社、二〇〇〇年、一三八—一四〇頁を参照されたい。

(11) 本稿で使用する『創世記』の三写本のテクスト（ウィーン写本＝W; ミルシュテット写本＝M/K; フォーラウ写本＝V）は下記のものを使用し、詩行を本文もしくは注において漢数字で表記する。Hamano, A., *Die frühmittelhochdeutsche Genesis. Synoptische Ausgabe nach der Wiener, Millstätter und Vorauer Handschrift.* Berlin/Boston 2016 (=Hermaea Neue Folge 138)．なお、ファクシミリはそれぞれ下記のものを使用する。*Codex Vindobonensis 2721. Frühmittelhochdeutsche Sammelhandschrift der Österreichischen Nationalbibliothek in Wien. 'Genesis' - 'Physiologus' - 'Exodus'*, hg. von Edgar Papp, Göppingen 1980（=Litterae 79）; *Die deutschen Gedichte der Vorauer Handschrift. Kodex 276. 2. Teil. Facsilmilieausgabe des Chorherrenstiftes Vorau unter Mitwirkung von K. K. Polheim*, Graz 1958; *Millstätter Genesis und Physiologus-Handschrift. Vollständige Facsimileausgabe der Sammelhandschrift 6/19 des Geschichtsvereines für Kärnten im Kärntner Landesarchiv, Klagenfurt. Einführung und kodikologische Beschreibung von Alfred Kracher*, Graz 1967（=Codices Selecti 10）．なお、以下の『初期中高ドイツ語創世記』の挿絵研究に関する詳細は、浜野明大「『メディア』としての中世文学作品における『挿絵』と『テキスト』の相互関係——初期中高ドイツ語版『創世記』写本を例として」『リュンコイス』四七号、二〇一四年、一一七—一一九頁に拠り、部分的に補足してある。

(12) Stammler, W., *Wort und Bild. Studien zu Wechselbeziehungen zwischen Schrifttum und Bildkunst im Mittelalter*, Berlin 1962, S. 139ff.

(13)『初期中高ドイツ語創世記』のテクストと挿絵の相互関係に関する議論については、浜野明大、前掲書（注11）、一一七—一三六頁を参照されたい。

(14) ヴァカーナーゲルはウィーン写本詩行二八七—二八八、*Ouch hat der chunig ze site/ daz pischtuom mahilen darmite*「また王はそれ（指輪）でもって司教職を委ねるという慣習がある」が、いわゆる「聖職者叙任権闘争」に終止符を打つものとして世俗君主にこの行為を最終的に禁じる一一二二年のヴォルムスの協約（Wormser Konkordat）の前に書かれたに違いないと指摘した。Wackernagel, W., *Altdeutsches Lesebuch.* Basel 1873, S. XIII. これに対しホフマンは作者が教皇側に属していたらという条件付きで、ヴォルムスの協約に先立って、既に教皇がこの行為を糾弾していた一一一一年二月五日の聖約、さらには一〇七五年二月二二日のグレゴリウス七世による俗人による聖職者叙任の禁令の発布以前の成立とする可能性を考えた。Hoffmann, H., *Fundgruben für Geschichte deutscher Sprache und Literatur*. Teil II. Breslau 1837, S. 9. またディーマーもヴァカーナーゲルと同じテキストの箇所から一一二二年のヴォルムス協約の前に書かれ、改作もやはり一一二二年以前に行われたに違いないとしており、ドイツ最初の女流作家アヴァ（Ava, 1127年没）が一一一〇年までに書き上げたとされる『イエスの生涯』（*Das Leben des Jesu*）に、『初期中高ドイツ語創世記』からの引用箇所が多々あることや、『モーセ五書』（*Die Bücher Mosis*）の作者が同様に『初期中高ドイツ語創世記』から引用していることなどから、『創世記』が一〇八〇年から一〇九〇年の間に成立したと推測する。Diemer, J., *Genesis und Exodus. Nach der Millstätter Handschrift*, Bd. I-II, Wien 1862, S. VIIf.

(15) ベイシュラーグはこの作品が諸原典の翻訳や自由な改作ではなく、新たな書物説話文学を確立していると提唱する。Beyschlag. S., *Die Wiener Genesis. Idee, Stoff und Form.*（=Akademie der Wissenschaften in Wien. Philosophisch-historische Klasse. Sitzungsberichte 220. Band 3.）Wien/Leipzig 1942, S. 112f.

(16) Diemer（wie Anm. 14）, S. IV.

(17) 29vには「挿絵」のために空けられたと思われる余白があり、これを含めると八八となる。

(18) Hermann, H. J., *Die deutschen romanischen Handschriften. Mit 44 Tafeln und 236 Abbildungen im Text*, Leipzig 1926, S. 237.

(19) Voss, H., *Studien zur illustrierten Millstätter Genesis*, München 1962, S. 56f.

(20) Menhardt, H., Die Bilder der Millstätter Genesis und ihre Verwandten, in: *Beiträge zur älteren europäischen Kulturgeschichte* 3. *Festschrift R. Egger*, Klagenfurt 1954, S. 248-371.

(21) Ebd., S. 329.

(22) Voss（wie Anm. 19）, S. 63.

(23) Mazal O., Von der „Wiener Genesis zur „Millstätter Genesis". Beobachtungen zur spätantiken und mittelalterlichen Bibelillustration, in: *Biblos* 33（1984）, S. 210 und S. 215.

(24) Pickering, F.P., Zu den Bildern der altdeutschen Genesis: Die Ikonographie der trinitas creator, in: *ZfdPh* 75（1956）, S. 23-34.

(25) Pickering, F.P., Zu den Bildern der altdeutschen Genesis: Die Ikonographie der trinitas creator（II）, in: *ZfdPh* 83（1964）, S. 99-114.

(26) Schade, H., Das Paradies und die Imago Dei, in: *Wandlungen des Paradiesischen und Utopischen. Studien zum Bild eines Ideals*, hg. v. H. Bauer（u.a.）Berlin 1966, S. 79-182.

(27) Voss（wie Anm. 19）.

(28) Schwab, U., Zwei Abrahamsszenen der frühmittelhochdeutschen Genesis, in: *Die mittelalterliche Literatur in Kärnten*, hg. v. P. Krämer, Wien 1981, S. 231-250.

(29) Gutfleisch-Zische, B., *Volkssprachliches und biblisches Erzählen biblischer Stoffe. Die illustrierten Handschriften der Altdeutschen Genesis und des Leben Jesu der Frau Ava*, Frankfurt am Main 1997.

(30) Voss（wie Anm. 19）, S. 121ff.

(31) Schwab（wie Anm. 28）, S. 245.

(32) Gutfleisch-Zische（wie Anm. 29）, S. 83.

(33) すべてのミルシュテット写本章表題に挿絵が付いているのではなく、八七の挿絵に対して一三五の章表題という割合となっている。

(34) Voss（wie Anm. 19）, S. 127;『初期中高ドイツ語創世記』の章表題に関する詳細については、Hamano（wie Anm. 11）, S. XLVff. を参照されたい。

(35) クレーマーとピペルの研究をもとに、エサーはヒエロニムスの校訂版以前の聖書テクストが原典であったことを指摘している。Eßer, J., *Die Schöpfungsgeschichte in der „Altdeutschen Genesis“*（*Wiener Genesis V.* 1-231.）*Kommentar und Interpretation.* Göppingen 1987（= GAG 455）, S. 17.

(36)『ウルガタ』（*Vulgata*）のラテン語テクストは下記のものを使用し、章・節を本文において漢数字で表記する。https://www.bibelwissenschaft.de/online-bibeln/biblia-sacra-vulgata/lesen-im-bibeltext/（二〇一七年五月三〇日アクセス）

(37) 以下、引用文中の太字は引用者自身によるものである。

(38) Eßer（wie Anm. 35）, S. 52ff.

(39) Eßer（wie Anm. 35）, S. 79f.

(40) ルチフェルの堕落の出典は明らかではなく、未だに実証されてない。Eßer（wie Anm. 35）, S. 124; ヘニヒはルチフェルの堕落がアウグスティヌス以来知られていて、宗教的な教養のある人であれば、誰でも物語化することは可能であったと主張する。Hennig, U., Zur Gattungsbestimmung frühmittelhochdeutscher alttestamentarischer Dichtungen, in: *Studien zur frühmittelhochdeutschen Literatur. Cambridger Colloquium.* 1971, hrsg. von L.P. Johnson/H.-H. Steinhoff/R. A. Wisbey. Berlin 1974, S. 136-150, hier S. 141. また、七つしかないウィーン写本の挿絵の中の最初の三つは „Anbetung der Engelchöre“「天使の聖歌隊の礼拝」、„Luzifers Übermut“「ルチフェルの高慢」、„Luzifers Sturz“「ルチフェルの堕落」であり、この天使のエピソードに充てられている。挿絵の題名はフォスに拠る。Voss（wie Anm. 19）, S. 44.

(41) 『初期中高ドイツ語創世記』の原典について研究史では、ヴィエンヌの司祭であったアルキムス・エクディキウス・アヴィテウスの著書『歴史の霊的諸事蹟について』（*De spiritalis historiae gestis*）が主原典と見なされてきたが、七〇年代以降この見解は疑問視されている。副原典には、セビリアのイシドールスの『語源』（*Etymologiae*）、ラバヌス・マウルス・マグネンティウス『宇宙について』（*De universo*）、ルキウス・カエキリウス・フィルミアヌス・ラクタンティウス『神の業』（*De opificio Dei*）など、これ以外にもさまざまな著書が挙げられている。Weller, A., *Die frühmittelhochdeutsche Wiener Genesis nach Quellen, Übersetzungsart, Stil und Syntax.* Berlin 1914（= Palaestra 123）, S. 41-86; Ehrismann, G., *Geschichte der deutschen Literatur bis zum Ausgang des Mittelalters.* Teil II. 1. München 1922, S. 80.

(42) Freytag, H., *Kommentar zur frühmittelhochdeutschen Summa Theologiae.* München 1970, S. 29.

(43) Hensing, D., *Zur Gestaltung der ‚Wiener Genesis'. Mit Hinweisen auf Otfrid und die frühe Sequenz*, hrsg. v. Cola Minis. Amsterdam 1972（= Amsterdamer Publikationen zur Sprache und Literatur Bd. 2）, S. 49.

(44) 橋本功『聖書の英語――旧約原典からみた』英潮社、一九九五年、一七一頁。これに関する議論はユダヤ教とキリスト教の聖書釈義家たちによって原始キリスト教時代からあった。ユダヤ人はこの創造の複数形を神の天使たちとの協議と解釈しているとエサーは指摘している。Eßer（wie Anm. 35）, S. 233.

(45) エサーはこの「人間の描写」（Descriptio hominis）を「ドイツ語で書かれた中世の描写技法の最も古い例の一つ」と

位置づける。Eßer（wie Anm. 35）, S. 266. さらにその起源を「詩学」「文学的テクスト」「神学と哲学」「医学的文献」に分けて検証している。Ebd., S. 266-279.

(46) Voss（wie Anm. 19）, W: S. 44; M/K: S. 197.

(47) Hermann（wie Anm. 18）, S. 238.

(48) Menhardt（wie Anm. 20）, S. 292 und Eßer（wie Anm. 35）, S. 223.

(49) ピッケリングはウィーン写本の挿絵師が、三位一体が天使と神の二つの姿で描かれていることに違和感を覚え、この挿絵の前に三人の姿が描かれた挿絵（fol. 5r）を置いたとさえ推測するのである。Pickering（1956）（wie Anm. 24）, S. 30. しかしこれに対して、フォスは天使を三位一体の一つと見なすのは大きな間違いであると批判する。Voss（wie Anm. 19）, S. 78. この他のピッケリングの解釈に対する批判はSchade（wie Anm. 26）, S. 95f. und Eßer（wie Anm. 35）, S. 226ff. を参照されたい。

(50) 一二世紀の絵画における翼のある存在は、天使として意図された以外にありえないとフォスは断言する。Voss（wie Anm. 19）, S. 78.

(51) Vgl. Oktateuch-Hs. des Serails, fol. 22v（Uspensky, Nr. 8）. Menhardt（wie Anm. 20）, S. 290f. und 294.

(52) Voss（wie Anm. 19）, S. 69 und 75f.

(53) Voss（wie Anm. 19）, S. 75-80.

(54) ミルシュテット写本挿絵二（fol. 3v）、三（fol. 6r）、六（fol. 9v）、九（fol. 12r）。

(55) 神の創造の際に天使が助手として登場するモチーフは多くあるとフォスは指摘する。但し、天使の数については、その統一的な基準はなかったか、もしくは意図的に変えられているとしている。Voss（wie Anm. 19）, S. 76f.

(56) ロームとは、粘土質の高い土壌で、『ウルガタ』の「土の塵」の訳語。ミルシュテット写本章表題では「赤い土」と言い換えられている。

(57) エサーは他の初期中高ドイツ語時代の作品でも同様の典拠例があることを指摘する。Eßer（wie Anm. 35）, S. 258.

(58) フライタークは神学者たちの三位一体の教えの典拠例を挙げている。Freytag, H.（wie Anm. 42）, S. 43f.

(59) ウィーン写本にはfol. 9r にこの章表題のために空けられたと思われる空欄が存在する。

(60) 教父たちは、人創造における複数形を三位一体によるものだと解釈している。Vgl. Eßer（wie Anm. 35）, S. 234f.;

Vollmann-Profe, G., *Frühmittelhochdeutsche Literatur*. Stuttgart 1996, S. 235.

(61) ピッケリングはこの天使も聖霊と解釈している。Pickering（1956）（wie Anm. 24）, S. 31.

(62) Menhardt（wie Anm. 20）, S. 293.

(63) Voss（wie Anm. 19）, S. 67.

(64) この*sin* という語には、感覚、思考（力）、判断（力）、認識、知性などさまざまな意味があり、適当な訳語を選定するのは困難であるが、現代ドイツ語のVerstand「分別」と訳すのが妥当と判断した。Vgl. Eßer（wie Anm. 35）, S. 43; Vollmann-Profe（wie Anm. 59）, S. 31.

(65) エサーは*sin* と聖霊の賜物との関連性を指摘している。Eßer（wie Anm. 35）, S. 399f.『初期中高ドイツ語創世記』とともにフォーラウ写本に収められている「神学大全」（*Summa Theologiae*）（fol. 97ra - 98va）にも同様に神が人間に与えた力の中に*bi drachti/ di gůti uon den ubulin schidinti*「善を悪とを区別する理性」（詩行九五―九六）という記述があることから、これはこの時代には一般的な神学観であったのだろう。Henschel, E., *Die kleinen Denkmäler der Vorauer Handschrift*, hrsg. v. Erich Henschel und Ulrich Pretzel. Tübingen 1963, S. 32f.

(66) Smits, K., Überlieferungsprobleme der Wiener und Millstätter Genesis, in: *Seminar* 5（1969）, S. 64.

(67) Freytag, W., Millstätter Genesis 7, 18. Eine verborgene Namensetymologie? in: *Seminar* 12（1976）, S. 3.

(68) Ebd., S. 5f.

(69) ブルートハウプトの研究を基に、フォスは章表題がテクストと完全に独立して章の内容を表し、テクストの内容以上の詳細を書き加える例としてこの*die roten erde*「赤い土」を挙げている。Voss（wie Anm. 19）, S. 127.

(70) Voss（wie Anm. 19）, S. 76. これに対して、ピッケリングはアルクィンを典拠例として挙げ、聖霊のアットリビュートとして笏を解釈している。Pickering（1956）（wie Anm. 24）, S. 32 und（1962）（wie Anm. 25）, S. 112.

(71) この他にもフォスは、ヴィヴィアンの聖書とホルトゥス・デリキアルム（西洋庭園の基本となった楽園の構造）や、パレルモとモンレアルのモザイクとの類似性を指摘している。Voss（wie Anm. 19）, S. 69. パレルモとモンレアルのモザイクはDemus, O., *The mosaics of Norman Sicily*, London 1949の巻末記載されている挿絵二七B、二八A、九五B、九六Aを参照されたい。

(72) Menhardt（wie Anm. 20）, S. 295.

(73) ピッケリングは、またもこの天使を聖霊と解釈し、ミルシュテット写本挿絵三（図四）の天使との違いはエバの創造がより軽度な務めによるためと説明している。Pickering（1962）（wie Anm. 25）, S. 112.

(74) Menhardt（wie Anm. 20）, S. 297.

(75) Voss（wie Anm. 19）, S. 70.

(76) Ebd., S. 67.

(77) Ebd., S. 77.

(78) 但し、グランヴァルの聖書の挿絵には、エバの創造場面の左隣にアダムの創造が一つのシークエンスとして描かれており、そこには二人の天使がアダムの創造を見守っている。フォスはこの天使たちがエバの創造場面に含まれないならと条件をつけている。*Edd.*, S. 67.

(79) Ebd., S. 79.

(80) Ebd., S. 121.

(81) Curschmann, M., Wort-Schrift-Bild. Zum Verhältnis von volkssprachigem Schrifttum und bildender Kunst vom 12. bis zum 16. Jahrhundert, in: *Mittelalter und frühe Neuzeit. Übergänge, Umbrüche und Neuansätze*, hg. v. Walter Haug, Tübingen 1999, S. 389f. さらに、ヨハナ・タリは「絵の表題」（Inschrift）もテキストとしてだけではなく、絵の中における描写として捉えるべきであり、絵の要素として題材の文学的価値を伝えるものである、と述べる。Thali, J., Schrift als Bild. Literatur als Teil adeliger Selbstdarstellung im Wandmalereizyklus der Burg Lichtenberg（um 1400）, in: *Wolfram-Studien XIX. Text und Text in lateinischer und volkssprachiger Überlieferung des Mittelalters. Freiburger Kolloquium* 2004, hg. v. Eckart Conrad Lutz, Berlin 2006, S. 297.

(82) Ebd., S. 390.

(83) Ott, N.H., Vermittlungsinstanz Bild. Volkssprachliche Texte auf dem Weg zur Literarizität, in: *Wolfram-Studien XIX. Text und Text in lateinischer und volkssprachiger Überlieferung des Mittelalters. Freiburger Kolloquium* 2004, hg. v. Eckart Conrad Lutz, Berlin 2006, S. 204.

(84) Ebd.

Ⅱ

「命の倫理」をひらく

序

山本剛史

「いのちの倫理学」とはいったいどのような倫理学たりうるのだろうか？　昨今、学際的に生命をその問題とするのは生命倫理学である。生命倫理学について学んでいる、とある教室を出発点にしてみよう。例えば、大学生や専門学校生たちに積極的安楽死の是非を問うと、医療行為として認めてもよいのではないか？という答えが多い。積極的安楽死が筋弛緩剤等を利用して生命を終結させる行為を意味すると念押ししてから、肯定する理由をもう一度尋ねてみると、「自分のいのちは自分のものなのだから、自分がどのように扱おうと自由なのではないか」と返してくる。

本書では積極的安楽死の是非は問わないが、筆者はそれにしても積極的安楽死に賛成する学生が多すぎると感じている。対話式に授業をする中で、賛成する学生たちが「私」の身体・生命に対する自己の専有的な所有権を前提しているように聞こえて仕方がないのである。しかしそもそも、私たちは本当に身体や生命を排他的な形で所有しているのだろうか？

本書第Ⅱ部では、生命の自己所有を暗黙の裡にどこかしらに前提したうえで、生死そのものの自己決定権の範囲を、法規範において確定する際の倫理的な正当化をするのとは異なるところに、「いのちの倫理学」

の可能性を求める。いのちが「私」の専有物でないとすれば、いったい何なのか？　それを踏まえて、いかなる倫理が立ち現れるのか？

1　西田哲学からグリーフケアへ開かれる道

フッサールやハイデガーの現象学研究を土台に、看護大学の教育に携わったことを機縁にしてケアを哲学的に研究している丹木博一は、本書で西田幾多郎の哲学における「悲哀」の概念を徹底的に内在的に分析している。

とはいえ、この丹木の文章は、あまたある西田哲学解釈に単に屋上屋を重ねるものとして読まれるべきものではない。丹木は著書『いのちの生成とケアリング』の中で、インフォームド・コンセントが、医療者から提供された情報に基づいて、自律しているが孤立した個人が、自らが受ける医療を独力で決定するという図式によって構成されていることを批判する。「自己決定の能力は、それを積極的に擁護しようとする他者からの助力に基づき、互いの協力関係のうちで、初めて形成されるものなのです[1]」。

丹木は人間が自分自身を所有し、常に的確に自分を扱うことのできる、閉じた形で完成された存在とは見ていない。まして、病んで傷ついた患者はより一層傷つきやすく、一層弱い存在としてある。かと言って、相対的に強い人間によるパターナリズムへの回帰も強いられるべきではない。

丹木は同書の中で、川口有美子がＡＬＳ患者であった母親を介護した経験の回顧を通して、ケアする川口本人とケアされる川口の母親とが、ケアを提供する人とケアされる人という根本的な非対称性の関係にありつつも、ともに、「新たな主体性を立ち上げ」た可能性を読み取る。その主体性は患者の病状の進展に沿って絶えず更新されるべきものであり、その更新は身体の微妙な変化を意味のある訴えとして解する感受性においてて行われるのだという。神経疾患の発症後に主体として立ち上がる自立とは、「介護を、自らの身体機能を拡張し、世界に住まうことを可能にするものとして受け入れることであり、いわば行為主体を更新させる営み」であると丹木は指摘する。[2] こうした主体の更新、あるいはある種の成長のあり様を形容して、丹木は「脱自的」と言う。意識の自己同一性に主体を限定せず、私とあなたとのコミュニケーションのただ中にあるいのちの営みを主体として、互いに脱自的に意識と身体の変容を受け入れ、また積極的に変容させることが、「いのちの倫理学」の一面として開かれてくる。

そして、病む人とのかかわりからやがて死者を悼むに至り、残された生者は「悲哀」において必然的に脱自的な自己のさらなる変容を被るのではないか、それがいのちある人間の根源的な性質ではないか、と丹木は西田哲学を通して問いかけているのである。例えば本文では、「悲哀」が世俗的な成功が主な関心事になっている日常的な生活態度を「徹底的に相対化」し、「自分自身を根本から組み替えていく」作用を持つと述べられる。また、「悲哀」を通して亡くなった本人以外の人々に対しても、「自己のなかから自己を超えて愛が生成し、それとともに自己とその世界が変容されていく」のだという。

丹木が記述するような、こうした「悲哀」における脱自的経験が可能なのはなぜだろうか？　西田が考える自己は自らのなかに否定をはらんでいる。所与の自分は、その所与に基づきつつも常に新たな自分自身を生み出すものとして考えられている。所与の自分と、生み出された新たな自分との間には、西田の言葉で言うと「絶対否定」が存し、媒介している。「絶対否定」とは「自己を超えた絶対的なもの」のはたらきを指す。自己自身において自己を超えたものと出会う。それはいつかと言えば、とりわけ自分にとってちかしい人を失い「悲哀」の感情に暮れる時なのだ。

悲哀において生成する愛とは決して単なる自愛の念ではない。脱自的な愛の生成について、読者には本文を熟読していただきたいが、一つ付言するならば、丹木が西田哲学を通して明らかにするこうした悲哀理解は、グリーフケアに携わる者にとって非常に有用であると考えられる。死の受容の五段階説を提唱したキューブラー・ロスが『死ぬ瞬間』を書いた理由は、医療の進歩に反比例して広がっていった死の非人間化に抗するためであった。(3)『死ぬ瞬間』が全編を通して強調するのは、死の受容が死にゆく患者のありのままの姿や心情に共感する他者とのコミュニケーションを必要とするということである。さらに、キューブラー・ロスは残された家族に対するケアについても同書で既に言及している。(4)丹木が言うように、個人が他者と共にあることを不可欠とする存在であるならば、キューブラー・ロスよりもさらに早く悲哀について深く考察した西田の思想が、死者との別れに面して悲哀に暮れる者の傍らに立つグリーフケアにかかわるすべての者に対して開かれ得る。

それはまた、自己の身体・生命を財物と同様に自己所有の対象としてみなす生命倫理とは別の次元を切り開いている。財物と同様に生命が処分できるのであれば、処分する主体たる「私」も同時に処分されてしまう。この「私」に関するすべてを「私」が決定し、処分できるという観点に立つ限り、「愛する者が喪失において現存」することを、残された者が悲哀において感じ取ることはできないであろう。丹木は西田哲学の解釈を通して、生命倫理学の根本を撃ち、変容を迫っているのだ。

2　隣人愛から開かれるもう一つの豊かさ

阿部善彦の論考は、積極的安楽死に賛成するか否かという問題、あるいは狭義の生命倫理学にとどまらず、私たちが「所有」を前提に生活意識を構成していることを問うものである。

マイスター・エックハルトを中心に中世思想を研究している阿部は、アシジのフランシスコ、そしてマイスター・エックハルトの思想を紐解き、他ならぬいのちの豊かさが所有ではなく、贈与にあるというキリスト教的霊性の世界を私たちに開いてくれる。豊かさが所有であるという認識のもとにある場合、豊かさと貧しさとは鋭く対立するが、豊かさが贈与であるという認識のもとにある場合、豊かさと貧しさとは対立しないと阿部は説く。豊かな者は与える者であり、貧しい者とは与えられる者である。そして、豊かさそのものは誰の所有物でもなく、贈与を通して貧しい者にもたらされるときに「充満」としての本質を明らかにするのだという。

また、所有の関係において自然（これに人間の身体も含まれるだろう）は常に所有の対象であるのに対し、贈与の関係において自然は、「人間以外の存在と自然も人間を育み養う主体として承認され、また人間もそれに包まれ、あらしめられている存在として自らを発見する」のだという。どちらの関係に与するかによって、おのれの自己理解、人間理解、存在理解が変わってくるし、私たちはどちらかに与する以外になく、選択が強いられていると阿部は指摘する。そして、キリスト教の霊性の倫理学においては、「贈与の立場に生きる人たちの中にこそ、惜しみない与え手である神の似姿が映し出される」のだという。

　ところで、プロテスタントの立場から聖書を研究している辻学は、フランシスコが好んで引用するという『マタイ福音書』一九章二〇―二一節が、「完全になりたいのなら」という語句によって、財産を貧しい人にすべて施すことを隣人愛の完成としているが、「しかしその完全なる実践は、あくまで達せられない理想にとどまっているようにも見える」と指摘する。筆者は個人的にこの箇所から、カントの言うところの他者に対する「不完全義務」の幅広さを連想する。不完全義務とは、それを果たさないことによって何らペナルティを負うことはないが、かといって義務の不履行をおのれの格率にすることを意欲することが不可能な義務である。この義務は、ちょっとした親切から財産の完全な放棄にまで広がっている。この場合、誰もが少しの勇気と心がけで実践できる親切と、通例やろうと思ってもやれない根本的な財の放棄（それは生命の放棄にまでつながりかねない）との間に明確な線引きのできないことが、イエスの許を立ち去る青年と同じく、〝いったい私たちはどこまですればよいのでしょうか〟という問題となる。[5] しかし、この問題自体も結局「所有」の関係に与することによって生じているのではないか。

　阿部は、所有をその本質としないことによって、おのれを無にして神へ明け渡すことができ、それによって逆に豊かさを得るという逆説をフランシスコとエックハルトのテキストに内在的に解明してゆく。そこに、神の霊性によるおのれの脱自的な刷新があると言えるのだ。おのれ自身、脱自的であることによって、いのちが与えられる。生命を所有するという前提から脱することで、逆にいのちが与えられる。阿部はキリスト教以外においてもこうした人間観があることを紹介し、いのちの倫理学、あるいは霊性の倫理学がキリスト教信仰をこえた広がりを持つことを示している。ならば、現代を生きる私たち全員にとっても、このいのちの倫理学において生き得るかどうかが問われる。

3　社会悪に抗してオイコスを未来へと開く

かつて田中正造は、足尾銅山鉱毒問題に立ち向かう中で、「非命」の思想を闘争の根拠とした。田中正造研究の第一人者であった小松裕は、天命、天寿を全うすることなく亡くなった者を正造が「非命の死者」と呼んだと指摘する。[6] さらに正造はその中に含まれる乳児や胎児の死者の人口一〇〇人当たりの割合が、当時の全国平均に比べ際立って高かったことを明らかにした。なぜ死なねばならなかったのか？　それが人災によるならば、許容する社会の在り方とは何なのか？

ハンス・ヨナスは、田中正造の言うところの「非命の死者」の中でも、胎児や乳児の死者がもし現れるままにするならば、それこそが倫理の根本的な毀損であると見なす。ヨナスは自らの倫理学を「未来倫理」（Zukunftethik）と称する。筆者である山本は今を生きる私たちの世代より後の将来世代に対して、ありうる危機を先取りして配慮する義務の根拠を、ヨナスが後の将来世代に至るまで必ず乳飲み子として生まれてくるところに求めるものと考えている。なぜなら、ヨナスのテキストにおいて乳飲み子が必ず親から生まれてくることが将来変わることのない人間の事実として扱われているからである。気がついたらここにいる、というのは自己意識においては正しいのかもしれないが、人間の事実としては正しくない。また、乳飲み子は「生きる」意欲を持ち、「生きる」方向へと向いている点で大人と同じであり、十全である。一方で、大人が自立して生命維持が可能であるのに対し、乳飲み子は水分の補給ですら他者（多くの場合は親である）の介助を必要とする。「非命の死者」がもし現れることに無関心であるような人間にならないことこそ、ヨナスが『責任という原理』において伝えたかった人類レベルの義務なのである。

乳飲み子が他者の全面的な世話を必要とするという人間の事実は、実は人間自身によっていつでも背かれる可能性を有しているという点において、既に倫理的である。この倫理的事実において、人間は本質的に関係的存在であり、孤立していない。「生きる」という目的を告知する乳飲み子を責任対象とし、乳飲み子の生命、健康、成長に責任を負う主体たる「私」との関係が、責任関係の原型である。ヨナスが「未来」と言うとき、責任主体たる親と乳飲み子との関係において生み出される時間が、親の死後に至るまで成人したこの生命において開かれており、親は子と共同で生み出した時間を子が生き得るようにする義務を担うが、子の時間を支配してはならないとされる。いわゆる将来世代に対する責任を言う場合、責任主体は集団であるが、集団が将来に向けて生み出す時間が、次世代以降の世代との関係において生み出される固有の時間を支配することはできないという点で、親子の関係と類比的である。先述の「非命の死者」を生じさせないようにし、次世代以降もまた常に新しく時間を生成することができるようにする義務を、現在世代は将来世代との間に生じている責任関係において果たさねばならないのである。

西洋哲学史において、「オイコス」はいのちを育む場として「家族」を指し示す言葉であった。「第六章ハンス・ヨナスの倫理学における『乳飲み子』の意義」ではヨナスのテキストの読解を通じて、別様に「オイコス」を読み替える。この読み替えについては本文を参照していただきたいが、足尾銅山や福島第一原発事故から発する社会悪は、多くの人の生活そのものを不可逆的に破壊する。いや、それどころか、私たちが自らの幸福追求のために誰のためにも良かれと理解して行っていることも、次世代以降に対して傷を負わせうる。地球温暖化はその一例であろう。ヨナスの倫理学を、「オイコス」を家族の枠から解放して広げたものとして読むことを通して、いのちの倫理学に新しい一里塚を立てられるかもしれない。

注

（1）丹木博一『いのちの生成とケアリング』ナカニシヤ出版、二〇一六年、二一八頁。
（2）前掲書同項参照。
（3）例えばE・キューブラー・ロス『死ぬ瞬間』鈴木晶訳、中公文庫、二〇〇一年、二八頁以下を参照。
（4）同書、二八九頁以下参照。
（5）辻学『隣人愛のはじまり』新教出版社、二〇一〇年、一一三―一一六頁参照。
（6）小松裕『田中正造』岩波現代文庫、二〇一三年、五六頁以下参照。

第四章　悲哀と表現

――西田幾多郎における行為的自己の生命の自覚について――

丹木博一

一　哲学の動機としての悲哀

アリストテレス以降、多くの哲学者たちは思惟の動機を驚きという情動のうちに見出した。これに対し、西田幾多郎は、中期の著作『無の自覚的限定』（一九三二〔昭和七〕年）のなかで、自らを哲学へと駆り立てた動機が「悲哀」にあると記している。

哲学は我々の自己の自己矛盾の事実より始まるのである。哲学の動機は「驚き」ではなくして深い人生の悲哀でなければならない。[1]　（VI-116）

この言葉は、西洋哲学の伝統とは根本的に異なる思惟のモチーフが西田を貫いたことを示唆する。西洋哲学の伝統のなかでは悲しみが根本感情として取り上げられることはあっても、悲しみの原因を知ることによって悲しみを取り除くべきだと考えたスピノザに典型的なように、悲哀は多くの場合、克服されるべき受動的な感情として取り扱われてきた。キルケゴールやハイデガーのように精神を覚醒させ、新たな実存的問いの水準を切り開く機能として、恐れや不安のような否定的感情に着目した例はあるものの、否定的と考えられる感情のなかでもとりわけ悲哀のうちに哲学的思惟を促す独自の開示機能を認めた者は稀有である。

もとより悲哀を根本感情として重視したのは、西田の独創というわけではない。仏教では、「大悲」や「慈悲」が最重要語の一つと目されており、キリスト教でも、「悲しみの人」と言えば救い主イエスを指す。日本にも、悲哀の感情を大切に受け継いできた伝統がある。「かなし」という大和言葉には多様なニュアンスが織り込まれており、「悲し」や「哀し」と表記されるだけでなく、「兼なし」「美し」「愛し」とも記される。こうした伝統は、西田が生きた明治以降の時代にも滔々と息づいており、近代日本には悲哀を格別に重要な感情と見なす思想の系譜が連綿と続いているのを見逃すことはできない[2]。それは、悲哀を回避すべき不快な経験として否定的に捉える常識的な態度に抗い、他の何ものにも替えがたい固有の自覚をもたらす可能性として見つめ直そうとする系譜である。悲哀は、人間に自らの有限性をつきつけるだけの経験ではなく、ましてや避けるべき忌まわしい感情などではさらさらなく、己の根底に開かれ、自己のあり方を刷新する新たな可能性だとする見方が時代を超えて継承されてきたのである。

一例として綱島梁川《りょうせん》を取り上げてみたい。西田が綱島の言葉に触れ、ひどく心を動かされた様子は、当時の日記や書簡からも知られる。一九〇五〈明治三八〉年二月一七日〈金〉の日記には、「綱島氏の宗教の光輝と題する文をよみ感発する所あり」（XVII-135）と記されており、同年三月二日〈木〉の日記にも「此日太陽の綱島氏の文をよむ、深く感んず」（XVII-136）とある。翌年三月二一日付の山本良吉宛の書簡でも、「余は深く綱島梁川の病間録を感ず」（XVIII-74）と記し、同日付の堀維孝宛書簡には、さらに踏み込んで「梁川氏の病間録は小生等にはその境涯を伺う〔ママ〕ことはできぬが思想においては小生その一字一句讃成致し全く余の言わんと欲するところを云いたるごとき心地致し候」（XVIII-75）と語っている。西田が深い共感を覚えたという『病間録』のなかには「悲哀の秘儀」という小編が収められており、そこには次のような言葉が記されている。

見よ、悲哀を超越する解脱の鍵は世の永劫の初めより窃《ひそ》かに悲哀そのものの中に置かれたるにあらずや。悲哀はそれ自らが一半の救《すくい》なり。全く神を見ざるものに悲哀あるべからず。又全く神を見たるものに悲哀あることなし。我らが有する一種の悲哀は、ほのかに打見し神の面影を、白日瞳々《とうとう》の裡に見んとする已みがたき要求の声にあらずや。神はまず悲哀の姿して我らに来たる。悲哀のうち、空ずべからざる一味の権威《ちから》あり。我らは悲哀を有することにおいて、悲哀そのものを通じて、悲哀以上の或るものを獲来たるなり。譬うれば、悲哀はなお冬枯れしたる我らが霊魂の野辺に、既に窃かに萌しいでたる天地の春温の如きかな。悲哀はそのもの既に一恩寵なり。……かくて悲哀によりて得たる一味証悟の力と喜びとは、吾が自覚に根ざしてまた抜くべからず、全宇宙もこの自覚の発達を圧止する能わず。(3)

悲哀のうちに沈む人は喪失の苦痛に苛まれ、寂寥感に襲われる。悲哀には耐えがたい痛みが伴わざるを得ない。しかし、悲哀からの解脱を可能にするものは悲哀の外部にあるのではなく、悲哀そのもののうちに与えられるというのである。悲哀は、自己が自己を超えた存在へと開かれていくことを可能にする感情として、「一半の救」であり、「恩寵」とさえ言いうる。悲哀とは一種の超越経験であり、悲哀を経験することそのものが神を乞い求める姿勢によって条件づけられているとともに、悲哀そのものが神の面影を経験することに他ならないことが記されている。「神はまず悲哀の姿して我らに来たる」のである。こうして悲哀のうちに与えられる超越経験の味わいは、私とは誰であるかという自覚の深まりをもたらすというのである。

『病間録』には、もう一編、悲哀の語を冠した「悲哀の高調」と題する小編も収められているが、そこにはこう綴られている。

> 高歌盛舞の歌吹雪の中にありてさえ、吾人は時として、中心無限の寂漠に泣くことあり。……思うに如是意識は、必ずしも厭世家ならざる人の屢々経験する事実なるべし。……この悲哀の意識は何物ぞ。……ここには、そを一種の宗教的衝動より来たるものと見て解釈を下さんとす。……この悲哀は必ずしも虚無寂滅を観ずる消極的悲哀にあらず、そは寧ろ無限者慕わしさの悲哀なり、神を求めて得ざる悲哀なり。……我らはなお、罪業の深き傷痍に泣かざるを得ざるなり。これ実に、理性の理解する能わざる悲哀なり。……人格神の有無はここに問わず、ただ人生の根柢に潜める神人離隔の悲哀感は、我等をして無限の感応応化力を有する実在者に触れしめずんば、已まず、而してここには復た、神の人格非人格の称謂如何を問うに遑《いとま》あらず、心霊の事実は一なり。[4]

悲哀のうちに「無限者慕わしさ」という超越経験の可能性を見出そうとする綱島の思想が西田に及ぼした強い影響の痕跡は、その後の西田の思考の端々に読み取ることができる。西田が悲哀について公の場で自分の考えを述べたのは、綱島の著作に触れてからおよそ三年後のことであったが、そこには、やがて処女作『善の研究』（一九一一〔明治四四〕年）として開花する西田の思想の種が綱島の思想と共鳴を奏でながら芽を出さんとしている様子が窺われるのである。西田は、友人藤岡作太郎の著作『国文学史講話』（一九〇八〔明治四一〕年）のために、異様とも言える緊張をはらんだ「序文」を執筆した。そのなかで西田は、姉、弟、そして次女と五女に先立たれた自身の度重なる悲痛な喪失経験を振り返った後、こう語り始める。

余はこの心より推して一々君の心を読むことが出来ると思う。君の亡くされたのは君の初子であった、初子は親の愛を専らにするが世の常である。特に幼き女の子はたまらぬ位に可愛いとのことである。情濃やかなる君にしてこの子を失われた時の感情はいかがであったろう。……これまでにして亡くしたのは惜しかろうといって、悔やんでくれる人もある、しかしこういう意味で惜しいというのではない。女の子でよかったとか、外に子供もあるからなどいって、慰めてくれる人もある、しかしこういうことで慰められようもない。ドストエフスキーが愛児を失った時、また子供ができるだろうといって慰めた人があった。氏はこれに答えて“How can I love another Child? What I want is Sonia.”といったということがある。親の愛は実に純粋である、その間一毫も利害得失の念を挟む余地はない。ただ亡児の俤を思い出ずるにつれて、無限に懐かしく、可愛そうで、どうにかして生きていてくれればよかったと思うのみである。（I-416f.）

友人への慰問の文章のなかで西田が確認しているのは、自身にとって大切な人の存在は、別の誰かとは置き換えがきかないということである。亡くなった人の跡、その暗い穴を埋めることのできるものは何もない。大切な人の死は、理解を絶する取り返しのつかない出来事として繰り返し立ちはだかってくるのであり、安易な慰めの言葉は決して悲しみの底には届かないのである。

人は死んだ者はいかにいっても還らぬから、諦めよ、忘れよという、しかしこれが親に取っては堪え難き苦痛である。時は凡ての傷を癒やすというのは自然の恵であって、一方より見れば大切なことかも知らぬが、一方より見れば人間の不人情である。……折にふれ物に感じて思い出すのが、せめてもの慰藉である、死者に対しての心づくしである。この悲は苦痛といえば誠に苦痛であろう。しかし親はこの苦痛の去ることを欲せぬのである。（I-417）

大切な人を失って悲嘆にくれる者は、身を裂く苦しみに襲われる。死別の苦しみは耐え難いものなのに、子を亡くした親は、耐え難さから逃れたいという思いを自ら断ち切り、苦しみのうちにとどまり続けながら、亡くなった者の存在の証しとして自らの苦しみを死者に手向けたいと思うものだというのである。悲哀は幼くして亡くなった我が子の存在の何ものにも替えがたい存在意義を、身をもって証しする経験であり、その意味で、悲哀はそれ自身において親にとっての深き慰めとなる。

西田は、このように記した後、思いがけないことを語り始める。

とにかく余は今度我子の果敢なき死ということによりて、多大の教訓を得た。名利を思うて煩悶絶間なき心の上に、一杓の冷水を浴びせかけられたような心持がして、一種の涼味を感ずると共に、心の奥より秋の日のような清く温き光が照らして、凡ての人の上に純潔なる愛を感ずることが出来た。特に深く我心を動かしたのは、今まで愛らしく話したり、歌ったり、遊んだりしていた者が、忽ち消えて壺中の白骨となるというのは、如何なる訳であろうか。もし人生はこれまでのものであるというならば、人生ほどつまらぬものはない。此処には深き意味がなくてはならぬ。人間の霊的生命はかくも無意義のものではない。死の問題を解決するというのが人生の一大事である、死の事実の前には生は泡沫の如くである、死の問題を解決し得て、始めて真に生の意義を悟ることができる。（I-418f.）

ここには大切なことが三つ語られている。

一つは、世俗的な成功を願い、それが思い煩いの種となっているような日常的な生活態度を、悲哀は徹底的に相対化するということである。「涼味」とは、ぬるま湯のような価値観に浸っていた自分が洗い清められ、底なしの現実に目覚めさせるその感触のことであり、悲哀のうちに自分自身を根本から組み替えていくような力が働くことが記されている。

第二に、普段は気にとめることのなかった人々さえもが、悲哀をとおして、かけがえのない存在として立ち現れてくるという、愛の生成の経験が綴られている。そもそも悲哀は情愛と表裏一体のものであり、喪失を悲しむことが可能なのは、亡き人を大切に思っていたからであり、その人の世界を愛おしく感じていたからに他ならない。しかし、ここで西田が指摘しているのは、愛すべき対象が喪失した後にも、愛の志向性は存続するという事実ではない。心の奥から温かな光が照らし出し、すべての人の上に愛を感じるとは、悲哀において自己のなかから自己を超えて愛が生成し、それとともに自己とその世界が変容されていくという脱自的な経験に他ならない。

第三に指摘されているのは、死が、愛する人との関係を断絶させ、その人の存在と世界を否定する厳然たる事実として経験されるとき、その否定の経験としての悲哀において、死すべき人間の存在意義への問いが萌してくるということである。西田が後年、哲学の動機は悲哀に求められると語るとき、それは、悲哀を通じて、死すべき運命にある人間がなお生きなければならない理由はどこにあるのかという問いが切実な問題として呼び起こされるということ、そして哲学の中心問題とは正にこの人生の意義への問いに他ならないということを表明するものだったといえよう(5)。

西田はこのような洞察一つひとつをさりげなく、しかし丹念に記した後、この文章の最後のところで、悲哀のうちにもう一つの経験の次元が潜んでいるのを掘り当てる。

> いかなる人も我が子の死という如きことに対しては、種々の迷いを起こさぬものはなかろう。あれをしたらばよかった、これをしたらよかったなど、思うて返らぬ事ながら徒らなる後悔の念に心を悩ますのである。しかし何事も運命と諦めるより外はない。運命は外から働くばかりではなく内からも働く。我々の過失の背後には、不可思議の力が支配しているようである、後悔の念の起こるのは自己の力を信じ過ぎるからである。我々はかかる場合において、深く己の無力なるを知り、己を棄てて絶大の力に帰依する時、後悔の念は懺悔の念となり、心は重荷を卸したごとく、自ら救い、また死者に詫びることができる。歎異抄に「念仏はまことに浄土に生るる種にてやはんべるらん、また地獄に堕つべき業にてやはんべるらん、総じてもて存知せざるなり」といえる尊き信念の面影をも窺うを得て、無限の新生命に接することができる。　(I-420)

我が子を失ったとき、人は過去を悔やむ気持ちに苛まれる。悔やんでもどうにもならないことを知りながら、悔やまざるをえない。しかし西田によれば、そのように悔やみ続けるのは、自分にはもっといろいろことをしてやることができたはずだという思い込みがあるからに他ならない。そこには自己への過信がある。だが、やがてその過信も悲哀のうちで突き崩されていき、自分が無力であることが腹の底から感じ取られるなら、自己を超えたものへの帰依の念が生まれ、後悔は悔い改めへと変容していくというのである。大峯顯《あきら》は、西田の言葉を次のように受け止める。「悲劇の出来事が本質的に避くべからざるものとして起こるとき、悲哀の情動は、自己存在を否定してくるこの出来事をかえって自分の友として受け容れる不思議な場所へと変貌する。それは悲哀なき平安ではなく、悲哀のただ中における平安、悲哀の自己超克としての平安である」[(6)]。悲哀は自己を超えて自己を包み、自己の奥底にある平安の場所から自己を静かに変容させる力なのである[(7)]。

西田の思考を辿っていくと、その一つひとつが綱島によって記された洞察と深く共鳴しあっていることに気づかざるをえない。悲哀には超越経験の可能性が秘められており、悲哀を癒す力は悲哀のただ中で働くということが両者に共通する認識としてはっきりと表現されているのである。だがこの事実は、西田の悲哀をめぐる考察が綱島の洞察を引き継いだに過ぎないということを意味するわけでは決してない。西田の論述は、大切な他者との死別による喪失経験に根差したものであり、そこでは悲哀は死の自覚の場所であり、死すべき人間のいのちの意義への問いが発生する現場でもあった。西田にとって悲哀とは、私たちのいのちが死と不可分であるという、自己の自己矛盾の自覚をもたらす経験に他ならなかったのである。冒頭に引用した文章をもう一度見てみよう。「哲学は我々の自己の自己矛盾の事実より始まるのである。哲学の動機は『驚き』ではなくして深い人生の悲哀でなければならない」（VI-116）。この文章から読み取れることは、西田が悲哀を「自己の自己矛盾」を自覚化可能にする感情として捉えていることである。それは綱島の言葉のうちに暗示されてはいたかも知れないが、明確には姿を現していない固有の洞察であったと言えよう。

悲哀を自己の自己矛盾と結びつけて捉える見方は、西田の一生を貫くものであった。晩年の宗教論「場所の論理と宗教的世界観」(一九四五〔昭和二〇〕年)のなかにも、次のような証言がある。

人生の悲哀、その自己矛盾ということは、古来言旧された常套語である。しかし多くの人は深くこの事実を見つめていない。どこまでもこの事実を見つめて行く時、我々に宗教の問題というものが起こって来なければならないのである(哲学の問題というものも実は此処から起こるのである) (XI-393f.)

それでは、「自己の自己矛盾」とは何を意味するのだろうか。そもそも西田の考える自己とは何か。それが自己矛盾をはらんでいるとはいかなることなのか。自己の生と自己の死とが、自己矛盾の関係にあるとして、それは一体いかなることを意味しているのだろうか。また、自己の自己矛盾は、なぜ悲哀として感受されねばならないのだろうか。それは愛する他者の死に接して感じる悲哀とどのような結びつきを持っているのだろうか。

以上の問いを追求するため、最初に、西田が「自己」の成り立ちと構造についてどのように思惟を展開していったのか、またその過程で「行為的自己」という根本語が形成された理由は何だったのかを浮き彫りにし、自己のうちにいかなる「矛盾」を見て取ったのかを明らかにする(第二節)。次に、そうした思惟を可能にするための場が悲哀に求められ、悲哀が自己理解を深めるための重要な開示機能として寄与した事実を確認する(第三節)。さらに、後期において自己が行為における生命の世界の「表現」として捉えられた意味を追求し、消え去ることに自らの存在理由をもつという自己の本質に踏み込む(第四節)。最後に、自己存在のうちに働く否定性の源はどこに求められるのかという問いを探求し、悲哀が自己の絶対否定の自覚にまで深められていくことを論じる（第五節）。

二　行為的自己の否定的構造

西田哲学の根本特徴の一つは、飽くことなく自己の成り立ちと構造を問い続けたことにある。既に処女作のうちにも、そうした特徴が色濃く見て取れる。西田は、主客未分の「純粋経験」の立場に基づく『善の研究』によって、独創的な哲学の端緒を切り開いた。意識が集中して行為に没入し、現実が統一的に経験されるとき、経験の主体である私が対象的に現れてくることはない。統合が弛緩したときに初めて主客の実体化が生じるのであり、認識主観としての自己理解は事後的に構成された仮象だというのが西田の立場であった。「個人あって経験あるにあらず、経験あって個人あるのである」（I-4）とは、このことを物語る端的な証言である。上田閑照が指摘するように、「純粋経験とは第一義的には、経験の萌芽状態としての漠然たる未分態ではなく、意識が根本的に変容されるような、主なく客なき現前への脱自的現在という根本的な出来事[8]」なのである。

それは、西田が挙げる「一生懸命に断崖を攀づる場合の如き、音楽家が熟練した曲を奏する時の如き」（I-11）といった事例に目を向けて見れば自ずと明らかであろう。こうした経験においては、「知覚が厳密な統一と連絡とを保ち、意識が一より他に転ずるも、注意は終始物に向けられ、前の作用が自ら後者を惹起しその間に思惟を入れるべき少しの亀裂もない」（I-12）のだと語られている。西田が純粋経験の語によって言い当てようとしたのは、朦朧とした潜在意識のことなどではなく、自己をそのなかへと没入させた弛緩のない統一現象の出来《しゅったい》のことなのである。

加えて本論にとって重要なことは、そうした脱自的現在の出来事として純粋経験のうちに、自己を超えた力の働くことが西田に感受されていたことである。純粋経験という脱自的な統合的現象においては、経験をまとめあげ評価する自己が経験の外に存在するわけではない。西田は、「池に陥らんとする幼児を救うに当りては、可愛いという考えすら起る余裕もない」(I-198)と述べている。「無私になればなるほど愛は大きくなり深くなる」(I-197)のであり、「我々が自己の好む所に熱中する時はほとんど無意識である。自己を忘れ、ただ自己以上の不可思議力が独り堂々として働いて居る。この時が主もなく客もなく、真の主客合一である。この時が知即愛、愛即知である」(I-198)。こう語った西田は、主客未分の経験の底に感受される「自己以上の不可思議力」についていかに語りうるかを飽くことなく探求し続けていく。不可思議力を実体として措定することを強く自らに禁じた西田にとって、その歩みは困難を極めるものとなった。

反省以前の非対象的な知の次元を切り開くとともに、それが同時に反省的知を含むあらゆる知の根拠となることを追求しようとする西田の苦難に満ちた思惟の歩みは、悪戦苦闘の末に、独自の洞察に到達する。知ることを認識主観による対象構成として捉える西洋近代の考え方に対し、西田は、知とは主語によって指示される「特殊者」が述語によって表現される「一般者の場所」においてあることだと見なす独自の「場所の論理」を提示し、それによって西田哲学と呼ばれる独自の体系を確立したのである。「場所の論理」とは、知を知として成り立たせる場所の自己限定(言い換えれば場所の自覚)の可能性を問い求め、さらにその場所の場所を求めていくという、知の根拠に向けて垂直的に下降していく思惟によって開かれる実在の構造のことである。常識的には、主語の位置に立つものは客観的世界に属し、述語の位置に立つものは主観的世界に属するに過ぎないと考えられるが、主語的なものと述語的なものとの包摂関係抜きにはいかなる知も成り立たない。そのため、西田は、個物と場所との不可分の生きた重層的な連関を根源的なリアリティと見なした上で、知識を知識として成り立たせている相互否定的な差異や矛盾に着目し、その対立を包み、認識可能にする場所へと降り立っていくのである。その歩みは最終的に、いかなる述語によっても限定されることのない超越的な述語面に到達するが、それは、われわれの自己そのものがそこにおいてあるような場所であり、絶対に限定されえないものとして「絶対無の場所」と呼ばれた。西田にとって、絶対無の場所は、そこにおいて対象に関する知識が成立する場所であるだけでなく、われわれの情動や意志が成り立つ場所としても思惟されている。西田は対象的・ノエマ的方向にも作用的・ノエシス的方向にも無限な過程を通り抜けて思惟し、それを包むとともに打ち消すことのできる場所を思惟しようとしたのである。そうしたことが西田に可能だったのは、西田が知ることを「構成作用」としてではなく、「自己が自己の中に自己自身を見ること」として捉え、それを「場所が場所においてあること」、つまり「場所の自己限定」として解明したからである。主観と客観の関係を前提とする意識哲学の立場を根本的に乗り越える新たな論理を、西田は確立しようとしたのである。

「自己が自己の中に自己自身を見ること」を西田は「自覚」と呼ぶ。自覚はどのようにして成り立つのだろうか。知るものは知る働きの最中においては、対象的に顕現することはない。それでも、「私が或る物を見て居る時、私というものがないとは云われない。しかし私というものはまだ意識せられていない」(V-9)。では、知るものは反省によってはじめて知られるのであろうか。そうではない。「内部知覚によって自己を知るという時、これが内部知覚によって自己だといわれたときはすでに自己ではなくなっている」(XIV-150f.)。西田が語るように、意識的自己の内部における自己反省によっては、知るものを知ることはできない。なぜなら、「直に之を反省して私が何々を見て居たという時、私というものが意識せられるが、その私というのは知られた私で、知る私ではない」(V-9)からである。西田は続ける。「無論、知られた私といっても、知る私の対象化せられたものとして、知られたものと同列的とは云われない。他を限定する意味をもっていなければならぬ。しかし後の私は前の私と私ならざるものを知っているのである。真に知るものは両者を包んだものと云うことができる」(V-9)。西田が自覚というのは、主観に内在的な反省的自己関係を突破して、知られたものと知る私とを包む自己へと開かれることに他ならない。しかし、知るものは絶対に対象化しえないとしたら、知るものの自己知はそもそもいかにして可能なのだろうか。

西田は次のように述べる。「普通自覚と言えば、単に知るものと知られるものとが一つと考えられるが、私の真の自覚は自分の中において自分を知るということであると思う。単に主と客と一つと言えば、いわゆる反省以前の直観というごときものと考え得るであろう。自覚の成立するには『自己において』ということが付加せられねばならぬ。知る我と、知られる我と、我が我を知る場所とが一であることが自覚である。……我を超越したもの、我を包むものが我自身であるということでなければならぬ」(IV-127)。知るものを知ることは、自己内部での反省によるものではないが、そうかといって反省以前の直観によるのでもない。西田独自の思考の出発点は、「我を超越したもの、我を包むものが我自身である」という絶対的な差異を介した自覚の構造把握にあった。「非我に対する我は真に知る我ではない、真に知るものは両者を包んだものでなければならぬ」(IV-23)。西田が、自覚の構造を「自己が自己において自己を見る」と表現し、この三肢構造のうち、とりわけ「自己において」という契機に重点を置いたのも、知られるものと知るものとを映す超越的な場所そのものが自己であるという洞察を示していると言えよう。

このとき絶対に誤解してはならないことがある。それは、「自己というものがあって自己自身を限定するのではない」（V-434）ということである。表象的意識面の背後に、見る自己という実体を想定するなら、その自己は再び対象化された自己へと転落してしまう。自己とは「見るものなくして見るもの」のことであり、「『自己が』の面が『自己を』の面を限定するのである。場所が場所自身を限定するのである」（V-434）。西田は、「自ら無にして自己のうちに自らの影を映す」という表現を好んで用いたが、それは自己の脱自性を表現するだけでなく、自己のノエシスの底は知ることができないという脱底性をも意味している。知られるものと知るものとの関係が映されるのは、それ自身は決して対象化されることのない、見るものなくして見る「自己において」という場所に他ならず、「自己において」以外に、見る自己というものはないのである。

西田は、場所の論理の体系化を目指した『一般者の自覚的体系』（一九三〇〔昭和五〕年）において、場所を映す場所の重層構造を、「判断的一般者」から「自覚的一般者」へ、さらに「自覚的一般者」から「叡知的一般者」へと辿り、一般者が広くかつ深くなるにつれて一般者においてある特殊もまたその特殊性を増していくという、後年「逆対応」という言葉で表現される構造として描出している。判断の主語がおいてある場所である「判断的一般者」においては、自己は超越的述語面として機能するだけで、自己としては意識されないが、自己がその述語面をその底へ向けて越え出た主語的なものになるとき、意識的自己のおいてある場所として「自覚的一般者」が開かれ、主語と述語との関係はノエマとノエシスとの関係に組み替わる。

ノエマとノエシスという語はフッサールから借り受けた言葉であるが、西田の用法はフッサールのものとはだいぶ異なる。新田義弘が指摘するように、西田の場合、「ノエマはフッサールの場合のように、作用の対象的相関者、作用によって構成された対象意味ではなく、ノエシスの自己否定によって成り立つ、ノエシスそのものの表現的相関者なのである。それゆえ反省の道は、ノエシスがノエマに映された己れの影を読み取ることによって、ノエシスそのものの底に降りていく運動としてのみ開かれてくる」(9)。その運動のプロセスに沿って、西田は、意識的自己の世界に、知的自覚、感情的自覚、意志的自覚の三つの段階を区別し、それぞれを、ノエマがノエシスを超えたものとして志向される段階、ノエシスがノエマになる段階、ノエシスがノエマを含むようになる段階として記述していく。最後の意志的自覚について、西田はこう述べている。

意志は自覚の極致ということができる、自覚的一般者においてある最後のものということができる、多くの厭世論者の考える如く意志は矛盾の極致である、我々は欲することを滅するために欲するのである、死するために生きるのである。（V-133）

欲することは欠乏を満たすことへの運動であるが、その運動が全うされると欠乏は充足され、欲することそのものが消え去る。しかし、障害を克服して得られた満足は一時的なものであり、私たちは無為のうちに自足することはできず、またしても欲することを滅するための欲求へと駆り立てられる。欲するとは欲することを滅することであり、生きるとはその意味で自己を消すこと、つまり死することだというのである。このとき、自覚の極致と言われる意志の矛盾そのものはいかにして自覚化可能になるのであろうか。意志的自己の矛盾を映す場所は、自覚的一般者を包む「叡知的一般者」に他ならない。叡知的一般者とは、意識的自己の底にある自己の世界であるが、意識的自己をノエシス的に超越することを西田は「行為」と呼ぶ。

ノエシスの方向に超越するということ、即ち深く自分自身の奥底に到ることによって考えられる知的直観の一般者においてあるものにおいても、真に有るものは所謂意識一般という如きものではなく、行為的自己の自覚でなければならない。行為的自己とは客観界を自己実現の手段となすもの、否、その表現となすものである（対象そのものを愛することによって自己自身を愛するのである）。（V-157）

自己の底に自己を見る自己を求めつつ、自覚の次元を深めていく歩みは、行為的自己の立場において叡知的一般者を自らの場所として自覚するに至る。行為的自己の自覚とは、何を意味するのだろうか。西田は後年、『哲学の根本問題（行為の世界）』（一九三三〈昭和八〉年）において、「私には哲学は未だかつて一度も真に行為的自己の立場に立って考えられたことがないのではないかと思われる」（VII-173）と述べ、行為的自己の立場の重要性とその独創性を強調している。[10]「行為するところに真に我々の自己がある」（VII-174）というのが西田の立場であった。

行為的自己の事例として西田がよく例にあげるのは、芸術制作の場面である。制作とは物を加工してイメージを具体的な形にすることだとするなら、それは「主観が客観を主観化すること」（VII-176）であり、「外界を自己実現の場所と見なし、外を内と見る」（VI-14）ことだと考えられる。しかし西田は同時に、「客観が主観を客観化する方面のあることをよく考えねばならぬ」（XIV-194）と指摘している。例えば、彫刻家が我を忘れて彫像の制作に打ち込んでいるとき、ノエマ的に見られているのは鑿で刻まれることによってそのつど立ち現れる像に他ならない。「ミケランジェロがダビッドの像を作るという場合、ミケランジェロは自分というものを失って、芸術作品が向こうから現れてこなければならない」(XIV-194)。すると立ち現れた像が今度はミケランジェロに訴えかけ、その呼びかけに促されて、彼の手は像を刻み続ける。主観によって作られたものが主観から離れて主観に対して表現として立ち現れ、主観に訴えて今度は主観を動かす。「芸術の作品は芸術家の主観ではない。主観が主観を失って客観になることで、それが大事な点である。……向こうのものが自分を奪って客観化する」(XIV-194)。行為を通して、主観と客観は媒介しあい、互いに変化していくのであり、行為の世界は「渦巻の世界」(VII-194)である。自己とは、行為において「自己自身を否定して他に移り行くこと」(VI-325)であり、「自己自身を否定することによって肯定する」(VII-183)絶えざる変容なのである。

自己とは、作ることに先立つ実体というより、むしろ作るという行為そのものであり、作られたもののうちに自己を消す。反対に、作られたものも主観から独立に存在するのではなく、こちらに現れ、さらに作るようにと促すことで自らを否定していくところにその存在をもつ。このように行為的自己の特徴は、「内が外であり、外が内である」（VI-153）という点にある。このことは、自己が内を外へと媒介し、外を内へと媒介する媒体機能にほかならないことを意味する。ところが、自己がこうした媒体として働くのは、ただ「我は外から限定されると同時に内から限定するものである」(XIV-155)という仕方においてのみである。「そこに自覚の矛盾がある。自己の根底にはわからないものがある。わからない所から自分がきまってくる」(XIV-155)のであり、行為は自己限定でありながら、その内実を事前に確定することができない。「我々は自己の現在の行為が何によって限定せられるかを知らず、また私は次の瞬間において何を為すかも知らない。かかる意味において自己の行為が知られるというならば、我々の自己は自由ではない。こういう意味においては自己は絶対に不可知的というの外はない。唯、現実の底に、すべてを消しすべてを始めると考えられるものに撞着するところに、唯一なるものの自己限定として、自由の意義があるのである」（VI-311）。行為とは、「自己の内容を実現すること」（V-414）であるが、西田によれば、それは「客観の底に横たわる非合理的なるものを自己自身の内容となすこと」（V-412）を意味する。それゆえに西田は、「非合理的なるものの合理化、無にして有を限定する、そこに私というものがあるのである」（VI-48）と語るのである。行為的自己の立場は、決して自己を実体化するものではなく、行為を通して、行為を超えたもの（西田はそれを「生命」[11]と呼ぶ）との関係から自己を捉え直そうとする立場だと言えよう。

生活における情感や意志決定に伴う情動が知られた自己に過ぎず、「知られたものは自己ではない、自己は知るものでなければならぬ」（XIV-150）と考える西田は、「知ることの出来ないものを知るということが行為ということである」（XIV-152f.）と見なすことによって、自覚の矛盾に新たな表現を与えた。「真の自己は行為的自己、行為的自覚であって、行為するところに真の自己がある」（XIV-161）と語るとき、西田が考えていたのは次のようなことであった。「自己自身を見ること深ければ深いほど自己がなくなる」（VI-105）とともに、「もはや自己が見られなくなるとき、行為というものが考えられる」（VI-109）ため、行為における自己無化こそが真の自覚なのである。このように言い得るのは、行為とは、「無にして見る自己のノエシス的限定」（V-414）であり、自己無化と自己限定の自覚的同時生起だからである。「自己の一歩一歩において消えて生まれるところに自己があるのである。現象学的の言葉をもってくればノエマ的ではなくノエシス的に自己がみられるといってもよい」（XIV-168）。西田は、行為においてノエマに映された自己のノエシス的限定を読み取ることによって知る自己へといわば後ろ向きに下降していくのである。

三　自己の自己矛盾の自覚の場としての悲哀

それでは、行為的自己がその底に自らを包む場所、自らを見る自己を自覚することを可能にするものは何だろうか。実は、それこそ我々が主題としている悲哀に他ならない。西田はこう語っている。

苦痛とか悲哀とかいうのは自己自身の発展の妨害を見ると言うことでなければならない、……かかる自己自身の消滅を見るものは、既に自己自身の発展を見るものより大なるものでなければならならぬ、自己自身の悲を見る限定面は、自己自身の喜を見る限定面よりも広いものでなければならぬ、後者は前者においてあると言うことができる。（V-239f.）

苦痛や悲哀といった否定的感情は、意志的自己の喜びを見るものよりも広い場所を開く。言い換えれば、悲哀とは、知られた情動的自己のことではなく、意志的自己を否定しつつ、それを包みつつ見る場所へと自己を開いていく働きなのである。

それは、行為的自己がそれ自身のうちに自己の根拠を持つことができないという否定的な自覚を生む。その意味で、行為的自己は、その自己を包むものの影として、自らに死することにおいてむしろ自己の命をもつのである。「我々の自己が叡知的自己の影像として自己自身を見て行く所に、自己の生命を有するものとするならば、我々の自己は死において自己自身の目的を有するものと言ってよい」（V-291）。

では、このことを自覚化可能にするものは何なのだろうか。実のところ、西田によれば、それもまた悲哀に他ならないのである。西田は続けて、こう語っている。

我々は死する為に生きるのである、生きとし生けるものの底には死があり、悲哀があると言ってよい。……生きるとは死することである。……我々はいつでも悲哀を通して、自己自身を見るものに至るのである。

（V-291f.）

「悲哀を通して、自己自身を見るものに至る」という言葉の意味を正確に理解するためにきわめて重要な問いを投げかけているのは、大峯顯である。「われわれの自己は、このような叡知的世界にいたってはたしてすべての悲哀を超えうるのであろうか[12]」。大峯は叡知的世界においてある自己が、悩める自己、迷えるものであることに着目し、その自己矛盾の自覚は再び悲哀であると論じている。「叡知的自己の立場に残されているこのような自己矛盾の自覚は、意識の立場での悲哀と異なる叡知的悲哀と呼ばれるべき性質のものである。それは叡知的自己の喜びをも悲哀とするごときいっそう深き自己の射影の中にある。それゆえ叡知的一般者から、これを包む絶対無の場所への超越は、まさしくこの叡知的悲哀を動力とすると考えられる[13]」。

悲哀は、自覚のさまざまな次元において、現在立脚している自己の立場からさらにその底にある次元の自己へ向けて離脱させる。おそらく具体的な悲哀の経験は一つひとつ異なるものなのだろう[14]。そして、それは喪失した対象の違いによるものとも言えようが、しかしそれ以上に、自覚の次元の多様性として理解すべきものではないだろうか。いずれの次元にあっても、悲哀は自己の限界に気づかせてくれると同時に、その自己を包む場所としての深層の自己を自覚化可能にし、生きる場の次元をどこまでも更新させる働きをもつ。西田の人生が悲哀の連続であったことはよく知られている。その悲哀の経験の数々が互いに響き合って、西田を絶えず自覚の徹底へと促したであろうことは想像に難くない。

四　表現としての生死的自己

自己とは「消えて生まれること」だというのが一貫した西田の立場であった。後期になると、行為的自己の場所は、私たちがそこから生まれそこへと死にゆく「歴史的世界」と規定され、「消えて生まれる」ことは「作られたものから作るものへ」という鮮明な表現に置き換えられる。叡知的一般者の世界といえども、具体的な歴史的世界と別の世界ではない。私たちに与えられるものは歴史的に作られたものであり、私自身もまた歴史的世界のなかで作るものとして形成されつつ生まれ出る。生まれ出た私が作ることのなかへと自分を消し去ると、今度は同時に自分の作ったものが私に対峙するものとして現れてくる。そして、それが再び作る私を作り、私を作ることへと促すのである。「結果が問題を生み、いつも新に作るものが出て来なければならない」（X-502）。ここでは、時間を越えて連続的に持続する実体的自己の想定がきっぱり断ち切られていることに注意を払わねばならない。デカルトの方法的懐疑の果てに見出されるべきは、「自己の内においての直証の事実という代わりに、自己成立の事実と改むべきである」（XI-162）というのが、西田の立場であった。「作られて作る所に、我々は自覚するのである。故に我々の自己は歴史的身体的である。然らざれば、それは考えられた自己たるに過ぎない。かかる自己に執着するのが迷である」（XI-168）。私に与えられたものは私自身の行為によって媒介されるが、作ることによって作られたものは私のうちに吸収されてしまうのではなく、私から独立したものとして私に対峙し、さらに私に作るよう呼びかける。そうしたことが可能であるのは、私が歴史的世界のうちにあるからに他ならない。従来の哲学においては、「我々の自己が世界の中にあることが忘れられている」（XI-370）。これに対し西田によれば、「私が考えるその事が、既に世界においての事実」（XI-370）なのである。

しかし反対に、歴史的世界の方もまた、私の外部に私抜きで存在し、それ自身において自己同一性をもつわけでは決してない。そのように考えてしまった場合には、主客二元論の罠にまたもはまり込んでしまい、不可知論の帰結を余儀されてしまうことになる。加えて、そもそも「基体的なる世界からは、作るということは出て来ない。……作るということは未だ無かったものが現れるということである」（X-497）。そのため西田は、「絶対矛盾的自己同一の世界は自己自身の中に自己同一を有たない」（IX-215）と語り、世界の根本構造は自身の同一性をその外部にもつことにあるとの考えを打ち出すのである。後期西田は、自己を歴史的世界における個物と規定し、個物はただ他の個物に対してのみ個物であると捉えた上で、個物の自己形成と世界の自己形成とが相互に否定を介して媒介しあうという論理を提示する。「絶対矛盾的自己同一の世界においては、個物が個物自身を形成することが世界が世界を形成することであり、その逆に世界が世界自身を形成することが個物が個物自身を形成することである。多と一とが相互否定的に一となる、作られたものから作るものへである」（IX-212）。作られたものから作るものへという否定をはらんだ世界の自己形成の運動のなかで我々の自己それ自身が形成されつつ、自己は行為という形でその運動に参与することによって運動そのものを媒介する力となる。我々の自己の同一性は、運動への参与に先立って与えられるのではなく、むしろ行為によって自己を他のうちに見出すことのうちに成り立つ。「矛盾的自己同一的に形成的なる所に、行為的直観的なる所に、我々の個人的生命があるのである、真の自己があるのである」（IX-190）。そして、そのような個体としての自己の自己形成を通して、世界は自らを形成する。「自己表現的に自己自身を形成すると云うことなくして世界と云うものはない」（XI-335）のである。そうした世界の自己形成を媒介するのは、世界のうちにある個物の自己形成以外にはない。「人間において世界が世界自身を自覚する」（XI-335）と言われるのは、それゆえのことである。「世界が自覚する時、我々の自己が自覚する。我々の自己が自覚する時、世界が自覚する」（X-559）のである。自己とは世界の自己形成の媒体に他ならないからである。

自己と世界との自己否定的な相互媒介による自己形成のことを、西田は「表現」と名づける。「個物は何処までも表現作用的に自己自身を形成することによって個物である。しかしそれは個物が自己否定において自己を有つということであり、自己自身を形成する世界の一角であるということである。世界は無限なる表現作用的個物の否定的統一として自己自身を形成し行く」（IX-175）。表現とは、既に自らのうちに潜在していたものを外部に表出することではなく、作ることによっていまだなかったものが形成され現れ出るという「絶対的事実」である。「絶対的事実となるということは、……絶対否定を媒介として、他の絶対的事実に対して立つことでなければならない。……個物は個物に対することによって個物である。……絶対的事実が現れるということは、すべての他を否定することによって、何処までも他の否定を条件とすることによって、現れるということでなければならない」（X-497f.）。表現とは、自己のうちに自己同一をもつものの再現ではなく、新たな創造を意味する。その限りにおいて、表現はすべての他を否定することを条件とする。ところが「何処までも他の否定を条件として自己が成立するということは、同時に何処までも自己否定を媒介として自己が成立するということでなければならない」（X-498）。作られたものから作るものへとは、作られたものが否定されるべく現れてくることと、作られたものによって呼び覚まされた作るものが作ることのなかで作られつつあるものへと自己を滅却することとの非連続の連続を意味する。自己の成立は他の否定とともに自己の否定をも条件としていると言わざるをえない。それゆえ、西田によれば、「創造的世界は一面に絶対否定の世界、生滅の世界でなければならない」（X-498）のである。

個物としての自己が自らの行為において世界を表現するということは、個物が世界の自己表現の中心の一つとなることである。表現的関係とは、内在と超越が絶対否定を介して結びつくことを意味する。自己が世界のなかに組み込まれつつ、個として自由であり得るのはいかにしてかといえば、それは自己が絶対否定を介した表現であるからに他ならないのである。このことを認識することは、自己の存在理由についての根本的な見直しを迫る。

> 絶対に他を否定することによって、自己が成立するということは、自己が絶対に否定せられるということを含んでいなければならない。それは一度的として消え去ることを条件として、自己が成立するということであり、その消え去ることに自己存在の理由を有っていなければならない。創造的世界は一面に生滅の世界である。かく他のために自己自身の消滅を自己存在の理由として成立するということが、表現するということである。（X-521）

「消え去ることに自己の存在理由をもつ」とは驚くべき言葉だが、それは決してニヒリズムへの居直りではない。むしろ、それこそが「生命」の創造性を意味するというのが、西田の見方であった。

西田によれば、「全体的世界が自己の内に自己表現的要素を含むことから生命が始まる。……我々の自己は世界の自己表現的要素として自覚するのである」（XI-308）。自己を他のうちにもつ表現にこそ生命があるのであって、「我々の生命は我々の個体の中にあるのではない」（XI-314）。自己を世界の表現的要素として自覚すること、言い換えれば他のために自己の消滅を自己の存在理由と見なすことのうちに生命がある。世界が自らのうちにそうした自己否定的「自己表現的要素を含むと考えられる時、世界は生命の世界となる」（XI-324）のである。

西田は表現を手掛かりにして表現の背後にあるものを明らかにしようとしているのではない。表現の背後には何もないからである。作られたものから作るものへの絶対否定を介した自己表現的要素を含む生命の世界には、「何らの基体もない、事から事へである」（X-525）。それは「一々の動きが、一歩一歩が世界の根元からということである、絶対否定を媒介として一歩一歩が創造的ということである。いつも絶対に接することのできない根元に接している」（X-525）。自己が生命の世界の創造的要素になるということは、「自己が世界の創造者となるということではなくして、逆に自己が自己の絶対否定を媒介にして働くということである」（X-552）。「一々の事実が、全世界の否定を条件として成立する」（X-542）ということを意味する。自己とは表現そのものであり、表現とは他のために消え去ることをその本質とするものなのであり、その表現においてこそ生命が成り立つ。これが西田の立場であった。

五　自己の絶対否定の自覚としての悲哀

ところが西田は、「自己自身によって自己否定はできない（ここに宗教家は恩寵というものを考える）」（IX-216）と語る。作られつつ作ることと、作るものとして作られることとの非連続の連続は絶対否定によって媒介されているが、その絶対否定は自己という出来事の成立条件なのであって、決して自己に内在する機能といったものではない。自己を否定する絶対否定の働きは自己を超えた絶対的なるものによらざるをえないのであり、その意味で自己は常に絶対的なるものに「触れている」というのが西田の根本思想であった。このことを個物としての自己の側から語るならば、絶対者に触れ、自身の生死を媒介とすることによって、個物は初めて個物であるということになる。

世界は我々を生むと共に殺すものでなければならない。……個物的自己としての我々に与えられるものは、生死の課題として与えられるものでなければならない。世界とは我々に向かって生死を問うものでなければならない。個物的自己に対して与えられる世界は、一般的な世界ではなく、唯一的な世界でなければならない。……それはまた逆に矛盾的自己同一的に世界が唯一的なればなるほど、個物は個物的となるということができる。この故に個物は絶対矛盾的自己同一、即ち絶対に対することによって、個物であるということができる。自己自身の生死を媒介とする所に、個物が個物であるということができる。（IX-188）

個物を個物として条件づけるのは個物に対して現れる世界の唯一的な固有性であるが、そうした世界の現出は個物の死の自覚によって媒介されるのである。この同じ事実を世界の方から見るなら、世界は「超越的なるものにおいて自己同一をもつ」（IX-218）ということになるだろう。「いつも我々は直接にこの世界を超えたものに対するものであり、即ちこの世界を超えたものである。そこに個物と世界が対立する」（IX-218）のである。

西田によれば、我々は「一々の実践的決断において、生死の立場に立っている……、危機に立っている」（XI-168）。「生死的自己の立場」（XI-168）とは、「与えられたものとして自己自身に迫り来るものに自己を奪われるかぎり、超越的一者において自己を有つ真の個物ではない」（IX-219）という危機を自覚する立場である。それは、絶対否定が自らの行為を通して歴史的世界を形成する力として働くように自らを無化すべし、という当為を自己の存在事実のうちに自覚することを意味する。「我々の自己は何時《いつ》も絶対に触れることのできないものに触れている、自己矛盾的存在であるから当為的である」（X-552）とは、その自覚を物語る言葉に他ならないと言えよう。

晩年の宗教論「場所的論理と宗教的世界観」は、こうした論理的当為の次元をさらに掘り下げ、自己自身が行使することのできない「自己否定」の働きを真正面から主題的に論じようとした論文である。自己が絶対に否定される経験とは、自己の死の経験に他ならない。「私は我々の自己存在の根本的な自己矛盾の事実は、死の自覚にあると考える」（XI-394）。西田は死の自覚がいかにして可能かを追求することによって、自己否定の真相に迫っていく。私も生物だからいつか死ぬのを知っているというのは、自分の存在を対象化した見方に過ぎず、真の自覚とは言えない。肉体的に死んでも精神は生き続けるという考えもあるだろうが、西田によれば、それは述語面的自己限定としての一般的理性の立場であって、それはそもそも歴史的世界のうちに形成され生まれたものではないのだから死ぬこともなく、そのためそもそも生きたものとはいえない。生きたものとは、個として一般を否定する個物的自己限定の極限のものでなければならないのである。しかし単に個物的自己限定の極限として個を捉える立場からは、自己によって自己があるという考えが出てくるだけで、死の自覚は出てこないと西田は指摘する。では、死の自覚はいかにして可能なのだろうか。それを可能にするのは自己ではなく、また世界のなかのいかなる相対的なものでもないというのが西田の考えであった。

自己の永遠の死を自覚するというのは、我々の自己が絶対無限なるもの、即ち絶対者に対する時であろう。絶対的否定に面することによって、我々は自己の永遠の死を知るのである。（XI-395）

永遠の死とは、死を生の終わりの時と捉える見方を根底から打ち砕く表現である。絶対否定に触れ、私の生はそれ自身としてはまったく何物でもないことを悟ること、それが永遠の死の自覚である。「しかし単にそれだけなら、私はいまだそれが絶対矛盾の事実とはいわない」（XI-395）と西田は言う。西田が死の自覚を絶対矛盾の事実と見なすのは、自己の死の自覚こそが自己の存在理由だからだというのである。

然るに、かく自己の永遠の死を知ることが、自己存在の根本的理由であるのである。何となれば、自己の永遠の死を知るもののみが、真に自己の個たることを知るものなるが故である。……永遠の否定に面することによって、我々の自己は真に自己の一度的なることを知るのである。（XI-395）

西田によれば、自己が存在する理由は、自己がそれ自身としては何物でもないことを知ること、世界の自己表現の一回的な一要素として行為のうちに自己を無化することにしか自己はないと悟ること、絶対が自己に触れるとは自己が絶対否定されることと不可分だという根本事実を自覚することに他ならないのである。「相対的なるものが、絶対的なるものに対するということが、死である。……相対が絶対に対するという時、そこに死がなければならない。それは無となることでなければならない。我々の自己は、唯、死によってのみ、逆対応的に神に接するのである」（XI-396）。私が絶対的に否定され、自己が何者でもないことを自覚することは、絶対否定である神に触れられることなしには成り立たない。そのため、自己の永遠の死の自覚と絶対者と接するという超越経験の出来とは一つの同じ出来事の両側面なのである。西田はしばしば大燈国師の「億劫《おくごう》相別れて須臾《しゅゆ》も離れず、尽日《じんじつ》相対して刹那も接せず」という言葉を引用し、絶対に接するという経験が矛盾をはらんだものであることに注意を促しているが、絶対否定において絶対者に接するというこの経験が、ここでは「逆対応」の語で語られている。逆対応という語が、死の自覚と絶対者の恩寵の自覚との表裏一体の関係を示唆するものであることを聞き逃してはならない。

西田は、自己の自己矛盾を自覚可能にする情動を悲哀と呼んだ。永遠の死の自覚は理性による推論の結果として与えられるものではない。それは悲哀における絶対否定の経験としてのみ可能である。だがその悲哀の経験は同時に恩寵の経験であり、この後すぐ述べるように神の愛の経験として語られる。大峯が論じているように、悲哀の自己が超えられるのはいかにしてかといえば、それは「言うまでもなく、無の場所が悲哀の自己を包むことによってである。しかし、包むということは悲哀をたんに消滅させることではない。むしろ、悲哀を悲哀のままで自らの内に成り立たせることによって、悲哀を超えるということである[15]」。

だが、そのように言いうるのはなぜだろうか。西田の思惟は絶対のあり方に向かう。「単に対を絶したものは、何物でもない、単なる無に過ぎない。……無論、何らかの意味において、対象的にあるものに対するとならば、それは相対である、絶対ではない。しかしまた単に対を絶したものというものも絶対ではない。そこに絶対そのものの自己矛盾があるのである」（XI-396f.）。絶対に「触れる」ということがありうるのならば、絶対は対を絶するものではありえない。しかし、絶対の外に対立するもの、つまりそのようなものとしての自己があるならば、もはや絶対とはいえない。それではいったい自己が絶対に触れることはいかにして可能なのだろうか。西田はこう語る。「絶対は、自己の中に、絶対的自己否定を含むものでなければならない。而して自己の中に絶対的自己否定を含むということは、自己が絶対の無になるということでなければならない」（XI-397）。絶対が無となることによって初めて、絶対に対するということが可能になるのである。「絶対は何処までも自己否定において自己を有つ。何処までも相対的に、自己自身を翻えす所に、真の絶対があるのである」（XI-398）。自己が絶対に触れることが可能なのは、絶対が自己否定においてで自己をもつからに他ならない。「神は絶対の自己否定として、逆対応的に自己自身に対し、自己自身の中に絶対的自己否定を含むものなるが故に、自己自身によってあるものなのであり、絶対の無なるが故に絶対の有であるのである」（XI-398）。そのため、西田によれば、世界を創造する以前の自足的な超越神のイメージは神理解としては不十分だという。[16]「単に超越的に自己満足的なる神は真の神ではなかろう。一面にまた何処までもケノシス的でもなければならない」（XI-399）。ケノーシスとは、人間を救うために神が自らを無にすることを意味する語である。「神の絶対愛とは、神の絶対的自己否定として神に本質的なものでなければならない」（XI-399）というのが西田の理解であった。

大峯は先に引用した文に続いて、悲哀を超えたものが悲哀を癒しうるのはなぜかと問うた。「悲哀を癒しうるものはもちろん悲哀を超えたものである。しかし、このような悲哀を超えたものが、悲哀の自己と別のものであるならば、それは悲哀を真に癒すことはできないのではないか[17]」。大峯がこの問いに対して与えた答えは、「悲哀の自己を真に包むには、絶対無の場所がたんに悲哀を超えているという、悲哀と相対的な（有的な）あり方を捨てて、自らを悲哀にするという自己否定がなければならぬ[18]」というものであった。これこそ西田が提示した神のケノーシスの思想に他ならないと言えよう。

では、以上の論述は喪失経験の悲哀とどのようなつながりをもつのだろうか。長谷正當《はせしょうとう》は喪失経験の悲哀についてこう語っている。「愛するものの現存が喪失において感じられるところに悲哀の感情がある。有るものが喪失において現存するとき、あるいは不在という形において現存するとき、その現存は超越的次元における現存である。そこに悲哀の治癒力がある」[19]。亡くなった人はもう現存しない。だが、私たちには存在しないものを意識することはできないはずである。だとしたら、亡き人の喪失に悲しみを覚えることができるのは、その亡き人が不在という形で現存しているからに他ならない。不在と現存とは両立不可能な矛盾関係にあるが、その矛盾を実現可能にするのが悲哀なのである。愛すべき他者の不在の現存である悲哀は同時に、そのうちに自己の自己矛盾の自覚をはらんでいる。亡き人の不在の現存である悲哀の治癒力によって、やがて自己憐憫や悔恨の念は打ち消されていく。これが私だと思ったときに、そこに私はいないのである。そのことを知ることが本来の自覚なのであり、悲哀は、この自覚を可能にする場である。悲哀はさらに、絶対否定における自己の死の自覚への通路となり、その死の自覚は逆対応的に絶対者の自己無化という愛の自覚へと連なる。不在と現存とが対立しあったまま一つになるという矛盾が悲哀において幾重にも重なり合う。一つひとつの悲哀は底なしに共鳴し合うのである。悲哀における自己の矛盾をどこまでも追求した西田の思考の跡をこうして辿ってみると、[20]「神はまず悲哀の姿して我らに来たる」という、西田の心を動かした綱島梁川の言葉が一層の奥行きと輝きを増して回帰してくることに気づかざるをえない。

注

(1) 西田幾多郎からの引用は、旧版西田幾多郎全集（岩波書店、一九七八―八〇年）より行い、巻数をローマ数字で、頁数をアラビア数字で示す。引用に際しては、旧漢字・旧仮名遣いを新漢字・新仮名遣いに改めた。

(2) その系譜に連なる人として、内村鑑三、鈴木大拙、柳宗悦、宮澤賢治といった名を挙げることができる。以下の著作は、そうした動向の一端を伝えてくれる。竹内整一『「かなしみ」の哲学――日本精神史の源をさぐる』日本放送出版協会、二〇〇九年。

(3) 綱島梁川「悲哀の秘儀」『病間録』所収、一九〇五年、二五三頁以下。引用に際しては、旧漢字・旧仮名遣いを新漢字・新仮名遣いに改め、必要に応じて読み仮名を振った。

(4) 同上、二四―三四頁。

(5) 西田は一九〇二〔明治三五〕年二月二四日の日記に、「学問は畢竟life の為なり、life が第一等のことなり。Life なき学問は無用なり」（XVII-74）と記している。また、最初期の原稿「人心の疑惑」（一九〇三〔明治三六〕年）のなかでも、「生は何処より来り死は何処へ去るのであるか、人は何の為に生き何の為に働き何の為に死するのであるか、これが最大最深なる人心の疑惑である。……我が所謂人心の疑惑というのは智識的欲求にもとづく哲学的問題ではなくて、我等が情意の上において天地人生に対する関係を定めんとする実地の要求より来るのである、我等が悲む喜ぶ欲する求むる此等の事実の上において血と涙とを以て決すべき生命の問題である」（XIII-86-88）と述べている。西田哲学とはこの生命の問題に関する哲学的探求の記録に他ならない。

(6) 大峯顯「悲哀の弁証法」『宗教と詩の源泉』所収、法藏館、一九九六年、九三頁。

(7) この境涯を伝えてくれる西田の有名な歌に、「我心深き底あり喜びも憂の波もとどかじと思う」（XVII-398）がある。

(8) 上田閑照『哲学コレクションII　経験と場所』岩波現代文庫、二〇〇七年、一〇一頁。

(9) 新田義弘『現代の問いとしての西田哲学』岩波書店、一九九八年、九五頁。

(10) 「場所の論理」の体系化を企てた『一般者の自覚的体系』（旧版全集五巻）と、「永遠の今の自己限定」という論理を提示し、「自己の中に絶対の他を見る」という新たな視座を切り開いた『無の自覚的限定』（旧版全集六巻）や、個物と個物の相互限定と一般的限定との相即不離の関係を主題化する『哲学の根本問題』（旧版全集七巻）の間には、非連続的な懸隔が見て取れるが、その詳細について論じることは今後の課題とし、ここでは、前者から後者への移行を「行為的自己」の立場が深化していく過程として連続的に捉え、前者を理解するために後者を用いるという措置を取ることとする。

(11) 例えば、西田は「生命」について、こう語っている。「真の内的生命とは自己自身の底に深い非合理的なるものを見ることである。客観の底に横たわる非合理的なるものを自己自身の内容となすことである。……かく行為の底に行為を超えたノエシス的限定というものが、私の所謂内的生命と考えるものである」(V-412)。「絶対無のノエシス的限定と考えられるものは広義において我々の生命と考えられるものでなければならぬ。事実が事実自身を限定すると考えられるとき、それが我々の生命と考えられるものである。……行為というものは生命の自覚を意味するものである」(VI-47)。

(12) 大峯顯「悲哀の弁証法」前掲書、一一二頁。

(13) 同上、一一二頁。

(14) 若松英輔は「同じ悲しみなど存在しない。そういうところに立ってみなければ、悲しみの実相にはふれ得まい。同じものがないから二つの悲しみは響き合い、共振するのではないか」(『悲しみの秘儀』ナナクロ社、二〇一五年、一一頁)と語っている。西田の洞察とも通底する的確な表現である。

(15) 大峯顯「悲哀の弁証法」前掲書、一一三頁。

(16) ここで西田はあくまでも哲学の立場から宗教を論じている。「私は絶対的一者というものを基底的に考えるのではない。それは私の根本的立場に反するものである。何処までもいわば映像と考えるのである。然らばといって、それを単に虚幻と考えるのかといわれるならばそうではない。現象即実在である」(X-531f.)。

(17) 大峯顯「悲哀の弁証法」前掲書、一一三頁。

(18) 同上。

(19) 長谷正當「宗教心と病の治癒力」『欲望の哲学——浄土教世界の思索』所収、法藏館、二〇〇三年、一一六頁以下。

(20) 本章では、行為の底にある「人格」や表現的意義を持つ「身体」の問題について論じることはできなかった。それらの問題が悲哀というテーマと深く結びついていることについて、岡田勝明『悲哀の底——西田幾多郎と共に歩む哲学』(晃洋書房、二〇一七年)に多くを学ぶことができる。

第五章　アシジのフランシスコとマイスター・エックハルトにおける「貧しさ」

——所有と贈与の観点から見たキリスト教的霊性——

阿部善彦

はじめに

あなたがたはどうやって空を、土地の温かさを売り買いすることができるのか。これはわれわれには不思議な考えである。……この地のすべての場所はわが同胞にとって聖なるものである。すべての光り輝く松の葉、砂地の海岸、深い森の緑、澄んだ声で鳴いている昆虫、これらはすべてわが同胞の記憶と経験のうちでは聖なるものである。(1)

これは「スクァミッシュ族の酋長シアール」の言葉であり、一八五四年にアメリカ連邦政府に先祖代々の土地を売る際に大統領に対して行った演説の一節であるという。ここで何が「あなたがた」と「われわれ」を分けるのだろうか。同じ世界を生きていながら両者はまったく別様に世界を見ている。「あなたがた」には世界は金銭と交換可能だが、「われわれ」にはそれは「不思議な考え」である。果たしてわたしたちは「あなたがた」と「われわれ」、どちらの視点で世界を見ているだろうか。

ここでもう一つ紹介したい。

パパラギにはわかっていない。神が私たちに、ヤシや、バナナや、おいしいタロ芋、森のすべての鳥、そして海のすべての魚を与えたもうたことが。それは、決して私たちの中のわずかな人間だけを幸せにして、ほかの人々を貧しさに悩ませ、乏しさに苦しめるためのものではない。神からたくさんのものをもらえば、兄弟にも分けてやらねばならない。そうでないと、物は手の中で腐ってしまう。(2)

「パパラギ」とは人間、しかも白人のことであるが、それは人種的なものではなく、西洋近代文明の中に生きる人間全体を指示している。『パパラギ』と題する同書は、「酋長ツイアビ」の演説集とされるが、実際の演説集というよりも、エーリッヒ・ショイルマンというドイツ人の画家・作家が、サモアにいた時の経験を踏まえて書いた文明批判的作品である。一九二〇年にドイツで出版され、広く読まれた。同書で描かれる「パパラギ」は、「たとえ百枚のむしろを持っていても、持たない人に一枚もやろうとはしない。それどころか、その人がむしろ持っていない、と言って非難したり、むしろがないのを、持たない人のせいにしたりする」(同七三頁)。今風に言えば、「自己責任」ということになろうか。そうした「パパラギ」の振舞いにすっかりなじんで疑いをもたない人と、それを見て驚く人、わたしたちはいったいどちらであろうか。

一　豊かさと貧しさについて問うこと

一九世紀末から二〇世紀初頭に生み出された二つの言葉は、わたしたちは何者なのか、人間とはいかなる存在なのか、そうした根本的な問いを突きつけてくる。またこの二つの言葉は、わたしたちが豊かさと貧しさをどのように理解するかが、わたしたち自身の、人間としてのあり方・生き方を、まったく別の方向に決定的に方向づけてしまうことを示している。

文明側の人間は金銭などを用い、ものを手に入れること、自分が所有していることを（たとえそれが手の中で腐ろうとも）豊かさとみなすが、その豊かさは果たして人間を豊かにするのか。果たして、ものをもたない人は貧しい惨めな人であるのか。むしろ、もつこと・所有することに対する、こだわり・欲求から解放されて、自由である人こそ、世界のすべて、そして、自分を含めた人間とのかかわりにおいて豊かな人なのではないか。例えばこのように考えながら、豊かさとは何か、貧しさとは何かと思いめぐらすとき、同時に、それが人間とは何かという問いに直ちに跳ね返ってくることに気づかされよう(3)。

哲学は驚きから始まるという（アリストテレス『形而上学』第一巻第二章）。先の二つの言葉は一部を紹介したに過ぎないが、わたしたちの豊かさと貧しさについての理解をひっくり返し、新鮮な気持ちで人間を見つめ直すようなきっかけを与えてくれる。では、そこからわたしたちは、豊かさ、貧しさ、そして人間についての問いにいかに応答できるだろうか。

ひとまず先の二つのテキスト全体から、豊かさと貧しさについての一定の図式的了解を引き出すことはできるだろう。つまり文明世界に生きる人間「パパラギ」になじんだ豊かさとは、所有することであり、多く所有できることが能力的に優れた状態であるとされる。また、人間を含めて世界のあらゆるものが、金銭を使って取引・交換可能なものという観点から眺められる（存在・生命・自然それ自体の意味や尊さなどは問題にならない）。そして所有の欠如は貧しさであり、貧しい者であることは、能力的欠陥、また努力不足、怠慢などの悪徳と同一視され、その責任は個人に帰せられる。

しかし、所有することを豊かさとみなさない人たちもいる。存在・生命・自然それ自体に意味があり、それらは交換・取引の対象に落ち込むことなく、それ自体で尊く聖なるものであり、多くの恵みを他のものに与え、育む。そして、そのことこそが豊かさである。

無所有は確かに貧しさである。しかし貧しさは豊かさと矛盾しない。なぜなら貧しい人は与えられるし、豊かな者は、もたない者に与えるためにそれをもつからである（もたない人に渡さず、手の中で腐らせることなど考えられない）。そこでは豊かな者も貧しい者も与え・与えられることを通じて所有から解放され自由である。豊かさは所有ではなく、与えることであり、人間そして世界は交換・取引の関係ではなく、すべて贈与の関係で眺められる。したがってそこでは交換・取引を滑らかにし、加速・加熱させる金銭の効力・魔力が消滅する。

これらのことは、単純に、「パパラギ」において豊かさと貧しさとして理解されているものが、「ツイアビ」において逆の意味をもつということでもない。むしろ前者が豊かさと貧しさを相容れないものとして対立的にとらえているのに対して、後者は矛盾しない両立的なものととらえているのである。つまり前者は、豊かな者は所有する者であり、貧しい者はもたない者（所有の欠如・窮乏状態の者）と見る。その豊かさは金銭やそのほかの尺度で比較・計量され、数値としてその姿を現す。後者は、所有ではなく贈与の関係で見るので、豊かな者は与える者であり、貧しい者は与えられる者である。豊かさそのものは誰の所有物にもならない。贈与を通じて貧しい者に届くときに、豊かさは、一切を恵み養う充満として、計り知れない自らの本質をあらわにする。

二　キリスト教的霊性との関係（神の像、創造、受肉）

ここで、キリスト教的霊性の理解へともう一歩進むために、さらに豊かさと貧しさの問題にしがみついてみたい。「パパラギ」（西洋的文明）の豊かさを物質的豊かさとし、「ツイアビ」の言葉として語られる豊かさを精神的豊かさとして見ることはできない。物質（自然・身体を含む）と精神を対立的にとらえる二分法は、ここで豊かさと貧しさを理解するためには役に立たない。それは「タロ芋」がその豊かさに含まれていることからも明らかである。

むしろ所有と贈与の関係に注目すべきであろう。所有と贈与は、物質と精神という二分法と異なり、いずれも認識的・意志的能力を基盤とした人格的行為を前提として理解される。例えば、所有関係においては、人間以外の存在と自然は、権利的に所有の主体として承認されることはなく、常に所有される対象の側にまわされる。だが贈与の関係においては、先の引用箇所に明らかなように、人間以外の存在と自然も人間を育み養う主体として承認され、また人間もそれに包まれ、あらしめられている存在として自らを発見する。

所有の立場に立つか、贈与の立場に立つかのいずれかによって、豊かさ・貧しさの理解だけでなく、自己理解・

人間理解・存在理解も大きく異なってくる。所有、贈与、両方の立場に同時に立つことはできない。二者択一的な選択の中に、わたしたちはすでに巻き込まれており、所有の立場に立つか、贈与の立場に立つかのいずれかを選んでいる、もしくは選ばされている。その選択の積み重ねこそが、「パパラギ」とそうでない者とを分けることになろう。

先の二つの引用テキストは、わたしたちをあらためてその選択の場に立たせる。一方を選ぶことで得るものと失うものとは何であろうか。所有を選べば、所有から帰結する豊かさとそれに伴う自己理解・人間理解・存在理解を得るだろう。だがそこで失うものもある。それは贈与を選ぶときに得られる豊かさであり、それに伴う自己理解・人間理解・存在理解である。一切を所有関係でとらえ、他者との奪い・奪われる競合関係の中に埋没・没入するか、一切を贈与関係でとらえ、他者から与えられ・他者に与える関係の中に自己自身を発見するか、その選択は、人間から人間としてのあり方を奪い、また、与える。人間は果たして何者なのか。

キリスト教的人間観・世界観にしたがえば、神は人間に「神の像」(imago Dei) としてのあり方を与え、神の似姿にしたがって創造し、世界すべてを人間に与えた。さらに神は自らを「受肉」(incarnatio)、「誕生」(generatio) を通じて完全に人間に与えた。すなわちそれは神の言《ロゴス》であるイエス・キリストが母マリアから生まれ、神でありながら完全な人間となり、そのことによって人間を神と一つに結びつけた出来事であり、また人間となることを通じて被造的世界全体にも自らを与えた出来事である。

キリスト教が聖書に基づいて語る創造と受肉による救いの理解は、すべて、神が人間を愛し、自分自身の一切を完全に与える存在であることを示している。そして、そうした与える神の似姿にしたがって創造された「神の像」(imago Dei) である人間もまた、与える者であるはずである。そうであるならば、与えるあり方を否定する所有の立場を選ぶことは、人間が自らに与えられた神の像としてのあり方を損なうことであり、神の像としてのあり方のうちにひらかれていた神と人間の絆、神と被造的世界の絆を失うことでもある。また神から見れば、それは神が、神の像である人間のうちに有していた自らの現存性の場を失うことであり、それは同時に、被造的世界から神の現存性の場が失われることでもある。

二〇世紀フランスの哲学者J・マリタン（Jacques Maritain, 1882-1973）は次のように問う。[4]「どの様にして、神は、自己の似姿、即ち、人間の自由な霊的ペルソナ性が、まさに消滅しかかっている世界内において、一体、未だ生きられるとでもいうのであろうか」。

キリスト教において「霊性」が語られるとすれば、それはこのマリタンの言葉に示されている通り、人間の神の像としてのあり方のうちにひらかれている、人間の「霊的ペルソナ性」に基づいてであろう。人間は神と互いに向き合い、ペルソナ的・人格的にかかわり合い、響き合う存在である。しかし今日の人間は、自分自身の神的・霊的次元（実存の神秘）からの自己疎外に巻き込まれている。

キリスト教的信仰を前提としていない先の二つの言葉が、こうしたマリタンの言葉と呼応するのは偶然ではない。贈与の立場に生きる人たちの中にこそ、惜しみない与え手である神の似姿が映し出されるのであり、所有の立場に立つわれわれはそこで、キリスト教的霊性の危機に直面する。つまり神の似姿にしたがって創造された人間が、その実存の神秘を失っていることに気づくのである。

文明側の人間・世界が所有の論理で覆われるに応じて、神の居場所が失われ、霊的・神的次元が失われ、「世俗化」（secularization）が進行する。[5]そうした神不在の状況から生まれる人間の霊性の危機の反動として、トレンドやブームとしての霊性・スピリチュアル・スピリチュアリズム（そのほか、マインドフルネスなどを含む）

への強い関心が見出される。だが自己自身の実存の秘義を見失った人間の根源的不安から生まれるさまざまな補完・代償的産物は、人間に、贈与的な神の似姿としての、人間の神的・霊的次元を回復させるものとなるのだろうか。(6)

「パパラギはこう言うことによって、神を否定する。『みんな、おれのものだ』」(『パパラギ』七一頁)。はからずも、ここにはキリスト教的霊性の本質が深く示されている。つまり人間は所有の立場に立つことで、おしみなく与える神を否定し、自己自身の中の神の似姿を否定し、人間・世界の神とのつながりを否定する。したがって所有の立場を離れることが神の似姿としてのあり方を、つまりキリスト教的霊性を回復する道である。実際、キリスト教信仰の歴史を辿れば、所有の立場を離れることが信仰者の実践・修練の根幹として繰り返し説かれている。例えば、五世紀頃のエジプト(コプト)の「白修道院」の院長アトリペのシェヌティは初心者への指導で、所有代名詞の使用(「私の……」と言うこと)を厳しく禁じていた。(7)

今日でも消費社会に疲れ、疑問をもった人々の中から、断捨離《だんしゃり》やミニマリストなどのさまざまな言葉とともに、所有の立場を離れた生活スタイルを愛好する人が出てきている。これらも、それだけでは一時的な流行りで終わってしまうかもしれないが、その奥に潜む実存の神秘から生まれる渇望のうめきに耳を澄まし、語りかけてくるものに傾聴し、それにしたがって所有の立場を離れて歩むならば、やがて贈与の世界に入り、人間の神的・霊的次元を回復・活性させる尽きることのない豊かな泉に至るのかもしれない。

しかしそれはいかにして可能なのか。歴史的に振り返ると、キリスト教においては、その道を、心身ともに貧しく無一物になって神に従う生き方としてとらえた。所有代名詞の使用禁止の例にあるように、ただ所有物を捨てて貧しくなるのではなく、所有的な関係の中に一切をとらえる自分自身のあり方を捨てることで、心身ともに全身全霊において貧しくなるのである。それが与える神の似姿を実現させるのである。

本論では以下、アシジのフランシスコ（Francesco d'Assisi, 1182-1226）とマイスター・エックハルト（Meister Eckhart, c. 1260-1328）の「貧しさ」の理解を取り上げる。両者はともに托鉢修道会と呼ばれる仕方の修道生活を送る修道会に属していた（前者はフランシスコ会の創設者、後者はドミニコ会の神学者・説教者で修道院長、管区長、総長代理も務める）。托鉢修道会（ordo mendicans）の托鉢とは、ラテン語の mendicare に由来し、その意味は物乞いすることである。(8) それはただ無一物になって所有を離れるだけでなく、贈与の世界に生きることを目指すものであった。つまり金銭を媒介にするような交換・取引に頼らず、ひたすら与え・与えられる関係の中に身を置く（同時にそれは愛の関係でなければならない）。それは神の子であるキリストに倣う生き方であり、一切を神からのものとして受け取る、神の子として生きることなのである。以下、このことを順を追って確認してゆきたい。

三　托鉢修道会の精神

まず一二世紀に原型が誕生した托鉢修道会について確認しておきたい。ごく単純化して言えば、それ以前の西欧の伝統的な修道制は、主に自給自足の定住型修道院（monasterium）のかたちをとっていた。西欧の定住型修道院の基礎をつくった六世紀のベネディクトゥスの『戒律』には次のように述べられている。「修道院は、もし可能ならば、そのうちにすべて必要なもの、例えば、水、製粉所、菜園があり、また諸々の手作業がそこでできるように建てられなければなりません。こうして修道士が外を歩き回る必要がないようにします。徘徊することは、修道士の霊魂にとって全く益のないことだからです[9]」(第六六章六―七)。

基本的に西欧の修道院は、人の入らない山や森などに自己完結した生活を実現するための自給自足を前提として設立された。それは人の住むところである街を離れ、かかわりを断ち、砂漠・荒野を目指した古《いにしえ》の修道者たちを模範としている。修道者をしめすmonachusという言葉はギリシャ語のmonosに由来するが、独り離れて生きる人、隠遁者を意味する言葉であった。古の修道者たちにとって「砂漠・荒野」(erêmos)とは、人々の暮らす「この世」(kosmos)を離れて沈潜し参入する死の領域であり、禁欲的修行における悪霊たちとの壮絶な闘いの場であり、「修道者が自己の霊的向上を勝ち取る戦いと祝福の場所」であった[10]。修道生活が西欧に移されるとき、「砂漠・荒野」は修道生活の中心理念として受容され、具体的な場所は山や森に置き換えられた(一一世紀にはその理念への原点回帰を目指したカルトジオ会などの修道制刷新と復興運動もみられる[11])。そうした土地にひらかれる修道院は、同時に「楽園」の先取りとしても理解されており、世界の中に特別にひらかれた霊的空間としてイメージされた[12]。

これに対して托鉢修道会は、発展した都市の中に活動の拠点を置いた。都市には、各地の生産物・商品が集積され、それらは金銭を媒介とした交換・取引を原理として、ある人の所有から別の人の所有へと、富・財産、名誉・虚栄心などにかかわる人間のさまざまな欲望や必要とともに流通した。その只中に所有を否定し、貧しさを理想として、ひたすらに贈与を原理とする生活を追求したのが托鉢修道会である。托鉢修道会の精神は、都市に暮らす人々の生活世界の只中に、神との関係において生きる霊的空間を身をもって切り拓くことであった[13]。

ただし、手仕事や労働が排除されるのではなく、やみくもに托鉢・物乞いさえすればよいわけでもない。フランシスコの伝記などを見ると手仕事が推奨されている場面もあり、托鉢・物乞いも必要に応じて、必要な時々になされるべきとされる(14)。実際、フランシスコの『公認された会則』や『遺言』を見ると次のようにある(15)。

主が働く恵みを与えられた兄弟たちは、信仰の心をもって敬虔に働かねばならない。霊魂の敵である閑暇を追放し、この世のすべてのものが服すべき聖なる祈りと敬虔の精神をかき消さないためである。

（『公認された会則』第五章）

兄弟たちは、いかなるものも自分のものとしてはならない。家も土地もいかなる財産もである。現世において彼らは異国を旅する人のごとく、清貧と謙遜のうちに主に従い、信頼の念をもって托鉢に赴くべきである。兄弟たちはそれを恥じてはならない。なぜなら主はわれわれのために、この世で自ら進んで貧者となり給うたからである。托鉢こそ、いと高き清貧の頂点をなすものである。わが愛する兄弟たちよ。これこそがあなた方を天上の王国の世継かつ王とし、財においては貧しいが徳においては高められた者とするのである。これこそがあなた方の分け前であり、生きる人々の地へ導いてくれるものである。愛する兄弟たちよ、この清貧を完全に守り、わが主イエス・キリストの御名のため以外には、現世における何であろうと、永久に所有したいなどと望んではならない。

（同書第六章）

私は自分の手で労働した。そして今も労働することを欲している。私はほかのすべての兄弟たちも、ふさわしい仕事について働くことを欲する。仕事の術を知らない者はそれを学ぶべきである。それは労働の代価を受ける欲望のためではなく、人の模範となるため、および無為な閑暇を追い出すためである。労働の代価が与えられないときは、われわれは主の食卓に着き、戸毎に托鉢を乞うべきである。（『遺言』）

こうした新たな修道生活は都市住民に支えられていたが、そこには既存の教会・聖職者を含む権力者、富裕者の堕落と腐敗、そして搾取に対する不満と批判があったと考えられる。実際そうした不満や批判は托鉢修道会の登場以前から顕在化しており、「福音的生活」（vita evangelica）また「使徒的生活」（vita apostolica）と呼ばれる、聖書に記された福音的な「貧しさ」への回帰を主張する「清貧運動」が拡大していた。[16]

四　フランシスコの求めた貧しさとは

では、そこで追求された「貧しさ」とは何であろうか。先に引用した会則に「主はわれわれのために、この世で自ら進んで貧者となり給うた」（『公認された会則』第六章）とあるように、貧しさとはたんなる所有の否定ではなく、イエス・キリストとの一致である。[17] また以下で扱うチェラノのトマスの『第二伝記』で、フランシスコは次のようにも述べている。[18]「あなたは福音的貧しさ（evangelica paupertas）に、羨望すべき何かがないとでも考えているのか。福音的貧しさは、キリストをもっているのだ。そして、キリストを通じて、一切における一切をもっているのだ」（同、八四）。

このように貧しさとは、イエス・キリストとの一致を目指す霊的愛によって激しく求められる愛の対象であり、かつそれは所有の否定ではなく、一切の所有を実現するものなのである。このことはボナヴェントゥラの『大伝記』でも次のように示される。(19)

フランシスコは、寛大な贈り主から受け取った様々な霊的賜物の中でも、いと高き貧しさ（altissima paupertas）への愛によって、単純さの豊かさのうちへと成長することを、ある種の特別な優先権によって要求した。聖なる人〔フランシスコ〕は、彼女〔いと高き貧しさ〕を神の子にとっての親しい方として熱くまなざしていたが、今やほとんど全世界から拒絶されている彼女を、永遠の愛によって娶ろうと非常に熱望したので、ただ父と母を捨てるだけではなく、手に入れうる一切を追い散らした。誰も、フランシスコが貧しさを熱烈に求めたほどに、黄金を熱烈に求める者はなく、フランシスコが福音の真珠を守ることにおいて注意深かったほどに、宝物を守ることにおいて注意深かった者はない。……フランシスコはイエス・キリストの貧しさと、マリアの貧しさを、頻繁に涙とともに心に思い起こし、そして、〔貧しさが〕諸々の王の王とその方の母である女王の中でかくも明らかにみなぎりあふれているのだから、彼女〔貧しさが〕が諸々の徳の女王なのだと断言した。

（同第七章一—七）

貧しさはただ一方的な禁欲と苦行、世俗世界に対する死（mortificatio）ではない。それはイエス・キリストとの（そしてまた母マリアとの）特別な関係、接近、一致への愛、望みに動機づけられて、熱烈に愛し求められるものであり、愛の満足と充足もしくは不満と渇望と羨望の情念をもたらす。

また貧しさは「徳」であり、「諸々の徳の女王」であり、金銭などへの執着として示される「貪欲」（avaritia）

という悪徳に対峙する。フランシスコは修道生活の土台としての貧しさを説く際に、「もし完全になりたいのなら、行って持ち物を売り払い、貧しい人々に施しなさい。……それから、わたしに従いなさい」（『マタイ福音書』一九章二一節）という聖句をしばしば引き合いに出していたが、その言葉を受けて、挫折して彼から離れていった人々や金銭に執着する人々のすがたが伝記の中に描かれている。[20]

伝記のテキストは、フランシスコが金銭を「蠅」と呼び、徹底的に拒否し拒絶し、嫌悪したことを伝えるが、それは神に対する信頼が金銭に対する信頼に置き換えられてしまうからである。[21] フランシスコが兄弟・姉妹と呼んだ一切の被造物に、神は豊かな恵みを注ぎ、いのちを与えているが、神と被造物との間に本来存在しない「金銭」が、すべてを交換・取引可能な利益獲得と欲望の対象に置き換え、人々のまなざしを塞ぎ、神が被造物に与える計り知れない恵みの豊かさを覆い隠し、神と人間との間にまた人間同士に、神への不信、とりわけ神の愛への不信の楔を打ち込む。

これに対して托鉢・物乞いは、「金銭」によって奪われた神の愛への信頼を取り戻し、貧しさの豊かさを生きる喜びの実践となる。托鉢・物乞いにおいて、「誰もが競って、喜びをもって与えたので、金銭によるよりも多くのものを神の愛によって手に入れた。貧しさが豊かに花開くところでは飢餓がのさばることはできない」（『第二伝記』七七）。「信頼と喜びの思いをもって、神の祝福とともに施しを求めに行きなさい、一文銭を元手に百デナリオン儲けた人以上に、心から進んで喜びをもって、あなた方は施しを求めに行かなければなりません」[22]（『完全の鏡』一九）。

フランシスコが愛し求め、また人々に勧めた貧しさは、伝記のテキストが語る喜びにあふれた彼の生き方そのものによってさまざまに示されるように、物質的・経済的また政治的・法的な搾取状態と抑圧状態による欠乏状態と無力状態を意味するのではなく、むしろ貪欲さによってそのような状態の中に囲い込まれ、物質的・精神的・霊的に徹底的に消耗し貧困化した人間性の回復と解放、そして充足を意味している。

五　エックハルトの貧しさの理解

次にエックハルトの貧しさの理解をみておこう。エックハルトにとっても「貧しさ」(armuot)は、繰り返し取り上げられる重要概念であった。彼の初期著作『教導講話』(*Rede der underscheidunge*)では聖句から「霊の貧しい者たちは幸いである」(『マタイ福音書』五章三節)を引用して、福音的な「霊の貧しさ」を意志の貧しさ、我意の放棄として語る(RdU, DW V, S. 195. 以下頁数のみ記す)。我意の放棄が、人間をあらゆる所有的関係性から解放するということが、エックハルトの「貧しさ」理解の中心にある。

人は、まずはじめに、自分自身を放ちすてるべきであり、そのようにして、その人は一切の事物を放ちすてたのである。真理において、一人の人が王国や一切世界を放ちすてたとしても、自己自身を保っているならば、その人は何ものもすて放たなかったことになる。そうであるから、人が自分自身を放ちすてるのであれば、その時、その人が保っているものが何であれ、富や名誉やそのようなものであるとしても、その人は一切の事物を放ちすてたことになるのである。……我意と自己自身を放ちすてた者は一切の事物を放ちすてたのであり、真実に、自分の自由な所有物であったもの、まったく意のままにもっていたものを放ちすてたのである。というのも、あなたがもう望もうとしないものが、神のために一切ささげわたしたものであり、放ちすてたものなのだから。それゆえわたしたちの主は言われた。「霊の貧しいものは幸いである」と。つまり意志において貧しいということである。（194-195）

我意の放棄を通じてこそ所有の放棄がなされる。「放ちすてること」（lâzen）による、自己放棄、自己脱却的動性が、エックハルトの思想においては「放念」（gelâzenheit）として主題化される。「放念」の思想は『教導講話』で最初に現れ、その後の著作においても、エックハルトの中心思想の一つとして展開されてゆくものであるが、『教導講話』では「キリストに倣い従うこと」（nâchvolgen Kristî）としての従順とかかわりの中で論じられる。その際、聖句（『マタイ福音書』一六章二四節）からイエスの言葉として、「誰であれ、わたしに従おうとする人は、まずはじめに、自己自身を否定しなければならない」を引き、「キリストに倣い従うこと」の核心に「自己否定」を置く（196）。

自己自身を根本的に否むためには、否む自己自身にとって否定される自己自身が知られていなければならない。逆説的な言い方になるが、自己自身を徹底的に否むためには、自己自身と徹底的に一つとなっていなければならない。[23] それゆえに、「あなた自身を認識しなさい。あなたがあなた自身を見出すところで、あなた自身を放ちすてなさい。そしてこのことが最も善いことなのである」（196）と述べられる。こうして自己自身を認識し、自己自身を放ちすてることにおいて「我意」（eigener wille）を放棄し、我意の放棄を通じて一切の所有的関係が根こそぎにされ、かわりに福音的な「貧しさ」そして「キリストに倣い従うこと」が、つまり貧しさと従順が、その人のうちに根づくのである。

エックハルトにおいて顕著なことは、貧しさが従順と一体化して、いっそう内的次元で徹底化されていることである。貧しい生き方は、特定の生のかたちに、スタイルに結びつけられるのではなく、あらゆる人の人格的な深部、エックハルトの言葉で言えば「根底」（grunt）、また『教導講話』では特に「心根」（gemüete）に結びつけられる。それはシモーヌ・ヴェーユ（Simone Weil, 1909-43）の言葉を借りるならば、「人間の魂のもっとも重要な欲求であるとともに、もっとも無視されている欲求である」、「根をもつこと」に関係づけられよう。[24]ヴェーユによれば、「人間は複数の根をもつことを欲する」が、ここでエックハルトの説く貧しさは、人間の「生の全体性」をかたちづくる「霊的」な次元における「根をもつこと」の一つとして言い換えられよう。ヴェーユは人々から「根」を奪う「根こぎ」をもたらす「毒」として「金銭」を指摘し、「金銭はいっさいの動機を金儲けの欲望にすりかえ、それが浸蝕するいたるところで諸々の根を破壊する」と述べているが、エックハルトが活動した中世の都市社会にもヴェーユが「根こぎ」と診断する病が蔓延していたであろう。

エックハルトは初期著作である『教導講話』からして徹底的に「根をもつこと」を問題にしている。その言葉を見てみよう。

人間のはたらきがそこからその善性を受けとるところの人間の存在と根底（grunt）が、まったく善いものであるということの根拠は、人間の心根（gemüete）が完全に神に向かっていることにかかっている。(199)

真理において、神を正しくもっている人は、神を、すべての場所において、街道においても、すべての人々

とともにいても、教会にいようが、荒野にいようが、僧房にいようが、同じように、もつのである。（200-201）

糸つむぎのほうが祈りよりもよいはたらきであり、街道のほうが教会よりも高貴な場所であるというならばそれは全く正しくないであろう。しかし、あなたは、諸々のはたらきの中で、あなたの神に対する偏りのない心根（gemüete）、忠実さ、愛をもたなければいけない。（203）

確かに一つのはたらきは、それとは別のはたらきとは異なるものである。しかしながら、人が、自らのはたらきを偏りのない心根から行うならば、真理において、そのはたらきもまた全く偏りのないものとなるだろう。（210）

神が注目されるのは、あなたのはたらきが何であるかではなく、はたらきにおいて、愛、敬虔さ、心根がどのようなものであるかである。（247）

最も身近なあなたの（神に従う gote nâchvolgen）道は、大いに外的にあらわれるはたらきや、偉大な労苦、そして窮乏のうちにあるのではない（251）

キリストはわたしたちのはたらきよりもいっそうわたしたちの愛に目を向けられる。わたしたちは各々に応じてキリストに従う（im [sc. Kristus] nâchvolgen）べきである。（253）

やり方とかはたらきをめぐって過剰に心を悩ませることが無いほどに、人間は内的に一切の自らの意志のなかで完全に神のもとにあるべきである。（258）

人間はすべての事柄において、うちへ向かって（inwendic）、わたしたちの主であるイエス・キリストに向かって、内的に自らが同じ姿へとかたちづくられていなければならない（sol sich ingebildet haben）。そうして、その人のうちにはキリストのすべてのはたらきと神的像の反映が見出される。そして人間は完全な類似性において、なしうる限りキリストのすべてのはたらきを自ら自身に担わなければならないのである。あなたはそのようにはたらくべきであり、キリストはそれを受けいれてくださるはずである。あなたは、あなたのはたらきを、あなたの一切の敬虔さと一切の意向によって行いなさい。あなたの心根（gemüete）をいかなる時もそのように習慣づけるとともに、あなたのすべてのはたらきにおいて、キリストへとあなた自身を同じ姿へとかたちづくるように（erbildest）あなたの心根を習慣づけなさい。（259）

最後の引用に明らかなように、すべてはキリストとの内的な一致に向かう。しかしそれは内面的・主観的・個人的領域へのその外部との没交渉な沈潜として理解されてはならない。そうした内的領域に安住し、そこで安心し満足するならば人間は自らを完全に神に引き渡していないのであり、そこにはまだ吟味されていない我意が根を張る。このことは近世に至るまで広く流布したエックハルトの説教の一つであり、「貧しさについての説教」と呼ばれる「ドイツ語説教五二」でよりはっきり示される。人は神のための場としてさえも自分の内的・精神的領域を完全に放棄しなければならない。「神が人のうちにいかなる場所も見出さないところにおいてこそ、その時、人は、この貧しさによって、永遠に存在していたもの、そして、これからなお、とどまり続けるものを手に入れるのである。そこにおいてこそ、神は霊〔精神〕と一であり、それが人の見出しうる究極の貧しさなのである」(Pr. 52, DW II, S. 505)。こうして徹底的に自己を放棄した貧しさには、神自身が自らのはたらきの場となってあますことなく、完全に自らを与える贈与の世界がひらかれる。「神が人をかくも貧しい者であると見るとき、神はご自分のはたらきをはたらくものとなる。……そして、神がご自身のはたらきの固有の場なのである……」(*ibid.*, S. 501)。

エックハルトはどこまでも貧しさを内的に追求する。だがそれは神と、そしてそのはたらきを受容することのできるような意志、認識を含む、一切の内的・精神的領域の完全なる放棄という、徹底的な自己・我意の放棄としてなのである（*ibid.*, S. 499-501）。その貧しさの極致にひらかれる贈与的世界の生起は、同説教では îndruck として語られる。îndruck とは「突入」であり、神が駆け込み、躍り込んでくるダイナミズムである。「この突入において、わたしは、神がそれによって神であるという一切と、神自身の神的はたらきの一切によっても、わたしを満足させることのできないほどの豊かさを受け取るのである」(*ibid.*, S. 505)。エックハルトの別の言い方によれば、一切に死にきった何一つない虚空の「荒野」(einœde) が一転して生命に満ち溢れる沃野となる事態として、つまり神的生命が吹き抜ける「突破」(durchbruchen) によって、神が自らの一切を贈与する「魂における神の誕生」(Gottesgeburt in der Seele) が生起する事態として言い換えられよう。(25) それはヴェーユの言葉で言い換えれば、「真空」が生じ、そこに「恩寵」が誘い風とともに深く染み込んでくることとして譬えられよう。(26) そしてそれはまさに以下に見るエックハルトの「離脱」の本質を言い当てるものともなろう。

エックハルトの別のドイツ語著作『離脱について』（*Von abegescheidenheit*）では、それを「神的流入」（götlîch invluss）と呼び、それを受容可能とするのが「至純な離脱の心」（lûter abegescheiden herze）であるとする（DW V. S. 429-430）。「離脱」は「神以外の何ものも受容しない」という徹底的な無一物性における神に対する全面的な受容性である（*ibid.*, S. 404）。その「離脱」は、「ある師」の言葉を通じて霊の貧しさと結びつけられている。「ある師が次のように語っている。霊の貧しい者たちとは、わたしたちがまだ存在していなかったときに、神がそれらをもっておられたように、神に向かって一切を手放した人たちである、と。これは至純な離脱の心によらなければ不可能である」[27]（*ibid.*, S. 428）。貧しさとは自己を含めた一切の被造物を手放してゆく徹底的な無一物性であるとともに、神以外の誰もその所有を主張することはできないそれら一切を、純粋、純一な神自身において、神のものとして受け取ることなのである[28]。

このように無一物性によって一切の所有的関係性が打ち消されたところにひらかれる純粋な受容性を、エックハルトはしばしば「目」の譬えで語っている[29]。そして「目」の譬えと霊の貧しさとの関係については、特にエックハルトのドイツ語著作『神の慰めの書』（*Buoch der goetlîchen Troestunge*）において次のように示されている。

それゆえに、わたしたちの主は全くはっきりと次のように仰せになったのである。「霊において貧しい人たちは幸いである」。貧しい者とはもたないものである。霊において貧しいとは、つまり、目が、色において貧しく、無一物であり、かつ、一切の色を受容するものであるように、霊において貧しい者とは、一切の霊を受容する者である。そして、一切の霊にもまして霊である方は神である。霊の果実は愛であり、喜びであり、平和である。（DW V. S. 29）

色をもたない目として示される貧しさはただの自己無化でもなく、ただの人間の主体性の消失でもない。貧しさは一切を受容する豊かさに満ち溢れている。エックハルトによれば、それは無一物の「荒野」における「魂における神の誕生」のいのちの満ち溢れであり、離脱における「神的流入」(götlich învluss)、また神を受け入れる場さえもたない徹底的な無一物の貧しさにおける「突入」(îndruck)であり、一転して神において一切を受ける受容的豊かさに満ちている。

興味深いことに、この引用箇所では、貧しさの「霊の果実」として、愛、喜び、平和が与えられると記される。それはわれわれに愛、喜び、平和に満ちたフランシスコの貧しさを想起させる。もちろん『神の慰めの書』にはフランシスコへの直接の言及はない。だが同じく興味深いことに、「霊において貧しい者とは、一切の霊を受容する者である」と同様の貧しさにおける積極的・受容的主体性が、フランシスコの祝日になされたエックハルトの「ドイツ語説教七四」でも述べられているのである。

六　「ドイツ語説教七四」におけるエックハルトのフランシスコ理解

「ドイツ語説教七四[30]」はフランシスコの祝日の説教であるが、ドミニコ会の聖務日課・典礼では、古くからフランシスコの記念日(一〇月四日)が祝われていた。[31]説教はドミニコ会のラテン語ミサ典礼文に沿って行われる。「彼は神と人々によって愛された。その記憶と記念は祝福のうちにある。神は彼を諸聖人の栄光において等しいものとした」[32]。エックハルトはこのラテン語典礼文をドイツ語に訳しつつ、フランシスコを次のようにたたえる。

「彼は神と人々から愛されました」〔そして、その方についてわたしたちが記念している彼は〕「祝福され、神のうちで、諸聖人の栄光において、聖なるものとされました」。このような言葉が、わたしたちの愛する主、聖フランシスコについて、今日読まれました。彼はここで二つの事柄においてほめたたえられます。それらをもつものは、偉大な人間です[33]。
(DW III, S. 274)

「貧しさ」(armut) とは何か。これが本説教の中心テーマである。貧しさはフランシスコ像を通じて、しかも彼の貧しさの愛を通じて示される。

フランシスコについて次のように読まれます。彼が、あるとき、ある修友とともに道を進んでいた。そこである貧しい男が彼らに出くわした。そしてフランシスコは彼の修友に言った。いま、この男は、わたしたちよりも貧しくあるということによって、わたしたちに恥ずかしい思いをさせました。そして、わたしたちを嘆かせました。
(*ibid.*)

現行のエックハルト全集は、これをボナヴェントゥラの『大伝記』によると指摘する。

実際、次のようなことが起きた。フランシスコが、道中で、とあるみすぼらしい者と出くわすことがあった。

その者の赤貧ぶりを見たとき、フランシスコは、心を痛め、嘆きの声で修友に向けて語った。「彼の困窮ぶりは、わたしたちに、大きな恥をもたらしました。なぜなら、わたしたちは大いなる富のために貧しさを選びました。ですが、みなさい、彼において貧しさがよりいっそう美しく輝いています[34]」。（同第七章六）

「ドイツ語説教七四」は続けて次のように述べる。「この言葉に注意してもらいたい。つまり、フランシスコは、誰であれ、彼よりも貧しい人を見つけた時には、そのことによって、自分自身が、恥ずかしい思いさせられていると感じていたのである」（*ibid., S. 274*）。ここで問題となるのは貧しさへの愛である。『大伝記』でもフランシスコの貧しさへの愛が描かれているが、ここで取り上げられる赤裸の貧者との出会いは貧しさへの愛の深さを示すエピソードなのである。エックハルトは貧しさへの「愛」についてさらに述べる。

わたしは、ときおり、次のように言うことを常としています。〔そして、それはまことに真実なのですが〕、真実に貧しさを愛する人にとっては、彼よりも少なくもつ人〔貧しい人〕をゆるせない、ということが必然なのです。そして、それは、すべてのことにおいても、そうなのです。たとえ、それが、純粋さや、正義などの、どんな徳であっても、それを愛する人は、そのことにおいて最高であろうとするのです。愛する人は、常に、人が時の中で占めうる最高の位置にあろうとします。そして、何かが彼よりも上位にあることに我慢できません。愛する人は、常に、最上の場所を得ようとするのです。愛は、そこにまだ、人が愛することのできる何かがある限りは、満足することがないのです。かの聖人〔フランシスコ〕は、このように深く貧しさを愛しました。それゆえに、彼は、誰かが自分よりも貧しくあることに我慢できませんでした。

（*ibid.*, S. 274-275）

この箇所で「愛する」という語で訳した原語は lieben, liebhaben である。そして、多くが liebhaben である。これを人間に当てはめると、男性なら liebhaber 女性なら liebhaberinne となり、「愛する者」「恋する者」ということになる。これはフランシスコが「貴婦人」（domina）、「花嫁」（sponsa）と呼んだ貧しさへの愛の表現に呼応していると思われる。

実際『大伝記』を見れば、フランシスコは「真に貧しさを愛する者」（verus paupertatis amator）であり、貧しさを「聖なる貧しさ」（sancta paupertas）、「花嫁」（sponsa）、「貴婦人たる貧しさ」（domina paupertas）と呼び、あたかも貴婦人（恋人）に愛と忠誠を捧げる騎士のように、貧しさに愛と忠誠を捧げ、「貴婦人たる貧しさ」から愛を勝ち得る霊的騎士を目指すのである（同第七章六―七参照）。

この愛はただ自らを捧げるたんなる自己放棄的な愛ではない。それは要求する愛、欲する愛でもある。愛にかけては、他の何者にも劣ることがない、他の何者よりも優れていることをどこまでも追求する、究極を求める愛である。愛において絶対的に最高・最善の位置を独占しようとする激しく、熱く希求する愛である。

それゆえにその愛は妬む愛である。フランシスコが貧しさへのあまりの激しい愛ゆえに、自分より貧しい者を妬んだことは、まさにフランシスコの伝記中で先に引用されたエピソードが語るところである。『第二伝記』ははっきりとフランシスコが「貧しさに対する嫉妬だけは無しで済ますことができなかった」（sola carere non potuit invidia paupertatis）と述べ、自分より貧しい人を見るなり、「ライバル」（aemula）とみなして張り合おうとしていたこと、貧しさに関して誰かに「打ち負かされることを恐れていた」（vinci se timebat）ことを記しており、そこに先のエピソードをつなげている（同八三―八四）。

『大伝記』も『第二伝記』と同じ文脈で先述のエピソードを語っている。前後の説明文にもほとんど同じ言い回しが使用される。「彼において貧しさがよりいっそう美しく輝いています」（magis relucet [sc. paupertas] in isto）という言葉も『大伝記』『第二伝記』の両者に同じく見られ、最愛の貧しさが、自分以外の人とともにあり、しかも、彼のうちで、より美しく輝いていることに耐えられない様が表現される。

だが、『大伝記』では『第二伝記』で繰り返される「嫉妬」（invidia）という直接的表現が慎重に避けられる。「嫉妬」という言葉を直接用いずに、「彼女〔貧しさ〕から、ご自分をすべてのものより劣ったものとみなすことを学ばれた方〔フランシスコ〕は、彼女〔貧しさ〕において、他の人たちより秀でたものであろうと望まれました」（『大伝記』第七章六）と表現している。こうしたフランシスコの愛の熱意について「ドイツ語説教七四」の先の引用箇所では次のように述べられていた。「わたしは、ときおり、次のように言うことを常としています。〔そして、それはまことに真実なのですが〕、真実に貧しさを愛する人にとっては、彼よりも少なくもつ人〔貧しい人〕をゆるせない、ということが必然なのです」（傍点、引用者）。これを字義通り受け取れば、エックハルトは、フランシスコの貧しさへの愛を繰り返し語っていたことになる。

さらにその後で、「常に、人が時の中で占めうる最高の位置にあろうとします」、「何かが彼よりも上位にあることに我慢できません」、「常に、最上の場所を得ようとするのです」、「愛は、そこにまだ、人が愛することのできる何かがある限りは、満足することがないのです」ともエックハルトは述べる。これらも、先に見たフランシスコ伝に示される貧しさに対する愛、つまり自分より貧しい人を「ライバル」（aemula）とみなして張り合い、貧しさにおいて、誰かに「打ち負かされることを恐れていた」（vinci se timebat）という記述を忠実に踏まえていると言えよう。こうして本説教は、フランシスコの貧しさへの激しい「愛」（liebe）をどこまでも究極を求める愛として照らし出すことで、貧しさの尽きることのない豊かさをも映し出す。

人は、霊において、いっそう貧しくなればなるほど、ますます、離脱したものとなり、そして、一切の事物を、ますます、無とみなすようになるのです。霊において、人が、いっそう貧しくなればなるほど、一切の事物が、ますます、自分のものとして存在するようになり、そして、ますます、自分自身のもの（eigen）が存在するようになるのです。

（*ibid.* S. 275）

貧しさとは、この引用箇所に頻出する比較級の表現が示すように限界のない豊かさである。貧しさにおける徹底的な無一物への放棄と、尽きることのない豊かさという矛盾の一致は、先に見た「神的流入」と「離脱」の関係に即して、またヴェーユの言う「恩寵」と「真空」の関係に即して理解可能となろう。だが一切が「ますます、自分のものとして存在するようになり、そして、ますます、自分自身のものが存在するようになる」というときの「自分自身のもの」（eigen）は所有と同義であるので、貧しくなることで自分の所有が増し加えられるとも理解されよう。しかし貧しさが我意の徹底的放棄であれば、eigen は徹底的に否定されなければならないのではないか。実際、エックハルトはしばしばそれを「我執」（eigenschaft）として放棄すべきものとして語っている。にもかかわらず、ここで eigen は否定されるものとしてではなく、貧しさを通じて実現する所有的豊かさとして積極的意味で語られている。

この所有と放棄の関係についても興味深いことに、ヴェーユからも「われわれは自分が放棄するものしか所有しない。放棄しないものはわれわれの手から逸れていく。この意味で、神の手を経ずに何かを所有することはできない[35]」という逆説的な言葉を引き出すことができるが、ここではエックハルトが同じく貧しさについて語る「ラテン語説教三八」によって考えてみたい。

以下のことが知られる。貧しい人は、何ももたない、ということによって、何であれ時間的なるものどもをもっている者たちよりもはるかに多く、一切をもつのである。それは次のことに基づく。「何ももたない人々は、一切を所有する人々である」（『IIコリント書』六章一〇節）。この根拠は、第一に、色づけられないものがすべての色を受容することである。

（*Sermo* 38, LW IV, n. 380）

「貧しい人は」「何ももたない」ということによって「一切をもつ」。貧しさが放棄であると同時に所有であることが、ここでも繰り返し示される。ただ「何ももたないこと」（nihil habere）ではなく、「一切をもつこと」（omnia habere）という究極的豊かさでもある。このことは当然ながら通常の所有と放棄の関係だけでは理解できない。通常、もつことは捨てないことであり、捨てることはもたないことである。だが、ここでは「何ももたないこと」が「一切をもつこと」である。このことが意味するのは、nihil によって一切の habere が徹底的に否定されると同時に、所有と放棄の二項対立的関係理解も否定され放棄されるということである。

この引用箇所では「根拠」（ratio）として次のように述べられる。「色づけられないものがすべての色を受容する」（*ibid.*）。ある色に色づけられたものは、それ以外の色をもつことができないし、別の色を与えられれば、現在の色を保つことはできない。では、いかにすれば「すべての色」（omnis color）を受け取ることができるのだろうか。すなわち「色づけられないもの」（non coloratum）がすべての色を受け取るのである。色づけられないものとは、色において「貧しい」ものである。一切の色を自分自身ではもたないものである。それ自身では無・色である。この否定性の non が「貧しさ」であり、この否定性ゆえに一切の色を受容するのである。non は消極的な否定性ではなく、積極的な受容性をひらく否定性であり、ヴェーユの言う「恩寵」を引き入れる「真空」である。

ここにエックハルトの語る貧しさと所有との関係を理解する道があろう。貧しい人が何ももたないというのは、もたないという消極性、否定性のみを意味するのではない。「何ももたない」（nihil habere）とは「もつ」（habere）べきものが一切「無い」（nihil）ということであり、その意味で「もつ」が根本的に成立しない事態である。「もつ」の能作的・対象的はたらきが根本的に「無」とされるのである。そうして「もつ」が「無」という根本的否定の暗夜を過ぎ越すとき、「一切」（omnia）にひらかれた純粋な積極的・受容的主体性としての「もつ」（habere）があらわれる。それが「一切をもつ」（omnia habere）ことである。

おわりに

「何ももたない」ことが「一切をもつ」ことであるのは、何ももたないのに豊かに生きたフランシスコの貧しさをわれわれに想起させる。また「色づけられないもの」が「すべての色」を受け取ることは、フランシスコの生涯から放たれる無限の色彩美を想起させる。その色彩美は、貧しさと豊かさ、悲惨と栄光、人性と神性の逆説的一致であるキリスト自身の姿と、それにあやかり、倣い従う者の生き方の中に結晶し表現される、キリスト教的霊性の美的原理としても受け取られよう。

また今もう一度、本章冒頭に掲げた引用を再読するならば、酋長シアールが世界を見るまなざし、そしてそれを語りだす言葉の中に、われわれは「何ももたない」（nihil habere）ことの豊かさと「色づけられないもの」（non coloratum）の色彩美が、すみずみまで深く、また鮮やかに描きだされていることを再発見することになるだろう。

注

（1）ドロテー・ゼレ『働くこと愛すること――創造の神学』関正勝訳、日本基督教団出版局、一九九八年、三六―三七頁。

（2）ツイアビ『パパラギ――はじめて文明を見た南海の酋長ツイアビの演説集』エーリッヒ・ショイルマン編、岡崎照男訳、立風書房、一九八一年、七四―七五頁。

（3）その問いは、わたしたち自身のあり方・生き方、しかも暮らし方・過ごし方というような生活世界の中に置かれた具体的な人生と存在への問いともなり、わたしたちが自分自身と生活世界全体をどのような意義を、目的連関を通して理解しているのかを再考させるだろう。

（4）Jacques Maritain, *Humanisme Intégral*, Cerf, 1936, p. 42. 引用は石脇慶總『神秘との合一を求めて――J・マリタンにおける神実在の認識に関する研究』エンデルレ書店、一九九四年、一六二頁による。

（5）本論では扱わないが、関連テーマとして、被造物と神とのつながりの断絶とその回復という問題をエコロジーの観点から神学的に明らかにしたものとしては、教皇フランシスコ『回勅ラウダート・シ』瀬本正之・吉川まみ訳、カトリック中央協議会、二〇一六年参照。また『ラウダート・シ』の思想的基盤となったテイヤール・ド・シャルダンも重要であろう。小西広志「回勅『ラウダート・シ』に見られるテイヤール・ド・シャルダンの影響」『日本カトリック神学会誌』第二八号、二〇一七年、一七五―一九二頁を参照。

（6）マインドフルネスを、キリスト教的霊性（特に聖霊のはたらき）と結びつけて積極的意義を評価する見解もある。松田央「キリストによる新しい生――マインドフルネスによる救済論」『日本カトリック神学会誌』第二七号、二〇一六年、二二七―二五〇頁。

（7）このエピソードについては次を参照。柳宗玄『秘境のキリスト教美術』岩波書店、二〇〇二年、二二頁。シェヌティについては次を参照。Ariel G. López, *Shenoute of Atripe and the Uses of Poverty: Rural Patronage, Religious Conflict, and Monasticism in Late Antique Egypt*, UCP, 2013.

（8）托鉢修道会については次を参照。*The Origin, Development, and Refinement of Medieval Religious Mendicancies*, ed. Donald Prudlo, Brill, 2011. 特に「托鉢修道会」の成立状況及び教会法的位置づけや概念史の概観については同書中の次の論文を参照。Augustine Thompson, "The Origins of Religious Mendicancy in Medieval Europe," *ibid*., pp. 3-30.

（9）訳文は『聖ベネディクトの戒律』古田暁訳、ドンボスコ社、二〇〇一年、一六二頁。

（10）鈴木順『古代末期禁欲論とエヴァグリオス』リトン、二〇〇九年、一四五頁参照。

（11）D・ノウルズ『修道院』朝倉文市訳、平凡社、一九七二年、二〇―四〇、八九―一〇〇頁参照。

（12）ジャイルズ・コンスタブル『十二世紀宗教改革――修道制の刷新と西洋中世社会』高山博監訳・小澤実ほか訳、慶應義塾大学出版会、二〇一四年、一七二―一八三頁。

（13）例えばエックハルトは、若いドミニコ会修練者のための講話である『教導講話』（*Rede der underscheidunge*）の中で次のように指導している。「あなたが教会の中や独房の中にあるときに、あなたがどのようにあなたの神を思っているのか注意しなさい。そして、その同じ心を保って群集のもとでも、喧騒の中でも、不安定な状態の中でもそれを持ち運びなさい」（RdU, DW V, S. 203）。「群集のうちにあって独りでいることは、砂漠において独りでいることよりもはるかに厳しい」（*ibid*., S. 254）。本論でのエックハルトの引用は次の全集版。略記法も同全集に従う。*Die deutschen und lateinischen Werke*, hrsg. im Auftrage der Deutschen Forschungsgemeinschaft, Stuttgart, W. Kohlhammer, 1936-.

（14）Thompson, *art. cit*., p. 17. 労働については次も参照。ジャック・ルゴフ『アッシジの聖フランチェスコ』池上俊一・梶原洋一訳、岩波書店、二〇一〇年、一九四―一九七頁。

(15) 以下の引用は次の文献による。『公認された会則』『遺言』坂口昂吉訳、『中世思想原典集成一二　フランシスコ会学派』上智大学中世思想研究所編訳・監修、平凡社、二〇〇一年、六九―七〇、八六頁。

(16) こうした宗教運動の多くは、既存の教会制度の枠内に目指すべき理想を見出せなかったため、その枠外に向かって展開し、教会側からは危険視され、監視と介入を受け、時に異端として厳しく弾圧されることとなった。こうした激しい対立の中でフランシスコやドミニクスが登場するが、それは『黄金伝説』やジョットの描くインノケンティウス三世の夢にあるように、教会の危機的状況を乗り越える霊的刷新の息吹をもたらす出来事として解釈された。濱田了「清貧運動」『新カトリック大事典三』研究社、二〇〇二年、七四六―七四七頁 J・ルクレール／F・ヴァンダンブルーク『キリスト教神秘思想史二　中世の霊性』上智大学中世思想研究所（翻訳・監修）、平凡社、一九九七年、三七五―三九二頁。ルゴフ、前掲書、二一―一九、五七―六三頁。ヤコブス・デ・ヴォラギネ『黄金伝説三』前田敬作ほか訳、平凡社、二〇〇六年、一〇八頁（イノケンティウス三世の夢に現れるドミニクス）。池上俊一『ヨーロッパ中世の宗教運動』名古屋大学出版局、二〇〇七年、二七四―二七八頁。

(17) フランシスコ会では「貧しさ」の意味をめぐって「清貧論争」と呼ばれる会の分裂につながる大論争があったことも考えておく必要がある。濱田了「清貧論争」『新カトリック大事典三』研究社、二〇〇二年、七四七―七四八頁。大黒俊二『嘘と貪欲』名古屋大学出版会、二〇〇六年。ジョルジュ・アガンベン『いと高き貧しさ』上村忠男・太田綾子訳、みすず書房、二〇一四年、一四五―一九五頁。フランシスコ存命中から会員数の急増とともに顕在化していた「貧しさ」とその実践をめぐる解釈の分裂は、一四世紀に入ると「所有」「所有の放棄」「使用」などの法・権利的観点から神学的・法学的議論として展開する。それ自体、非常に興味深い問題ではあるがここでは立ち入らない。

(18) 以下、同書の引用は次を参照。『アシジの聖フランシスコ伝記資料集』フランシスコ会日本管区訳・監修、教文館、二〇一五年。チェラノのトマス『アシジの聖フランシスコの第二伝記』小平正寿ほか訳、あかし書房、一九九三年。*Vita Seconda di S. Francesco d'Assisi di Tommaso da Celano in Latino,* (http://www.monasterovirtuale.it のPDF版)

(19) 以下、『大伝記』の引用は次を参照。『アシジの聖フランシスコ伝記資料集』フランシスコ会日本管区訳・監修、教文館、二〇一五年。ボナヴェントゥラ『アシジの聖フランシスコ大伝記』聖フランシスコ会監修、宮沢邦子訳、あかし書房、一九八一年。Bonaventura, *Legenda Major Sancti Francisci* (http://www.documentacatholicaomnia.eu のPDF版)

(20) 挫折する人は『大伝記』第七章三、『第二伝記』八〇―八一。金銭に対する執着は『大伝記』第二章三、『第一伝記』一四。

(21) 『大伝記』第七章一〇、『第二伝記』七七、『完全の鏡』一二。

(22) 『完全の鏡』の引用は、『アシジの聖フランシスコ伝記資料集』フランシスコ会日本管区訳・監修、教文館、二〇一五年による。このほか『第二伝記』七四参照。金銭の拒否はフランシスコに先立つ隠修士たちに先例があると指摘されるが、隠修士においては托鉢・物乞いが中心にはならなかったようである。Cf. Thompson, *art. cit.*, pp. 7-8. 隠修士における清貧については次を参照。池上、前掲書、三三―三五頁。

(23) このことは、「ラテン語説教三七」の中でも次のように言い表されている。「自己を否定することにおいて、自己自身に不可分であること」(in se indivisus abnegatione sui)(Serm. n. 375)。

(24) シモーヌ・ヴェーユ『根をもつこと』上下、冨原眞弓訳、岩波文庫、二〇一〇年。以下、同書の引用は上巻六四―六六頁。

(25) 岡部雄三『ドイツ神秘思想の水脈』知泉書館、二〇一一年、三〇―三三頁。

(26) シモーヌ・ヴェーユ『重力と恩寵』渡辺義愛訳、シモーヌ・ヴェーユ著作集Ⅲ、春秋社、一九八一年、六〇頁参照。

(27) 「わたしたちがまだ存在していなかったとき」という未生以前の次元は、「ドイツ語説教五二」でも繰り返し指摘される。それは自己自身も含めた神以外の一切を突き抜け、純粋に神自身における神にまで徹底的に立ち返るためである。これと関連して、創造に先立つ始原における神のあり方についても、『離脱について』および「ドイツ語説教五二」で言及される。だが、それは通俗的解釈に見られるように創造的・ペルソナ的神(神の有相)とそれを超えた非ペルソナ的神的本性(無相の神性)を区別するものではない。創造に先立つ始原における神のあり方への言及は、被造的世界内のあらゆる手立てをもってしても把握されえない神の存在の地平、つまり人間の意志(愛)、知性(認識)を含めて、被造的世界内部で神に対してさまざまに生み出される一切の像(bilde)がまったく及びえない神の存在の地平を指し示すものである。

(28) その徹底的な無一物性における全面的な受容性は、「至純な離脱の心」によって可能となる。その際注意しなければならないのは、離脱とは一般に語られるように何物にもとらわれないあり方などではないということである。『離脱について』では神自身の本質を積極的に根本から規定するものとして離脱が語られている。例えば「純粋性」と「純一性」は神が神として存在する神自身の「場」（stat）であるとされるが、それは神の離脱によって成立すると述べられる（*ibid.*, S. 403）。このような仕方で離脱こそが神の根本的現実性を成り立たせていることが繰り返し述べられる（*ibid.* S. 411-413）。神自身の根本的現実性が離脱によるがゆえに、離脱は神を全面的に受容する。というのは、神を受容するとは、生ける、存在する真実の神、つまり、純粋にして純一なる神、つまり離脱によって成立する根本的現実性における神のみ受容することにほかならならず、その同じ離脱によって、同じ純粋性、純一性における神を受容することができるのである。離脱における同等性（glîcheit）に至る過程では、時間的・過渡的事物の一切から純粋性、純一性に向かって人間を引き上げ清める恩寵（gnâde）が必要であるとされるが、神の受容は一切の夾雑物のない離脱において直接に生じる（*ibid.*, S. 412-413）。離脱は神の根本的現実性を成立させるので、人間に同じ「離脱した心」があれば、その中に神は必然的に根本的現実性における自ら自身を与えざるをえないのであり、こうして離脱は神を強いて人間のうちに来たらしめ一つとする最高で最善の徳とされる（*ibid.*, S. 400, 403-404）。

（29）「もし目が何らかの色や、色の中の何かをもつていれば、目はこの色や何らかの色を見ないであろう」（In Io. LW III, n. 100）。このほか*Sermo 55, 2*, LW IV, n. 531：*Quaestio, Utrum intelligere angeli sit suum esse*, LW V, n. 2：In Gen. II, LW I, n. 31参照。さらに同様の「目」の譬えはタウラーおよび『ドイツ神学』にもある。*Die Predigten Taulers, ed. Vetter, F., Berlin: Weidmann, 1910, Pr. 1, p. 9-10・Der Franckforter*（*Theologia Deutsch*）, ed. Von Hinten, W., München/Zürich: Artemis, 1982, c. I, p. 8.

（30）この説教を収録する写本数自体はわずかである。だが『タウラー説教集』（一五二二年、バーゼル版）に収録されたため、広く流布し、多くの読者をもったことが容易に推定される。

（31）それぞれ別の修道会であるが、しかし、そもそも、対立的であるというよりもむしろ、共通の問題意識をもち、ともに、時代の中で、キリストに倣い、貧しさに生き、言葉と行いをもってキリストの教えを述べ伝えることを目指した修道会である。フランシスコ伝には、フランシスコとドミニクスの二人の創設者が、互いに敬意を抱いていたことが記されている（『完全の鏡』四三）。

（32）Pr. 74, DW III, p. 274（*Missale secundum ordinem fratrum praedicatorum* によるフランシスコの祝日の聖書朗読箇所。『シラ書』四五章一―二節に基づく証聖者に共通文）

（33）エックハルトはフランシスコを「偉大な人間」（groß mensch）と呼んでほめたたえているが一個人がこのように賞

賛されることは、エックハルトの説教においては珍しい。フランシスコはそこで「貧しさ」と「謙遜」のゆえに賞賛される。「その一つは真の貧しさである」(*ibid.*, S. 274)。「一人の人間を偉大にする、もう一つの徳は、真の謙遜である」(*ibid.*, S. 275)。

(34) このエピソードは、ボナヴェントゥラの『大伝記』のほか、『完全の鏡』、チェラノのトマスの『第一伝記』『第二伝記』にも収録されている。『完全の鏡』(一七)。『第一伝記』(五二)。『第二伝記』(八二―八四)。その意味で当時においてフランシスコ像を描く上で欠かすことのできないエピソードの一つであったと言える。エックハルトが、どの資料からこのエピソードを採ったのか、決定的なことはわからないが、ボナヴェントゥラの『大伝記』が公式文書となり、それ以外の伝記資料が淘汰されたとすれば『大伝記』によると考えるべきであろうか。

(35) ヴェーユ、前掲書、九二頁。

＊ 本章の一部は科学研究費15H03162による。また、拙論「貧しさは所有の放棄か」(『西洋中世研究』第九号、二〇一七年、所収)の一部に基づいている。同論文の成立にあたって貴重な助言者・同伴者となってくださった赤江雄一氏に感謝する。

第六章　ハンス・ヨナスの倫理学における「乳飲み子」の意義

山本剛史

序　環境倫理学における世代間倫理から、いのちをつなぐ倫理学へ

福島第一原子力発電所における大事故以来、日本の環境は存在論的な変質を被ったと言える。半永久的に生物が自然放射線以外の放射線源からも被ばくし続けるがゆえに、生活できない、あるいはできれば生活すべきではない地域ができてしまったのである。単に不便だから、とか、落石や増水の危険があるから、という理由とは質が根本的に異なる。不便な土地に住みたい人も中にはいるし、落石や増水の危険がある場所は確かに人間にとっては不向きだが、人間以外の生き物の中には、そのような一帯に棲むことが不都合ではないものもおそらくいるはずである。しかし人工放射性物質の存在は、人間以外のすべての生き物に対しても本来被らなくて済んだはずの被ばくを強制する。また、すでにレイチェル・カーソンは『沈黙の春』の中でこうした放射性物質だけではなく、人工化学物質に対しても人体には防護機能が備わっていないことを指摘していた。

大雨が引き起こす土石流によって山肌が崩れ落ち、人間も含め一帯に住まう生き物たちが泥に呑まれて死ぬこともある。そのような土地は、元通りではないにしろ、やがて再生し、生き物たちの生息に適した場所になるだ

ろう。これに対して放射性物質によって干渉された土地は生き物たちの生息に適した土地として再生するか否か、消えぬ疑念の中にある。他のいわゆる公害と同等以上の被害を引き起こす原発をなぜ私たちが許容してきたかと言えば、経済活動を盛んにし、国富を増やすことで多くの国民の福利が向上すると考えられてきたからである。しかしあらゆるいのちの連なりへの干渉の恐れが現実に取り沙汰されている以上、狭義の世代間倫理の妥当性をめぐる議論はもはや役不足ではないかと考えられる。[1]「干渉がある」と事実として立証されてからでは遅いからである。したがって、応用倫理学としての環境倫理学から、世代間倫理の問題意識を受け継ぎ、より本質的に問い直す倫理学への回帰、あるいは環境倫理学それ自体の基本的枠組みの刷新[2]が必要ではなかろうか。

ところで、人間のいのちの連なりは抽象化された座標空間で行われているのではなく、現実の世界で生活として営まれている。生活の中で、子として産まれ、育てられ、今度は自分が産む側になり、そして育てる、というサイクルの繰り返しの中で、やがて先達は死をもって退場する。この営みは家族という人間関係において大半はなされている。アリストテレスは、いのちの連なりを生み出すもととして家族を位置づけ、家族を営む「家政術」（οἰκονομική）を『政治学』の中などで論じた。本稿では、アリストテレスからヘーゲルを経て、ハンス・ヨナスまでをいのちの連なりの倫理学の系譜として提示する。そして、生存環境の存在論的変化への対応を目指すいのちの連なりの倫理学を、ハンス・ヨナスの『責任という原理』の内在的読解を通して浮かび上がらせてみたい。

一　アリストテレスからヘーゲルへ――アンティゴネー論における家族と弔いを中心に

アリストテレスは『政治学』の冒頭第一巻で、国家の構成単位である家を営む術としての「家政術」ならびに財の獲得術を検討する。これらを最初に整理することを通して、「オイコス」（いのちの連なりを育む場である家族の営み、家政）を論じる際の基準点を明らかにしておきたい。

アリストテレスによれば、家政術には「主人として奴隷を扱う術」、「婚姻に関する術」、「子作りの術」が含まれる。一般的に家政術の中に財の獲得術も含まれるのではないか、という問いに対して、アリストテレスはその中でも、家政術に該当するものと、そうでないものとがあるという[3]。家政術に該当するものは、今日でいうところの第一次産業にあたる、農耕、漁業、畜産、養蜂、鳥類の飼育である。なぜこれらが該当するかと言えば、ここに挙げたものはすべて食料の獲得を、つまり、人間が生き物として必要な財の獲得を目的としているからである。アリストテレスは目的論的自然観に則り、自然には不必要なものが創られておらず、すべてが人間のためにあると考えていた。そこで、いわゆる第一次産業を、よく生きるために必要な財を必要な分だけ獲得する術として家政術に該当するとしたのである[4]。一方で、家政術に該当しない財の獲得術には、商業、金融、賃労働（肉体労働と職人の仕事）が該当する。これらの仕事について、アリストテレスは財を際限なく殖やすことを目的とすると考えた。なぜなら、これらはいずれも労働の対価として貨幣を受け取るからである。貨幣が自然の必要性から切り離されているがゆえに、充足の限度を定めることが困難であるとアリストテレスは考えていた[5]。

次に、ヘーゲル『精神現象学』における「人倫」を取り上げる。「人倫」とは、意識から自己意識、理性の各段階を経て弁証法的に現れる「精神」の最初のありようである。ヘーゲルによると、この「精神」は単一の実体であり、自己意識を通して現れるという。そこで各人の意識は「自己意識一般」であり、その「自己意識一般」を共有する市民によって、人倫的共同体が構成されるという。人倫的共同体は一つの民族であり、国家であるとされる。自己意識一般において内在化されている精神が「人間の掟[6]」(das menschliche Gesetz)となって、共同体の法や習俗としてつまびらかにされるという。精神が実体であり、現実に存在するからには、そのための場が必要となるが、その場は「家族」(Familie)である。ヘーゲルは家族を自然的な人倫的共同体と言い、虚空に浮かんだような個々人が自己意識一般をただ共有するのではないことを示す[7]。家族の存在が、市民が血肉を備えた存在であることを、ヘーゲルの体系においていわば保証する形になってはいる。しかし、個々人は家族の外へ出て、国家に対する使命を果たさねばならない。家族はそのような国家の成員を生み出す点で、人倫に位置づけられる。

家族が人倫的共同体において不可欠である理由をテキストに沿ってもう少し掘り下げたい。国家共同体における市民は「人間の掟」により規制される。個人の自立や財産の所有権は法体系化され、労働の様式もいくつかの集まりに分節化され、自立性を与えられる。これらの国家を動かす仕組みは単一の精神が分岐したものとして、その精神のもとに包括されるが、自己意識においては「人間の掟」に基づくものとしておかれる[8]。一方で家族は夫と妻、親と子、兄弟姉妹の三種類の関係に基づき、「神の掟」(das göttliche Gesetz)に則った人倫的行為をなす。家族を構成するにあたり、まず夫と妻の関係について、ヘーゲルは互いのうちに己の存在を認めあうが、それは自然の関係にとどまるとする。愛により結ばれる自分たちが産んだ「子供」(Kind)において、二人の人倫的な関係が現実化するのだという。そして、「世代から世代へと進むこの交替は、民族のうちに存立している」[9]とされる。

代々子を産み育てることは家族の営みであると同時に、動物もそれぞれの種の仕方で行う自然的な営みである。それを「人倫」とするにあたり、ヘーゲルは興味深い議論を展開する。すなわち、家族の外へ出ていく男性は「人間の掟」を意識するが、家庭にとどまる女性は自然的存在であることを止揚し得ず、自らが則る掟を意識することがない。この掟はヘーゲルによれば女性の「内なる感情のまま、現実を離れ[10]」ているがゆえに、「神の掟」と呼ばれる。女性は「神の掟」において、母として、妻として夫や子にかかわるが、ヘーゲルは次のように述べている。

> 人倫のうちに住んでいるとき、女性のこれらの関係が根拠を置いているのはこの夫でも、この子供でもなく、夫一般、子供一般であり……一般者である[11]。

人倫的実在のうちにある以上、一般者としての夫や子供が女性の関わる対象になるというヘーゲルの考え方は、後述のヨナスの倫理学とは対照的である。

ところで、人倫を生きるはずの人間が不正を犯したらどうなるのだろうか。法を破ったなら、刑罰によって一般者へと戻す措置が取られる。しかし、その刑罰によって死に処せられ、さらに共同体から追放される場合、一つ問題が生じる。すなわち、本来は同一のものである精神の、男の自己意識を通して現れる「人間の掟」と、女が予感する「神の掟」とが相反するものとして対立する。この対立を、ヘーゲルはソフォクレスの『アンティゴネー』に仮託して論じた。『アンティゴネー』では、オイディプス王の息子二人が父を追放した都市国家テーベへ帰還し、王としての公務を互いに一年おきに果たすことを約束する。ところが息子の一人エテオクレースが王位の交代を拒否したために、もう一人の息子ポリュネイケースがテーベへと攻め入り、実力で王位を奪おうとする。結局、二人は相討ちになる。王であったエテオクレースに対しては国葬が営まれるが、ポリュネイケースについては亡骸を葬ることを禁じられる。妹のアンティゴネーはポリュネイケースの墓をつくり丁重に葬るが、これが法を犯したこととなり、投獄され、結局彼女は自害して果てる。

なぜ、アンティゴネーは法を犯してまで兄を弔ったのだろうか。一言で言えば、「神の掟」に反するからである。精神は人倫的実体として女性には予感されるので、彼岸的な「神の掟」として現れる。しかし自然的存在である人間は必ず死ぬ。『精神現象学』の中でヘーゲルは死者を、「偶然な生命の不安から出て、単一な一般という平安に、高まっている[12]」と評価する。それどころか、「個々人そのものが到達するこの一般態は純粋存在であり、死である[13]」とまで言う。つまり、死ぬことによって個別性から免れ、純粋な一般者になるというのである。ただし、死は自然に訪れるもので、死ぬ本人によって意識的に成し遂げられるものではない。生物としてこと切れた後、本人はいかなる方法であっても直接自らにかかわることはできない。こと切れた後、腐敗したり、獣に食われたりしても、その死体を放置することをヘーゲルは「死者を汚す……行為[14]」と考えている。だから、家族は埋葬を通して自然による死者を汚す行為から死者を遠ざけ、死者を共同体の仲間にしてやらなければならない。

それゆえ家族の一員の義務は、それに意識的行為を付け加えてやり、その結果、個々人の死という最後の存在、この一般的な存在をただ自然にだけ帰属させるのではなく、……そこに意識の権利が主張されるようにしてやることである。……むしろ自然が僭称しているこの行為の影〔死〕を払い落とし、〔人倫的〕真実を回復すること……。[15]

〔埋葬という〕最後の義務は、神々の掟の完結となり、個々人に対する積極的な人倫的行為となるのである。[16]

家族を、精神という永続する実体へと弔いを通して回収することが「神の掟」である。ヘーゲルの人倫において、死は死者本人だけで完結しないのである。あくまでも、残された者の意識的な行為が必要で、それがあって初めて永続する実体としてあることが許される。ヘーゲルにとっていのちの営み、いのちの継承は精神の営みであり、精神の継承である。弁証法的に現れる精神は、例えば観察する理性と異なり、自然との対立関係にはないはずである。いのちは「人間の掟」と「神の掟」、理性と自然の双方をわかちがたく担ってつなげられるものとしてある。

本章はこのアンティゴネーに仮託してヘーゲルが展開した「弔い」の要素を、アリストテレスには見られないオイコスの構成要素として考える。この弔いの要素は、人倫における義務として独自の位置づけがなされている。大まかな言い方をすれば、アンティゴネーによる弔いは家族に対する愛情に基づいている。これについて、ヘーゲルは次のように述べる。

愛の中にとどまっているのではなくて、人倫的であるような、個々人に対する他のすべての関係は、人間の掟に帰属してしまう。[17]

つまり、弔いだけが他の規範と異なり、「神の掟」に属しているのである。「人間の掟」が同時代的な規範の全体を包括するのに対して、「神の掟」は残された家族にいのちの完成、つまり最終的な一般化を義務づける。その結果、時の流れに左右されずに存在する「精神」が顕かになる。ただし、ヘーゲルによれば「人間の掟」と「神の掟」は本来同じ「精神」であるにもかかわらず、人間の行為を通して現実のものとなるときに両立不可能な対立に陥る。

〔「人間の掟」によって維持される〕国家共同体は、一般的なものの中に、家族の幸福を破壊し去り、……自ら存在しているのだから、自らが抑圧しながらも、同時に自らにとって本質的なものでもあるものにおいて、つまり女性において、本来、自分の内面の敵を作り出しているわけである。(18)

つまり、家族自体は国家において体現される人倫を生成するにもかかわらず、個別にとどまるため、国家からは抑圧される。家族が国家において認められるのは、前述の通り一般という目的に仕える場合であるが、一般よりも肉親への愛情を優先させたら「人間の掟」に反してしまう。したがって、家族は国家の基礎をつくっていながら、国家と常に対立をはらむ緊張関係にある。『精神現象学』において、人倫の現実はこの「人間の掟」と「神の掟」との対立によって破滅し、「法状態」へと止揚される。さらにその後、精神は「教養」を経て「道徳性」へと止揚を繰り返してゆく。止揚とは対立の無化ではないから、男女の性差に割り振られた「人間の掟」と「神の掟」の対立自体は残されているはずである。

言いかえれば、いのちを生み出し、完成させる場としてのオイコスが、同時代的な規範との緊張関係にある。同時代的な人間同士のつながりを空間的な人間関係とすれば、オイコスがつなぐ人間関係は時間的である。この双方があって、時空間を包括して単一の精神が現実となる。言ってみれば、ヘーゲルの人倫は世代間倫理を含む。ただし、この世代間倫理は未来ではなく、過去に向いている。「神の掟」において、家族が亡くなった人を弔うことを通して、故人の生を一般化して完成させ確定するからである。ところが、ヨナスをはじめとするユダヤ人にとって、ナチズムはこのヘーゲル的な世代間倫理を不可能にする。ディアスポラを超えて、すべてのユダヤ人を本気で抹殺しようとしていたからである。この場合、最後のユダヤ人を誰も弔うことができない可能性が出てくる。この可能性がある時点で、普遍の精神の実在根拠が崩壊する。さらに、核兵器の発明は、人類が人類の手によって絶滅させられてしまう可能性を切り開いた。これも、最後の一人を弔うことができない可能性と不可分であるがゆえに、普遍の精神の実在根拠を突き崩してしまう。ハンス・ヨナスの倫理学は、(おそらくギュンター・アンデルスと同じく)この地点から始まるのである。

二 「乳飲み子」をめぐる倫理学的考察

死を通してオイコスが引き継がれるというヘーゲルの人倫概念が十分でないことが分かった以上、オイコスの継承を別様に考えねばならない。そこでヨナスを取り上げる。『責任という原理』において提唱された「未来倫理」(Zukunftethik)は、構想、執筆時期が一九六〇年代後半から七〇年代にかけてであり、生命倫理学や環境倫理学の黎明期に重なっているせいもあってか、それらすべてを包括する理論的な広がりを持っている。また、その「責任」の原型として「乳飲み子」（Säugling）に対する責任が挙げられたのも、今日ではよく知られるようになった。[19] しかし、「乳飲み子」のヨナスの倫理学における理論的な重要性について、掘り下げた研究は一部を除いて行われてこなかった。プロテスタント教会の牧師であったハンス・ラッヘンマンは、小著 *Sieh hin und du weißt*『見よ、されば分かろう』にて「乳飲み子」を中心にしたヨナス倫理学の解釈を梃子に自説を展開した数少ない論者である。著作自体の問題意識は控えめにいっても時代錯誤であるが、ヨナスの責任倫理学を解釈するうえでその考察には興味深い点がある。[20]

ラッヘンマンは乳飲み子に対して、責任だけでは足りないと主張する。血のつながった親の愛（「愛のカリスマ」（Charisma der Liebe）と称される）を付け加わえ、単なる当為を超えさせねばならないとされる。[21]

二人の行為に先行して、神から存在を贈られた者（Beschenktsein）の圧倒的な経験がもたらされ、義務に先行して幸福がもたらされる。[22]

つまり、神からその存在、いのちを贈られた乳飲み子の体験は、親の義務感を圧倒し幸福をもたらすという。しかしその幸福のためには、「……女性の最も美しく最も厳しい召命である母性が、人間の子供の存在を助け、人生へと導きいれる手助けをして当然[23]」とされる。こうした思想に、ヨナスは沿っているものと解釈される。

ヨナスの乳飲み子の典型（Paradigma）は、私たちにさらに先のことを知らしめることができる。すなわち、快適であり、健康で活発な人間に成長することができる場所、巣がなお常に家族であるということだ。……たとえ他の生活様式によってとうに補完され、入れ替わったとしてもである。そのようなものがあることは間違いない。しかし、そうした新しい生活様式は「伝統的な家族」と同じように、私たち（ドイツ人の）共同体社会があり続けることに、実質的な貢献をすることに果たして向いているのだろうか。[24]

この一文は興味深い。なぜなら、ここで「さらに先のことを知らしめることができる」という時、ラッヘンマンは、ヨナスが『責任という原理』の中で „Eltern"（親）と „Das Kind"（子供）ないし „Säugling"（乳飲み子）を多用しても、„Familie"（家族）という語を（まったくではないが）使わないことに気がついているからである。ラッヘンマン自身は、「伝統的な家族」への回帰を是としていて、それについてヨナスの倫理学が妥当性の根拠を与えると考えていた。しかし、それにしてもヨナスはなぜ „Eltern" を用い、„Familie" と書かなかったのだろうか？

ところで、ヨナスの乳飲み子に対する責任を、弱者に対する責任を意味すると考えることはできないだろうか。弱者に相対する倫理の描写において簡潔かつ頂点を極める「善きサマリア人」の譬え（『ルカ福音書』一〇章二五―三七節）では、追いはぎに半殺しにされた上に服をはぎ取られて道ばたに放置された一人のユダヤ人が登場する。この者を日頃、ユダヤ人から虐げられているサマリア人が助けるところに、隣人であるかないかではなく、隣人になるかならぬかを問う隣人愛の教えの精髄が見出される。これが「ユダヤ人がサマリア人を助ける」、という譬え話だったとすると、社会的に差別されている者への寛大さという意味に固定され、弱者が何者であるかの枠組みを強者が設定するということを許容する構造になってしまう。実際には、この譬え話において福音記者は

「隣人」の枠組みの設定を神以外のいかなる者にも認めなかった。したがって、弱者とは弱者たる根拠のない、偶然的な存在である。つまり、すべての人にこの弱者の可能性がある。このことを踏まえ、彼の隣人に「なる」ことが根本的な倫理として問われている。

ところが、ヨナスが掲げる乳飲み子は、実はサマリア人に助けられる弱者と同じ個別者でありつつも、それを超える存在である。

これ〔乳飲み子に対する責任〕は、隣人の窮状を前にしての人間共通の義務以上のものである。人間共通の義務の基盤は、責任とは少し違う。最も根源的で最も重い意味の責任は、存在の創始者であることから派生する。存在の創始に参画するのは、実際の親だけではない。自分の場合に生殖の秩序（Fortpflanzungsordnung）を承認しないわけにいかないから、この秩序に従うことに同意しているあらゆる人である。つまり、自らに生きることを許している全ての人である。(25)

非常に重要な箇所なので逐一確認していきたい。まず、乳飲み子に対する責任と、眼前の困窮者に対する救助義務とを異質なものとして比較し、前者の方がより根源的で、より重いとしている。なぜ、より「根源的」で「重い」のか。それは、「存在の創始者である」からだという。つまり、この「私」こそが、この乳飲み子を産み落としたからである。では、人は誰でも子を産まねばならないのか、あるいは、実際に子を産んでいない人間はこの根源的な責任から免れているのか。ヨナスはそのようには言わない。たとえ子をもうけていなくとも、かつて自分もそのようにしてもうけられた子である以上、責任を免れることはない。つまり、すべての人は「生殖の秩序を承認しないわけにはいかない」。よって、すべての者、つまり人類に対してこの責任は投げかけられている。では具体的に、その責任の区別はどのようにつけられるのか。

子どもの殺害は、他の殺人行為同様の犯罪である。しかし、子どもが飢え死にすること、そうした事態の発生を許すことは、人間にとってありうるすべての責任の中でも第一の、最も基本的な責任を踏みにじることである。(26)

つまり、子を殺めることについては、大人を殺めることと同じく、例えば子も大人も等しく基本的人権を持つことから罪として定めることが可能であるし、それで充分である。子を飢え死にさせる、そしてそれを見過ごすことは殺めることと同じであるように見える。しかし、大人であれば自力で飢えないように行動することは大抵の場合可能であるが、乳飲み子は乳飲み子である以上必然的に、おのれ自身でおのれのいのちを保たせることができない存在である。ヨナスはこの事態について次のように述べていた。

生まれた子（Erzeugte）自身が根本的に無力なので、無〔死〕への転落を産んだ者が食い止めて、生まれた子のその後の成長を待つことは存在論的にいわば定められている。……生まれた子の存在は、この義務に完全に委ね任されているからである。(27)

乳飲み子自身、母親の胎内から生まれ出でて、最初の泣き声を発した時から自発呼吸を開始し、母親から完全に独立した生物個体として生き始める。つまり、乳飲み子自身が生きんとする目的性を持っている。ところが、生物として不可欠の新陳代謝が単独ではままならぬ。水分や栄養の摂取に他者の手を要する。この、単独の個体としてあること自体に既に他者のかかわりが不可欠であって、他者へと事実上呼びかけている有様を、ヨナスは存在当為（Seinsollen）と呼ぶ。これこそ、存在自体が当為である事態である。これは明らかに自然主義的誤謬であり、倫理学における一種のタブーを犯している。自然主義的誤謬とは、ある事実から当為を直接導き出すこと、ある事実によって当為を規定することを指す。例えば、私たちが「乳飲み子がいる」という事実を述べる際に、乳飲み子自身についていかなる立場、態度をとるのかは未決なのではなかろうか。乳飲み子がいるという事実が端的にそのそばにいる者に対して当為となる、ということはないのではないか？「プロ野球選手のイチローがすぐそこにいる」という事実から、私たちが取るべき態度は一義的に導出できない。しかしヨナスは乳飲み子とイチローとを存在性格の異なるものとして区別し、乳飲み子の存在自体が倫理学における自然主義的誤謬に対する反証であると考えたのである。この存在当為はいわゆる「甘え」とはまったく別次元のものであり、「他者にとっては乳飲み子に対して何かをなすべしという行為当為（Tunsollen）となる[28]」。この行為当為を呼びかけられた者がそれを果たさなければ、乳飲み子は死ぬ。甘えなどとはまったく別次元に、子は私の庇護と養育を必要とする。よって、子供については「殺すな」に加え、「飢え死にさせるな」という義務が追加される。そして、この追加された義務のほうが、すなわち「飢え死に」を防ぐことのほうが、子殺しを防ぐよりもより根源的な義務であると考えるのである。

本邦でほぼ唯一、ヨナスの「乳飲み子」概念の真の重要性を見抜いていたのが兼松誠である。兼松はヨナスの責任倫理学を梃子に、二〇〇七年に熊本市の慈恵病院が設置した「こうのとりのゆりかご」を社会福祉や産科医療の視点ではなく、倫理学の視点から論じた。

ここで、「赤ちゃんポスト」のできる限り正確な定義を紹介しておく。本邦で赤ちゃんポストに関する研究と啓蒙に先陣を切って久しい教育学者の柏木恭典は、「孤独に、絶望的な状況下で、誰にも頼ることができないまま、出産を目前にしている女性や、誰の手も借りず、一人で出産してしまい、産んだ赤ちゃんを前に途方に暮れている女性(29)」と乳飲み子のために、「児童相談所や福祉事務所といった公的な行政機関によってではなく、福祉、教育、宗教、医療系の公益民間団体によって設置された新生児用の保護装置(30)」と定義する。

こうした赤ちゃんポストに対して、母親がきちんと自分の子を産み育てられる仕組みづくりを進めるほうが先ではないか、また、母親の子捨てや、預けられた子がそのまま実の親が誰なのか知らずに養父母のもとで育つことを是認するのかという批判がなされる。これに対して、兼松は乳飲み子の命を助ける仕組みづくりで討論している最中にも、事実として乳飲み子を捨てる母親は現れるではないか、と反批判する。慈恵病院に赤ちゃんポストを設置した蓮田太二は、「まず何よりも」乳飲み子のいのちを優先するのだと述べる。兼松は、この行為を高く評価すると同時に、赤ちゃんポストの倫理性がヨナスの責任倫理学においてはじめて解明されると主張するのである(31)。

兼松は、ヨナスの責任倫理を次のように解釈する。

責任の対象としての事柄それ自体は、我々の倫理的もしくは法的な議論の対象になりえない。したがって、事柄それ自体の呼びかけに対する応答としての責任は、倫理学的反省や熟慮から導かれるものではない。人は倫理的であるから事柄それ自体に責任を負うのではなく、責任を負うからこそ、責任を負いうるからこそ倫理的なのである。[32]

この「責任の対象としての事柄それ自体」に、途方に暮れた母親が今まさに手放そうとしている乳飲み子を当てはめることによって、兼松は赤ちゃんポストを倫理学的にとらえることができる、と考えている。上述のように、乳飲み子は責任対象の原型である。まさに責任倫理が、いかなる夾雑物もない剝き出しの形で実践されているのが赤ちゃんポストではないか、という主張なのである。兼松によると、赤ちゃんポストが体現するヨナスの責任倫理の根本的な構造の特徴は次のようになる。

責任の倫理学は、我々の倫理的可能性がすでに実現してしまっており、その上で何かを議論しようとする主張ではない。それは我々の倫理が成立する瞬間を、つまり倫理的なるものが発生する瞬間をとらえようとしているのである。したがって、責任の倫理学は、倫理の成立に先立って、そして倫理学的反省に先立って責任的に行為する主体を想定せざるを得ない。そして、我々の大部分は、立ち遅れつつ、その先行者に勇気づけられて行為を開始するのである。……この先行者と立ち遅れつつある我々との間には歴然たる差があるのであり、同列に語ることはできない。[33]

このようなヨナス解釈において、倫理の成立や倫理的反省に先立って行為する主体こそ、赤ちゃんポストの設置者であるが、兼松の解釈に従えば、蓮田院長たち関係者は倫理的共同体から抜けてしまっている。赤ちゃんポストと倫理的共同体の関係はどうなっているのか。

我々は、「赤ちゃんポスト」の設置という勇気ある行為を前にして、もしそれが正しく理解されるならば、二次的に我々の社会の在り方を問い始めるに違いない。しかし、それは「赤ちゃんポスト」において赤ん坊に責任を引き受けることと決して同列に扱うことはできない。……「赤ちゃんポスト」は、常に立ち遅れつつある我々が倫理学的反省を開始する原点としてあるからである。[34]

ここにヨナス倫理学を介した兼松の赤ちゃんポスト解釈が明瞭になる。つまり、赤ちゃんポストに託された乳飲み子に対する応答は、倫理それ自体の始まりであり、成立根拠であり、かつ倫理が倫理たりうるかどうかを常に問い返す証言として存在する。この証言を端緒として我々は「二次的に」乳飲み子を捨てずに済む社会とはどのような社会なのか、と問い始めるのである。赤ちゃんポストにおいて果たされる責任行為こそ、倫理の創始であり、我々はその創始された倫理において生きているにすぎない。そして、我々は自らの人格において倫理を問うのではなく、自らが前提している倫理を赤ちゃんポストによって問い直される側に立たされるのである。[35] さらに兼松は、赤ちゃんポストの理念は狭義の赤ちゃんポストではなく、親の愛から離れてしまう、他でもない「この」乳飲み子を救う行為そのものであるとする。考えてみれば、二〇世紀末から今世紀にかけての人類が史上最も堕落しているわけではなく、「我々人類は間引き、中絶、子捨てなどによって赤ん坊への責任を様々な形で退けてきた。赤ん坊への応答が可能である一方で、時として我々が赤ん坊への責任を放棄することの可能性は我々が目を背けてはならない排除不可能な悪である[36]」。兼松は続けて、次のように言う。「だが、この地上で人類が今なおお存続している事実が決定的な敗北主義を退ける理由にもなっている。責任の倫理学は、かつて赤ん坊に対して責任を引き受けた人がいたという倫理学的に決定的な出来事を証言し続けなければならない[37]」。

こうして兼松の考察は、ヨナスと赤ちゃんポストが倫理そのものの根本的な構造の露頭であるという結論に行きついた。つまり、他でもない「この」乳飲み子に対する責任行為が常に倫理に先行、優越し、相互的な倫理は常に後を追う形で、しかも責任行為に問い直される形で醸成する。もっと簡単に言ってしまえば、私たちの規範は常に規範外に根拠を持つ。そして私たちは規範外から常に刺激を受けて規範をつくり出すのである。この関係は一方的であり、ヘーゲルの「人間の掟」と「神の掟」のように矛盾し対立する一方で相補的であるという関係でもない。こうして、兼松が赤ちゃんポストという、親の愛から離れた乳飲み子を引き受け養う仕組みを通して、ラッヘンマンが気づいていながら産みの親の愛をより根源的とみて十分に考慮しなかった、乳飲み子の存在当為をこれまでになく浮き彫りにしたのは確かであり、ここに兼松の慧眼があった[38]。ヨナス自身、ラッヘンマンとは逆に乳飲み子を助ける行為へと導く拘束力が、同情、哀れみをはじめとするいかなる感情も十分でないばかりか、「愛ですら問題ではない」と明言し、「一つの単に存在するものである乳飲み子の存在が、目に見える仕方で他者にとっての当為を内在していると私は本当に厳密に思う[39]」としている。ヘーゲルが親の愛が子として現実化することで、家族というオイコスが形成されるとしたのに対し、ヨナスは親の愛に先行して「この」乳飲み子に対する責任があるとみる。したがって「赤ちゃんポスト」は、まさにヨナスいうところの責任の具現化として正しいように見える。

しかし、兼松のヨナス解釈、ひいては赤ちゃんポスト解釈には疑問もある。それは、兼松がヨナスの『責任という原理』において、乳飲み子が二つの仕方で議論されていると考えている点である。

一つは、……政治家の責任との類比で言及される際の赤ん坊である。もう一つは、『責任という原理』第四章Ⅶ「子供－責任の原初的対象」で述べられているような子供である。[40]

こうした記述になるのは、『責任という原理』第四章Ⅶ節において、存在当為の例として「この子」（Das Kind）が挙げられているためと考えられる。この節でヨナスは子に関する哲学的分析に集中してはいる。しかし、別の節には次のような記述もある。

……親の責任の場合の主体の条件は、これ以外の、これほど根源的でない責任関係の中では複製できないものである。これは、客体の条件がそうできないのと全く同様である。どのような類比に際しても、生殖による親子関係に勝るものはない。人間関係の中で、責任の明白性という点でこの右に出る事例はない。[41]

つまり、兼松は乳飲み子が責任対象の原型であることは正確に把握したが、責任主体の原型である産みの親と乳飲み子が不可分であることを見落としていたことになる。したがって、産みの親が手放す乳飲み子のいのちを代わりに守り引き継ぐ赤ちゃんポストは、ヨナスの倫理学に則る限りにおいて、責任行為の原型ではなく、むしろ親の子に対する責任から派生的に展開したものである。蓮田らも倫理の外部に位置してはいない。もっとも、派生したからと言ってその分、責任が軽くなるわけではないことは言うまでもない。

三　オイコスの規範の拡張としてのヨナス責任倫理

1　乳飲み子と将来世代への配慮

ここまで、ヨナスが掲げる責任対象の原型としての「乳飲み子」に関する先行研究を検討してきたが、ヨナスによる「責任」そのものの規定を確認しておきたい。ヨナスは、行為主体である私に起因する結果に対する責任ではなく、将来なされるべき行為の決定に関する責任を問題にしている。少し厳密にいうと、「私の行動とその帰結に対して責任を感じるのではなくて、私に行為を要求する事柄（Sache）に対して責任を感じる」[42]ものとされる。乳飲み子に関する議論で見たように、ここでいう事柄が責任対象となる。なぜ、その対象は他ならぬ「私」の事柄になるのだろうか。それは、「私」が持つ力の影響下にあるからである。「私」が何とかしてあげられるかもしれないし、「私」によって脅かされているかもしれない。「私」が因果を及ぼすがために、「私」の外部にある責任対象は責任対象となるのである。ヨナスはこうして生じる責任を客観的なものと考えている[43]。そして、「私」に対象に対する責任感情が芽生えた時に、責任を履行することになるという。

ヨナスの倫理学において、その自然哲学からもたらされた帰結の一つが、生物は一つの存在様式であり、生物の生そのものが告知することは、存在が決して中立的なものではなく、それ自体が善であるということだった[44]。この「善」は生において告知されていることから明らかなように、不変不滅ではなく無常さ[45]（Vergänglichkeit）を常に伴う。その善が脅かされていることに対し、「私」の利己心が恥じ入ることから生じるのがこの責任感情である。つまり、対象の存在当為が「私」の感受性を刺激し、行為当為を形成する。その行為当為によって、「私」は積極的な意志をもって行為する。これがヨナスの言う責任および責任行為の仕組みである。ただし、その責任感情は愛とは異なる。対象への愛に先行する当為が責任を課し、行為を呼びかけるのである。[46]

それにしても、なぜ乳飲み子に対する責任が、将来世代にまで配慮する責任の原型となるのだろうか。それは「生殖の秩序」から敷衍して考えるならば、将来世代も必ず乳飲み子として生まれてくるからであり、かつ、将来世代もまた（全員ではもちろんないが）必ず子を産むからである。誰しもが一度は乳飲み子であることは、どれほど遠い将来であっても確定している。さしあたり倫理学上の概念において、「乳飲み子を産む」という契機を取り去れば、限りなくハイデガー言うところの「被投性」の概念に近づく。誰に投げ込まれたのか規定されていなければ、投げ込まれた主体の情態性が「不安」であることも無理はない。また、信仰を強調するならば、ラッヘンマンがいう通り「乳飲み子」は神から贈られた存在（Beschenktsein）に他ならない。そのいずれでもなく、産む親と生まれる子との関係が将来も変わらぬ人間の事実としてあり、同時に乳飲み子が存在当為でもあるというところに、ヨナスの未来倫理は基礎を置く。

人間の存在様式自体から「乳飲み子」を取り去ることは可能だろうか。一つ考えられるのは、体外受精で生じた胚をそのまま子宮に着床すらさせず、成人になるまでまったく安全に保育器の中で育てるやり方である。その際、いわゆる子育ては「保育器の管理」ということになる。その際に起きるアクシデントの割合も、生身の親子関係において生じるアクシデントのそれよりも低いとしてみよう。さらに、教育も催眠学習で脳に刺激を与え続けることで達成されるものとしよう。ここでは個人の自由選択ではなく、人類全体で体外受精を選択することを想定している。

しかし人類全体でそのような〝生き方〟に移行するとなれば、それ相当の理由が必要であろう。唯一正当に想定できるのは、胎児が女性の胎内で十月十日を生きることが胎児の健康に適さない状況であろう。さらに全女性の子宮の外側、地球環境が相当なまでに汚染されているはずである（おそらくは卵子も精子もただでは済んでいない）。そうなるまでにまったく手を打たないのは、その時代を生きる人類にとって環境汚染が関心事でないということになる。しかし、ヨナスはそのような時代状況になってしまったことについて、当該の世代が何の文句も言わないことが、原因となった世代に対する最大の告発であると主張する。[47] また、子育てが保育器の管理にすぎないとなると、他の機械の管理と限りなく同種の営みとなり、結果として乳飲み子の発する存在当為自体の廃棄に近づくのではないか。ただし、先天的に重篤な疾患を持つ子が、これを克服するためにそのような管理によって生育することは問題ではないと考えられる。なぜなら、他の乳飲み子との関係から、機械の中にある子の存在当為を類推し十全に受け取ることができるはずだからである。かくして、人間の存在様式から「乳飲み子」を取り去ることは、まずもって倫理的に不可能であるとしてよかろう。

先に、子の飢え死にを避けることのほうが倫理的により根源的であるという見解を見たが、ヨナスは将来世代に対する責任を初めて提起した段階で既に時代内の倫理的義務と、将来世代に対する責任から生じる義務とでは後者のほうが優越すると説いていた。[48]「乳飲み子」の除去不可能性はいのちの連なりへの配慮を倫理的な最優先課題にすると言える。

2　典型を通して考察される責任

ところで、ヨナスは責任を自然責任と人為責任の二種に分類する。前者は、「親」（Eltern）が子を産んだことに起因する責任を指す。後者は、契約や約束に基づいて生じる責任である。「親」の責任は責任対象たる子供の生命維持や教育などあらゆる側面に及ぶが、契約に基づく責任は契約内容に限定される。ところが、人為責任でありながら責任対象のすべてに及ぶ責任が存在する。「政治家」（Staatsmann）の責任がそれである。つまり、自らが統べる共同体の成員の生命維持からできることなら幸福追求に至るまで、その責任は全体に及ぶ。ヨナスいわく、「責任は力の相関概念[49]」なので、持てる力、能力が小さければその分責任も小さい。一般の人間が社会に対して持つ責任は概してそれほど大きくないと言えよう。それをあえて自分から権力を握ることで、全体に対する責任を自発的に負うのがヨナスの言う「政治家」である。全体に対する責任そのものは、何者かによって担われるのを待っているし、潜在的にすべての人に対して呼びかけているとされる[50]。したがって、「政治家」の責任はごく限られた、自発的にその責任に応じることを選び取った者だけが負うのである。これと対照的に、「親」の責任は子を産んだすべての者が担うことになる。

さて、「親」と「政治家」という責任主体の二つの類型を提起したが、これを二つの責任主体として、実体視してはならない。

もっとも自由な選択に由来するこの政治家の責任ともっとも拘束力のある自然の関係に由来する両親の責任が位置するのは、責任の多様性のスペクトル全体の両極であるが、その双方の責任の違いにもかかわらず、いかにこの双方の責任が互いに何よりも共通点を持ち、双方がともに何よりも責任というものの本質を知らしめることができるかを理解することこそ、もっとも理論的に重要なのである[51]。

ここがヨナスの責任倫理を理解するうえで、極めて基本的で重要な箇所である。スペクトルとヨナス自身が述べていることを踏まえるならば、責任主体としてただ二種しかないと考えてはならない。そして最も個人的で、親密圏において履行される責任と、最も一般的で公共全体に対して履行される責任の、しかも最もその特徴を端的に表す責任主体は、責任主体の典型（Paradigma）、あるいは例（Beispiel）として示される。

親の責任というこれまでに提出した唯一の（おなじみの）例（Beispiel）では……。[52]

その典型的な例（Der paradigmatische Fall）は政治家である。[53]

こうすることによって、「親」と「政治家」に限らず、さまざまな責任主体を想定することが可能になる。ヨナスは、「政治家」の責任について「人間の自発性の比類ない特権[54]」と述べているが、各々の持てる力に応じて、さまざまな責任を自発的に選び取る道が、ヨナスによって照らされる。慈恵病院が設置する赤ちゃんポストはその好例である。そうした責任主体のあり方はいずれも、責任という規範を構成する「多様性のスペクトル」に位置づけることができる。またこの「多様性のスペクトル」は、「親」の責任から「政治家」の責任へと展開する形で広がっている。先述のように、生殖による親子関係ほど、明白な責任関係はないからであり、それゆえに原型なのである。それでも、必ずしも血のつながった親だけが子に対して責任を負うとは限らないという意味で、典型として捉えられているのである。

さて、多様な責任主体が履行する責任の共通性は「全体性」（Totalität）、「連続性」（Kontinuität）、「未来」

（Zukunft）という鍵語で表される。「全体性」とは、「親」も「政治家」も生命維持から考え得る限りの福利に至るまで、責任対象の一切合切について責任を負うことをあらわす。そしてまた、両者の責任は「教育」において重なり合う、とヨナスは指摘する。教育の一般的な内容についてヨナスは次のようにまとめる。

通念や規範を身に着けることによって、個人は共同体の一員となる。私的なものは、本質的に公的なものに向かって開かれている。(55)

つまり、家庭内教育も、公教育も目的を共有しているということなのだ。それゆえに両者が基本性質において重なり合っていると言えるのだという。

次に、「連続性」とは、責任の遂行を中断してはならない理由を指している。生きている以上、連続して、あるいは並行して要求が責任主体に突きつけられるからである。責任対象は常に歴史的な過程の中にあるので、責任を果たすにあたり、対象の過去、現在、未来をつながりを持った一体的なものとして捉えねばならないとヨナスは考えている。

これが、我々が連続性という要素で指示しているものの本来の意味である。この点で、政治的責任は共同体の持つ歴史性に呼応して、時間軸の両方向へと比類なく長い射程を持っていると言える。(56)

「政治家」の責任も、自分が死んだあとの因果的帰結にまで及んでいるということである。その点について、さらに詳細にヨナスは分析する。

親の責任の場合には、……責任の地平は二重になる。第一の狭いほうの地平が包括しているのは、固有な人格の歴史を持ち、その同一性を歴史的に獲得している子供のそれぞれに独自の成長過程である。……第二に、……最初の発声と同時に始まる共同体の伝承の伝達、および共同体の内部で生活するための準備作業がある。これとともに、連続性の地平は拡張して歴史的世界の連続性となる。すなわち、第一の連続性は第二の連続性へと移り変わる。こうして、教育するものの責任はもっとも私的な場合でさえも、「政治的なもの」とならざるを得ない。(57)

ここには、時間的な連続性が二重であるだけでなく、私的領域と公的領域の「連続性」が図らずも述べられている。この、公私がシームレスになった責任の「連続性」は個体の自己同一性を超えて、ある個体の生まれる前と亡くなった後に続いている。亡くなった後のことについて、例えば「私」の子供がどうなるかという総体的なことは親である「私」の予測を超えている。超えている理由について、ヨナスは次のように述べる。

予測を超えている理由は、単に、生を取り囲む客観的な環境の方程式の中には未知のものが数知れずあるためだけでなく、当の生の自発性もしくは自由のためでもある。(58)

それゆえ、「連続性」を前提して「未来」を守るということは、単に生存を保障するということを意味しない。

「私」の後に続く世代の個々人が、「私」と同じように自由に自分の人生を選択することができるようにしてあげねばならないのである。このことが、人間存在の本質と不可分であることを、ヨナスは次のように述べる。

責任の対象が固有の未来を持っていることが、責任の最も本来的な未来という側面である。……こういう自己を乗り越えてゆく広がりの明るみの中であらわになるのは、およそ責任というものは我々の時間的存在の存在論的な構造のための道徳的な補完物以外の何ものでもないということである。[59]

例えば、檜垣立哉は『子供の哲学』の中で、ヨナスが未来世代への責任を主張することに対して、「そこで自分が生きることはありえないのだから、何の責任が取れるのか[60]」と疑義を呈した。ヘーゲルが先述のようにいのちの連なりが個々の死者を精神一般へと回収することにおいてはじめて実現すると考えたのと違い、ヨナスは責任対象である個々の乳飲み子が決して何らかの一般的原理、概念へと回収されないと考える。個々の乳飲み子はむしろ主体の側が予期せぬありようへとやがて自らを開いてゆく。これが、「未来」の内実である。こうして責任対象も主体も常に個別であるからこそ、概念ではなく典型としてしか語ることができないのである。この「未来」の内実とは、もともと人間の存在様式に伴うものだが、倫理学の主題として明示されることはそれほどなかった。ところが、科学技術の進歩によって、遠い将来にまで現在世代の行為の影響が伴うようになり、しかもそれでいてその帰結の不確実性と不確定性が飛躍的に増大するという事態が生じた。この事態に対応するための新しい倫理学を、ヨナスは構想したのである。

ちなみに、このような倫理学において、将来世代に対する現在世代の態度は決して活動を大々的に縮減し、祈るような気持ちで将来へと環境を引き渡す態度ではない。また「私」の乳飲み子は、産んでくれと要求し、それに「私」が応える形で生まれてくるのではない。したがって、個々の「私」に産む義務はない。人類に課せられている義務は人類の存続であり、それに対して応える責任が人類にある（応えるに足らしめる倫理的性質こそ「責任」である）。「私」が子を産むのは、人類に課せられた義務に由来する「私」の権利に基づく。文字通りの基本的人権である。産んだ子に対する義務は「私」の子の権利から発生する。そしてこの私が産む権利は、子に対していのちを贈るというより、一方的に「生存を課する」。そこで「私」は、自らが産んでしまった子が、「重荷を背負って」生きることができるように育て上げなくてはならないのである。[61] そして等根源的に、環境が将来世代にとって背負えない重荷にならないように、できる限り取計う義務が生じるのである。

ただし、「親」は乳飲み子がやがて成人すると、その責任を終えるが、「政治家」の責任には「責任対象の自然本性によって規定されるような終了期限がない」とされる。政治家の場合、政治家本人と国民とのつながりが自然的ではないがゆえに期限の設定もまた政治家の意図においてなされねばならない。しかし、もともと政治家は「政治的予知の到達範囲よりも実際の政策の因果的な到達範囲のほうが広い[62]」という宿命を抱えている。そして、科学技術の進歩により、科学技術に関連する施策の因果的な到達範囲が桁外れに広がってしまった。ヨナスは、「政治家」の責任を以下の定式にまとめた。

どのような全体的責任であれ、それは個々の課題がどうであれ、自らの責任履行を超えて、責任ある行為が将来的にも成立可能であるという責任を必ず持つ。[63]

この定式に即して共同体を後進に譲り渡せると判断したときに、政治家は道を譲ることができる。

さて、ここまで少し詳しく『責任という原理』における「責任」の概念をまとめ直してみた。ここで明らかなことは、「家族」に代えて責任主体として「親」に着目したことで、アリストテレス以来のオイコスに関する倫理学に新しい局面を開いたことである。つまり、アリストテレスもヘーゲルもオイコスの場を「家族」と設定し、国家もしくは公共の領域とは画然と区別していた。しかし、そうした区別以前のところから「責任」はその拘束力を発揮する。第一節の末尾で観たように、いのちを連ねること自体が不確実になった現在において、いのちを連ねること自体を社会全体にかかわる最優先の責任と規定し直した点に、ヨナスの倫理学の特徴がある。言いかえれば、現在から将来へと続く時空間全体をオイコスの場とみる倫理学なのである。

それにしても、なぜヨナスはオイコスの場として強固に規定されていた「家族」を離れた議論を構成することができたのだろうか。

> 家族は人間の共同生活のあらゆる世代にまたがる根本形態である。その崩壊が、……ついには人間にとって何を意味するかということは、まだ定かではないだろう。確かなのは、私的な領域の著しい縮小、……それに加えて私的な領域と公的な領域の区別の撤廃などが、挙げられる。こうなると、「政治家」は全ての人々の世話をしなければならないだろう。(64)

つまり、現代社会において家族という単位でまとまる私的領域と公的領域との境界線が流動的になりつつあるという認識をヨナスは持っている。こうした認識があってこそ、人間が生物である限り消去しえない産みの親と子の関係そのものを直視する倫理学へと歩み入ることができたのである。

ヨナス自身は、善い生活を営めるようにすることが国家の存在目的であるとアリストテレスが述べたとし、それは自らが典型として掲げる「政治家」の目的と同一であるとする。[65] しかし一方で、アリストテレスは家政術と政治術とを明確に分けている。確かに家族の在り方がどんどん変容しつつある現在、アリストテレス的、あるいはヘーゲル的に家族をみなすことは難しい。とはいえ、ヨナスは、「政治家」を「親」の責任よりも対象の規模が大きいだけの典型としてみてはいない。

「親」の責任から他の責任を類比できても、逆が不可能なのは自ら子を産むことに責任が起因するからである。「政治家」は国を産まない。むしろ国に生まれてくる。また、「乳飲み子」が成人するまでの間、だんだん成長してくるに従って自立の度合いは大きくなるが、端的に言って親がご飯を食べさせなければならない。一方で政治家が責任対象とする国民は基本的に自立して生活できる人々であって、その自立を確保することが責務である。

また、ヨナスの責任倫理学において、カントの義務論と異なり、当為は常に対象の側にある。それはあらゆる生き物が価値中立的ではなく、「生きる」という目的を生き物であるという時点で明示しているからである。[66] したがって、応答する責任は対象に即して生じている。しかし、私たちの生活を振り返ってみても、ヨナス言うところの責任対象が何であれ、それに対する愛情や、何らかの愛着がなければ責任の履行は困難である。ヨナスはそれを認める。その際に、子を産んだ親の「自発的な愛情」は「哺乳動物の母親が出産直後に示す盲目的なとめどない感情そのもの」であり、「子供に人格が形成されてくるに従い、かけがえのない自己同一性を持った子供という主体に対する親の人格的愛情となる」とする。「政治家」の責任においては、共同体全体へのかかわりにおいて、「親の子に対する愛と比べられる感情的なかかわり[67]」が責任主体の要件として挙げられている。その愛に比するものに関して、ヨナスは党派性（Parteilichkeit）を帯びるのは仕方がないと述べる。[68]

公共一般に対する愛着を人間が持ち得ない以上、「政治家」の責任には愛着の党派性が許容される。また、前述の通り、責任が「力の相関関係」と規定されているので、主体となるものの力の種類や大小は多様と考えられる。オイコスを「家族」という実体概念から解放して、「私」と「公」を連続させているヨナスの倫理学に則り、先行する当為に相対し、自分の愛着の持てる共同性に対して、自分の持てる力に応じた責任を担う主体の姿が浮上する。その際、ほぼすべての場合、単独で共同性に対する責任を担うことは非常に困難なので、責任主体の集団を構成することになるだろう。確かに、ヨナスの言う責任は責任対象からの呼びかけに応答するという意味では受動的である。しかし、「政治家」の責任が人間の「比類なき自発性」に基づくものと位置づけられていることから、責任のスペクトルにおいて主体の側から共同性に対して仕掛ける能動的な行為を責任は促し、現出させるものと考えられる。既存の共同体の枠組みに収まらないのであれば、新たに独自の共同性を創出することも、何らヨナスは禁じていない。それは別に狭義の公共性において営まれる政治でなくて構わない。そして、アリストテレスが二種の労働のうち、オイコスを維持する労働については、生活に困らないだけの富を得、それ以上は求めないことを是としていたことからして、時空間へのオイコスの開放は人類の労働に関する規範を、各々が適正な規模の経済活動を営む方向へと軌道修正する。[69] ヘーゲルにおけるオイコスと政治の間の緊張と、公共性における政治の優越とはヨナスにおいて解消され、むしろオイコスの公共性への浸透と優越が決定的なものとなる。亡くなる前年に、ヨナスは「悪しき終末に向かって」と題されたインタビューを受けている。そこでは、次のように語られた。

何よりも先ず私は、自由の放棄を単純に悪とみなさなければならないとは思っていません。古代ローマには、例えば、個人の奢侈を制限する諸法律がありました。選ばれた監察官は、過度の贅沢がなされていないかどうかを調べる権利を有していました。その贅沢が国家の道徳に反する場合、彼らはそのようなふるまいを罰することができたのです。これは個人の自由に関する著しい干渉でありましたが、これはまさに自治を行う市民の名のもとになされたのです。(70)

こうして、ヨナスはオイコスの維持に背く場合は自由を直接制限しても構わないと考えていたが、そこにヨナスの限界を見ることもできる。例えば、再生可能エネルギーへの転換は、生活水準の劇的な低下を回避しつつ資源の一方的搾取をやめる道である。『責任という原理』のテキストからは、ここまで見てきたように各人の生活の中に今まで以上の自発性と自由を要求し認める倫理学を展開することができる。その自由は放埓や無思慮な技術の進歩のためのものではなく、いのちの連なりを各人の仕方でいつくしみ、守る方向でとらわれなく工夫する自由である。したがって規制は右のような文字通りの制約ではなく、その工夫の自由を支える方向で構想されるべきだろう。

結語にかえて　二つの自己言及性試論

最後に、ヨナスが典型をもって責任を論じた意味について付言しておきたい。かつてヨナスは、『グノーシスと古代末期の精神』第二部序論において、グノーシスと総称される思想運動に共通する構造を提起した。それによるとグノーシスの諸思想はいずれも以下に示すプネウマと被造世界との関係の構造において共通する。すなわち、善なる神とは異なる造物主が世界、肉体と魂（プシュケー）を創造するが、その世界創造以前に光の領域プレーローマにあった非世界的で神的なもの、すなわちプネウマが肉体の内奥にあるプシュケーのうちに取り込まれたのである。さらにヨナスは、グノーシス神話を読む者が、神話が示すこうした自己のプネウマと被造世界との関係を知ることを通して、自己認識が改まり、世界を脱して自己の救済を願うようになるという自己言及的構造を、グノーシス神話が持っていることを明らかにした[71]。

ヨナスが『責任という原理』で示したのは、過去から将来に至るまで誰しもが必ず親が産んだ「乳飲み子」であるという当たり前の事実である。「乳飲み子」は世界に投げ込まれたのではなく、親が産んだのである。それはとりもなおさず『責任という原理』の読者である「私」自身の事実ではないのか。他ならぬ「私」がいのちの連なりの中に存するという「生殖の秩序」においてあることがテキストを通して想起されるならば、世界の呪縛からの救済ではなく、当たり前に営まれてきたいのちの連なりそのものへの配慮が動機づけられるのではないか。かつて自らが明らかにした、世界から脱しようとする自己言及性を乗り越えるべくヨナスがたどり着いたのは、いのちある世界をつなごうとする自己言及性ではなかっただろうか。

注

（1）この点について次の拙稿を参照のこと。「ハンス・ヨナスの自然哲学と未来倫理」、吉永明弘・福永真弓編『未来の環境倫理学』勁草書房、二〇一八年刊行予定。
（2）この刷新へ向けた一つの取り組みとして、同書『未来の環境倫理学』を参照願いたい。
（3）アリストテレス『政治学』牛田徳子訳、京都大学学術出版会、二〇〇一年、一二頁参照。
（4）同書、一二四―一二九頁参照。
（5）同書、一二九―一三六頁参照。
（6）Hegel, G.W.F., *Phänomenologie des Geistes*, Werke, Bd.3, Frankfurt am Main, 1970, S. 329.（樫山欽四郎訳『精神現象学』下、平凡社ライブラリー、一九九七年、二四頁）。
（7）Vgl., Hegel, S.330.（二五―二六頁参照）。
（8）Vgl., Hegel, S. 334-335.（三一―三三頁参照）。
（9）Hegel, S. 336.（三四頁）。
（10）Hegel, S. 336-337.（三五頁）。
（11）Hegel, S. 337.（三六頁）。
（12）Hegel, S. 332.（二八頁）。
（13）Ebd.（同項）。
（14）Hegel, S. 333.（三一頁）。
（15）Hegel, S. 332.（二九頁）。
（16）Hegel, S. 334.（三一頁）。
（17）Ebd.（同項）。
（18）Hegel, S. 352.（五八頁）。
（19）例えば、加藤尚武編『環境と倫理　新版』有斐閣アルマ、二〇〇五年、一五八頁以下、および菅原潤『三・一一以後の環境倫理――風景論から世代間倫理へ』昭和堂、二〇一六年、一一一―一一四頁参照。

(20) ラッヘンマンは、ドイツの少子化の原因をフェミニストたちによる男女同権を目指すイデオロギーに求め、少子化の結果として外国人の流入を招いていると批判し、伝統的な家族像を復権させるためにヨナスの責任倫理学を称揚する。Vgl., Lachenmann, H., *Sieh hin und du weisst Ein theologisches Gespraech mit Hans Jonas*, Stuttgart, 2009, S. 28ff.

(21) Vgl., Lachenmann, S. 31.

(22) Lachenmann, S. 32.

(23) Ebd.

(24) Ebd.

(25) Jonas, H., *Das Prinzip Verantwortung. Versuch einer Ethik für die technologische Zivilisation*, Frankfurt am Main, 1979, S. 241. 以下 PV と略記。（『責任という原理』加藤尚武監訳、東信堂、二〇〇〇年、二二九頁。以下『責任』と略記）。

(26) Ebd.（『責任』同項）。

(27) PV, S. 240.（『責任』二二八頁）。

(28) Ebd.（『責任』同頁）。

(29) 柏木恭典『赤ちゃんポストと緊急下の女性――未完の母子救済プロジェクト』北大路書房、二〇一三年、四〇頁。なお、発祥の国ドイツではBabyklappe と呼ばれている。その直訳である赤ちゃんポストは、物として子供を置いているかのようなニュアンスを感じる人もいるだろうことから、「こうのとりのゆりかご」と慈恵病院では呼ばれている。本章では兼松に従い、対象を一般的に示す「赤ちゃんポスト」と呼称する。「赤ちゃんポスト」という訳語については、柏木、一九六―一九七頁を参照。

(30) 柏木、四二頁。

(31) 兼松誠「倫理学は『赤ちゃんポスト』をどう論じるか。」（第一部門〈哲学・思想に関する論文〉佳作論文）、『暁烏敏賞入選論文集』第二六回（石川県白山市）、二〇一一年、三―四頁参照。（二〇一七年九月二一日現在、聖学院情報発信システムSERVE よりアクセス可能。本文中にはアップロードされているPDFファイルの頁数を記す。http://serve.seigakuin-univ.ac.jp/reps/modules/xoonips/detail.php?item_id=3557）

(32) 兼松、五頁。

(33) 兼松、九頁。
(34) 兼松、一〇頁。
(35) 兼松、一〇頁参照。
(36) 兼松、一二頁。
(37) 兼松、一二頁。
(38) ヨナスの存在と当為に関する兼松の整理について、兼松、八頁参照。
(39) PV, S. 235.（『責任』二二三頁）。
(40) 兼松、八頁。
(41) PV, S. 193.（『責任』一八二―一八三頁）。
(42) PV, S. 174.（『責任』一六四―一六五頁）。
(43) Vgl. PV, S. 175.（『責任』一六五頁）。
(44) Vgl., PV, S. 155ff.（『責任』一四四頁以下参照）。
(45) PV, S. 184.（『責任』一七三頁）。
(46) Vgl.,PV, S. 175f.（『責任』一六四頁以下参照）。
(47) Vgl., PV, S. 88-89.（『責任』七三―七四頁参照）。
(48) Cf. Jonas,H., *Philosophical Essays*, Chicago, 1980; reprint, New York, 2010, p. 94f. なお、この問題については山本剛史「自然哲学から倫理学へ――ヨナス責任倫理学と今後の環境倫理学の展望」『環境倫理』第一号、江戸川大学、二〇一七年、二七七―二八四頁も参照（当雑誌は科学研究費基盤研究（C）「二一世紀における『ローカルな環境倫理』についての包括的研究」（16K02132）報告書でもある）。
(49) PV, S. 230.（『責任』二一九頁）。
(50) Vgl., PV, S. 185.（『責任』一七五頁参照）。
(51) PV, S. 182.（『責任』一七二頁）。
(52) PV, S. 178.（『責任』一六八頁）。
(53) PV, S. 180.（『責任』一七〇頁）。

(54) Ebd.（同頁）。

(55) PV, S. 191.（『責任』一八〇頁）。

(56) PV, S. 196.（『責任』一八六頁）。

(57) PV, S. 197.（『責任』一八七頁）。

(58) PV, S. 198.（『責任』一八八頁）。

(59) Ebd.（『責任』一八八―一八九頁）。

(60) 檜垣立哉『子供の哲学』講談社選書メチエ、二〇一二年、二一四頁。

(61) Vgl. PV, S. 88ff.（『責任』七三頁以下参照）。

(62) PV, S. 214.（『責任』二〇三頁）。

(63) PV, S. 215.（『責任』二〇四頁）。

(64) PV, S. 192.（『責任』一八一―一八二頁）。

(65) Vgl. PV, S. 190.（『責任』一七九頁参照。）

(66) ヨナスの自然哲学と倫理学との関係について、注（48）に挙げた拙稿を参照。

(67) PV, S. 193.（『責任』一八三頁）。

(68) Vgl. PV, S. 194.（『責任』一八四頁参照）。また、あるいはこの党派性の許容においてThink globally, act locally. という環境倫理的な行動原理を導き出せるのかもしれない。

(69) それはもちろん、ヨナスが批判したE・ブロッホのように、労働そのものを止揚するということではない。

(70) Jonas, H., *Dem bösen Ende näher*, Frankfurt am Main, 1993, S. 16-17.（市野川容孝訳「悪しき終末に向かって」『みすず』一九九二年八月号、三七―三八頁）。

(71) Vgl. Jonas, H., *Gnosis und spätantiker Geist. Zweiter Teil: Von der Mythologie zur mysthischen Philosophie. Erste Hälfte*, Göttingen, 1954, S. 1-23.

＊ 本章の一部は科学研究費16K02132に依る。

Ⅲ　〈いのちの霊性〉と「いのちの宗教哲学」

序

海老原晴香

人間の「いのち」とは、一体どのようなものとして理解されるべきだろうか。それは、たとえば現在ならばおよそ七五億人地球上に存在する人口のうちの一人が、この世に偶然の産物として産み落とされてから生物学的死を迎えるまでの生命活動である、とすることで十分なのだろうか。より個人的な思いに引き寄せて叙述するならば、「私」が今こうしてここに生きていることは、数ある可能性の中の一つの現象、単なる偶然で、そこに特段の事由や根拠や意味などを問うことは無駄であるのだろうか。

第Ⅲ部の各論考は、こうした問いが発せられる際に見え隠れする人間生命への刹那的理解に対し、宗教的霊性と向き合う視座から疑義を投げかけようと試みるものである。人間は各々固有の「いのち」をもってこの世界に存在を与えられ、他者へと開かれ相互に交わりながら、その「いのち」を十全に歩んでいく使命への応答を求められている。そうした人間の「いのち」の豊かな源泉について、またその源泉との出会いや対話を根拠として生きていく人間の「いのち」のありかたについて、三つの論考は各種の文献に基づき思索を提示する。

阿部善彦氏の「エックハルトにおけるペルソナ性と非ペルソナ性――ローゼンベルク『二十世紀の神話』

に見る神秘主義（Mystik）の誘惑」は、キリスト教的な思想伝統の一大潮流である神秘主義における権威、マイスター・エックハルト（一二六〇頃―一三二七年）による神‐人間理解が、近代以降のエックハルト研究者らの恣意的解釈によって、「いのち」の開花を語るものから「いのち」を根本的に損なうものへと歪められていった背景・経緯について明らかにしている。神の偉大さを語りながら神とはまったく異なる虚像を中心に据える「神話捏造」によって、エックハルト原典の真正なメッセージは、人間疎外と「いのち」の破壊を神聖化するナチス・ドイツの文化政策へ、そして「民族主義的・全体主義的熱狂と一つとなった共同幻想」へと変質させられた。阿部氏は、エックハルトの手になる膨大な原典資料に今一度たちかえり、研究史および解釈史の丁寧な吟味検討を重ねることにより、「神秘主義者」（Mystiker）マイスター・エックハルトへの誤った理解の存立を打破し、人間の「いのち」を十全に生かす神のありようを開き示す、正統な意味での「神秘主義」（Mystik）を取り戻す試みに成功していると言えるだろう。

フェイクニュースの真偽に翻弄され、阿部氏が論考において指摘した「神話捏造」や「共同幻想」にも似た数々の情報によって、平和よりもむしろ「いのち」の脅威に曝されつつある現代の私たちにとって、誤ったエックハルト思想解釈を政治的プロパガンダへと変質させたアルフレート・ローゼンベルクの所業に対する氏の次の言説は示唆に富むものである。

これはローゼンベルクの個人的信条や解釈の問題でもなく、すでに終わった過去の問題でもない。エックハルト研究が巻き込まれ、または加担した歴史的な問題である。この歴史的問題に向き合い、再びまた同じような幻想に酔いしれるようなことがないように、エックハルトにおける Mystik の神と人、人と人の関係性、共同性、主体性にかかわる理解を、とりわけその根幹にあるペルソナ性の理解を正確に捉える必要がある。われわれもまた、ローゼンベルクや彼の言説を無批判に受け入れた人々と同じ弱さを持つ存在である。それゆえわれわれもまた Mystik の中にローゼンベルクと同じような破滅的誘惑に導くローレライの歌を聴くかもしれなし、今まさに聴き入っているかもしれないからである。

海老原晴香は、続く二つ目の論考「神との出会いに養われるいのち――ノリッジのジュリアンはなぜ神の啓示を二度執筆したか」において、中世イングランドにおける女性神秘思想家ノリッジのジュリアン（一三四二―一四一六年以降）による著作に基づき、神と人間との霊的対話を通じて開かれてくる豊かな「いのち」の可能性を考察した。人間一人ひとりの使命、自らの「いのち」のまことのありかたは、決してその生を担う人間自身にとっても自明のことではない。であるからこそ、わかりやすい「神話」や耳ざわりのよい「共同幻想」に自らの固有な「いのち」を同化融解させてしまおうとするのではなく、「いのち」の根源を不断に問い求め、超越と深みへのまなざしをもって人生を模索していく歩みが、輝きを放つのである。

こうした各々の霊的な歩みは、時に「神秘主義」の特徴として揶揄されるような、他者を排除して自閉へと没入していく独我論的なものにはなりえない。ジュリアンが神との対話を重ねていくにつれて、そこで受け取るメッセージが「広くわれわれすべて」「あなた方すべて」に向けて語られたものであると気づいたように、「いのち」の根源を問う霊的な歩みは排他主義的・閉鎖的・独善的世界を打ち破り、協働してそうした世界を超克していくベクトルを指し示していくものとなる。キリスト教の伝統において、人間の個々の「いのち」は、原初に刻印された神の像を回復することによって完成される、と理解されてきたが、その神の像の回復は、人間と神との間での親密な交わり、そして同時に人間相互の愛と配慮によって、十全に世界のうちに実現するのである。ジュリアンが霊的体験の後に見出した自身の「いのち」の固有な使命も、自らが生きる世界における愛の共同体の実現と切り離せないものであった。

長町裕司氏による「『生命《いのち》』の宗教哲学の可能性〈と〉『いのち』の宗教的霊性」は、生命そのもの（「生命一般の本質」）を問う哲学的思索の系譜への批判的考察から、「宗教的霊性と言えるものの根幹を成す〈生それ自体の意味〉〈真の生〉〈いのちの玄義〉」の吟味へと読者を誘う。長町氏は本章で、近現代において各々の思索の背景と固有の問題関心に基づいて展開された生命への問いを、洋の東西を問わず取り上げており〈マルティン・ハイデガーによる生命の存在論への言及に始まり、ハンス・ヨナスの生命存在論、西田幾多郎の哲学的生命論へと続く〉、そこで問い求められることが基礎をなして、われわれに避けがたく真の「いのち」へのまなざし（いわく、「真人として（＝真に一人の具体的な人格的個として）生きる」ことへの覚醒）と、〈いのちの宗教的霊性〉の次元とが開かれてくることを指摘する。かくして示される〈いのちの宗教的霊性〉は、キリスト教信仰といかなる関連で結ばれるのであろうか。氏の論考に目を通されたい。

三者各々の扱う文献は多様なれど、その各々を通じて共通の思いがにじみ出ることを願うばかりである――宗教的霊性へのまなざしを閉ざすことなく「いのち」の固有な意味を問うていくことが、人間の生命の営みの根源をなすのである。

第七章　エックハルトにおけるペルソナ性と非ペルソナ性

――ローゼンベルク『二十世紀の神話』に見る神秘主義（Mystik）の誘惑――

阿部善彦

はじめに

一九三〇年にドイツで出版された『二十世紀の神話』（アルフレート・ローゼンベルク著）という本がある。[1] 同書は日本でも原著一九三七年版に依拠した、吹田順助、上村清延による翻訳が、翌一九三八年に中央公論社から出版された（以下同書からの引用は同訳による。ローゼンベルク一九三八と略記）。

ナチスドイツの文化政策の一翼を担ったこの著作において、エックハルトは「神秘主義」（Mystik）、「神秘主義者」（Mystiker）として紹介され、ナチス的理念を代表する思想家として登場する。以下に見るように、同書は日本におけるエックハルトと神秘主義理解にも一定度以上の影響を及ぼし、南原繁や西谷啓治においても言及される。

本論は『二十世紀の神話』とナチスの文化政策を直接に取り上げるものではない。[2] エックハルト研究の観点からローゼンベルク的エックハルト解釈の中にある問題性の解明を目指す。同書においてエックハルトは「神秘主義者」（Mystiker）であり、「独逸の使徒」であり、ナチス的理念の代表者である。[3] 同書における「神秘主義」（Mystik）とは、簡潔に言えば個々のペルソナ・人格的主体性を台無しにして破滅へと導くような民族主義的・全体主義的熱狂と一つとなった共同幻想である。

本論は、エックハルトの「神秘主義」（Mystik）がいかにして、そうした非人格的な民族主義的・全体主義的熱狂と一つになった共同幻想に置き換えられたのか、またそこでエックハルトの思想から何が本質的に損なわれたのかを、またエックハルトが実際にペルソナ性・人格的主体性について語っていたことは何であったのかについて、特に「一」の観点から明らかにしたい。

一　日本におけるエックハルト研究の問題

本論では神と人との合一の思想をひとまず「神秘主義」（Mystik）と呼ぶが、そこには神と人、人と人との関係性、共同性、主体性の理解が含まれる。その合一の思想としての Mystik には相反する二つの見方がある。一つは神（もしくは、それに類する大いなるもの、絶対的・超越的存在、原理）との合一において人間の人格的主体性が融解・解消・破滅・消滅するという理解、他方はむしろその合一においてこそ人間の真のペルソナ的・人格的主体性が成立するという理解である。

後者を中心とするのがエックハルトの Mystik であるのに対し、前者を中心とするのが、人々がエックハルトの中に見ようとした幻想としての Mystik である。前者の場合、ローゼンベルクに見られるように Mystik はペルソナ性・人格的主体性を破綻させる民族主義的・全体主義的熱狂と一つになった共同幻想になる。

エックハルト研究も、まさしくその共同幻想の中に取り込まれた時期がある。クリバンスキー（Raimund Klibansky, 1905-2005）らによって開始された最初のエックハルト全集の計画（ローマで実際に部分的に出版もされた）が、ナチズムの影響で一九三七年までに途絶したことや、ローゼンベルクのようなエックハルトのナチズム的利用が多く現れたことは、今日よく知られている。[4]

ところが日本では、エックハルトとナチズムの関係についてはほとんど問題とされてこなかった。[5] 例えば、西谷啓治は「独逸神秘主義」（初出『世界精神史講座』第四巻、理想社、一九四〇年）で、ローゼンベルクの『二十世紀の神話』における民族主義的なエックハルト像を肯定的に紹介している。この論文はその後、『ドイツ神秘主義研究』（上田閑照編、創文社、一九八二年、一九八六年増補版）や、西谷啓治著作集第七巻（創文社、一九八七年）に、ローゼンベルクに関する箇所の変更なくそのまま再録されている。[6]

『ドイツ神秘主義研究』の編者である上田閑照は、西谷の論文を「総論」と位置づけて第一部に置き、その際に西谷「先生の論文を旧稿のまま収録した」理由を、「ドイツ神秘主義の日本に於ける――そして恐らく世界に対して或る新しい意義をもち得る――本格的研究が西谷先生によって始められたその歴史をとどめたいと思ったからである」と説明している（同書、一九八六年増補版、六七八頁）。

同じく『ドイツ神秘主義研究』には、「序」として西谷の「今日の神秘主義研究の意義」が収録されているが、その冒頭で「先ず第一に、神秘主義の普遍性（Allgemeinheit）」（同書、三頁）が神秘主義の特徴であると述べており、「西洋の神秘主義のなかでは、特にドイツ神秘主義にこのやうな普遍性の立場が非常に深められた形で現れてゐる」（同書、一三頁）と論じている。これは第二次世界大戦後に書かれたものであり、そこに現れる「普遍性」

の強調は、この論文につづけて再録されている終戦前の「旧稿」における、ドイツ神秘主義を「独逸民族の魂の最も深い現れ」（同書、八九頁）と見るかつての民族主義的解釈と並べてみると、奇妙な印象をうける。

弁明すれば、民族主義と結びつけたエックハルト解釈は西谷に限ったものではなかった。ローゼンベルクほどの極端なアーリア人中心主義には及ばなくとも、エックハルトを反ローマ・カトリック的なゲルマン主義とみなす解釈や、ゲルマン精神やドイツの騎士道精神と結びつける解釈を応用しての、エックハルトを禅や大和魂、武士道精神に結びつける不思議議言説は、当時の講演や出版物を通じて公にされていた。日本でこれを推進したと思われるのは一九三八年一一月二五日に締結された、日獨文化協定に基づく日獨文化協会であり[7]、それと密接にかかわってナチス的理念を熱心にプロパガンダしたカールフリート・グラーフ・デュルクハイム（Karlfried Graf Dürckheim, 1896-1988）であろう[8]。日獨文化協会が発刊していた『日獨文化』、そしてナチス関係の著作を出版していた理想社からエックハルトに関する出版物が複数確認される[9]。

西谷のエックハルト論が宗教哲学的に重要で、今日的意義があることに議論の余地はないが、しかし成立事情において時代的潮流に呑み込まれた部分があることは、忘却されてはならないだろう。実際、西谷は「独逸神秘主義と独逸精神」という論文を『日獨文化』（一九四三年一二月）に載せて次のように述べている。「如何なる民族でも何時かは世界史の内へ自己を刻み付ける時節をもつ。それはいはばその民族に與へられた世界史的な『時』である。……民族は自己自身を追究し自己自身を貫徹することに於て世界史的使命を果たすのである。……併し言ふまでもなく、今いつたことは、精神自身の領域に於て、即ち宗教、哲学、道徳などの領域に於て、最も純粋な形で現れる。そしてこれらの領域に於て世界史上最も有力な民族の一つは独逸民族なのであつた。それはエックハルトを中心とする独逸神秘主義と、ルターを中心とする宗教改革と、カント及びその後のドイツ観念論の哲学とに於て、三度、世界精神史的な『時』を得たのである」（西谷啓治著作集第七巻、創文社、一九八七年、二〇五―二〇六頁）。『日獨文化』で示されたこうした西谷の民族主義的歴史・世界観は当時どのように読者に受容されたのであろうか。[10]

ところで、この西谷論文の一年ほど前に、南原繁は『国家と宗教――ヨーロッパ精神史の研究』（岩波書店、一九四二年）を公刊している。同書の第四章「ナチス世界観と宗教」では、ローゼンベルクの『二十世紀の神話』における民族主義的精神史の危険性が検討され、そこで利用されているエックハルト理解の問題についても鋭い批判的指摘がなされている（岩波文庫版、二〇一四年、二七四―二八一頁、特に二七七―二七八頁など参照。以下、南原二〇一四と略記）。今日までのエックハルト研究では、西谷と対照的にローゼンベルク批判を行っている、戦時下一九四二年の南原による研究に関心が寄せられることはなかった（南原については、本論第二節で触れる）。

南原繁と同じく無教会主義のキリスト者で第一高等学校、東京帝国大学で学んだ石原謙は、一時期かなり精力的にエックハルト研究に集中して取り組んでいた。だがローゼンベルクの『二十世紀の神話』が日本でも知られるようになる時期に、ぱたりとエックハルトに関する研究発表をやめてしまう。[11]石原謙は、南原繁の『国家と宗教』刊行直後、『帝国大学新聞』（九二九号、一九四三年一月一一日）に書評を載せているので、少なくともその時までに南原繁の問題意識を知ることができたはずである。石原謙のエックハルト研究の途絶に南原の著作がどれほどの影響を持ったのかについては、今後の研究課題となろう（石原については、本論第三節で触れる）。

二　ローゼンベルク的エックハルト理解の問題性――南原繁の『国家と宗教』の指摘

ここで南原繁『国家と宗教』におけるローゼンベルク的エックハルト理解に対する批判を見ておこう。南原はローゼンベルクによってエックハルトの説く神と人との合一、すなわち「一つとなった高貴な魂の神性」が「種と人間との合一として、この世界の存在法則における種族的生の神性――民族的活力にまで引き下げられるに至るであろう」と述べ、そのエックハルト解釈の問題点を看破している（南原二〇一四、二七八頁）。実際ローゼンベルクが説くところのエックハルト理解によれば、エックハルトによってはじめて「自由」であり「高貴」である「魂」が「北方・ゲルマン的精神」に十全に示されたのだが、そのような「魂」のありようは、人種的「血」に結びついたものであり、したがってエックハルトの教えは「血」が異なる「雑種人」には意味を持たないとされる（ローゼンベルク一九三八、二〇五頁）。

こうしたローゼンベルク的解釈に対して南原は、「本来ロゴスが肉体となったものとしての『神の子』の位置を、今や絶対有として『種』が占めるものと解しなければならぬ。われわれはここに『ユダヤ人とギリシャ人、あるいは奴隷と自由人、あるいは男と女の区別なく、みなキリスト・イエスにあって一なり』と説いたパウロの福音主義の原理が排斥せられる根本の理由を了解し得るであろう」と評している（南原二〇一四、二七八―二七九頁）。ここで南原はロゴスの受肉に言及するのだが、これは以下、本論で再度述べるようにエックハルトの合一の思想を理解する上で欠かすことのできない聖書的・神学的基盤である。

エックハルトによれば、神の似姿として造られたという創造論的根拠とともに、創造が完成するための救済論的根拠として、ロゴスが受肉することが不可欠なのである。それは聖書及び聖書に依拠する教父以来のキリスト教思想の伝統に根ざす考えである。救済史的出来事としてのロゴスの受肉は、すべての人間を、受肉のロゴスである「神の子」と同じものとするという救済的完成の根拠であり、『ヨハネ福音書』第一章にある通り、受肉のロゴスによって、信じるすべての者は「神の子」とされるのである[12]。

それゆえ南原がローゼンベルクを批判して、似非科学的純血主義・人種主義に基づく「種」や「血」が、神と人との一致の根拠となる受肉のロゴスである「神の子」にとって代わり、それによって「みなキリスト・イエスにあって一なり」という「パウロの福音主義の原理が排斥せられる」と述べているのは、エックハルトの説く神と人との一致の思想の根本をも、きわめて正確に把握したものであると言える。エックハルトの説く神と人との一致の思想は、何よりもまず受肉のロゴスに基づき、全人間が――つまり人種や「血」の区別なしに――「神の子」と一致することによって成立する救済的完成として理解されなければならないのである。

しかしローゼンベルクのやり方によって、「魂と血、自我と人種、絶対者と種族とが同一不二の関係に置かれるに至る」とき（南原二〇一四、二七八頁）、エックハルトの説く神と人との合一の思想のうちに本来存在していたはずの、神と人、人と人との関係性、共同性、主体性――すなわち受肉のロゴスに基づく「神の子ら」としての関係性、共同性、主体性――の理解は完全に取り除かれる。その代わりに「種」を離れては人間は「無」であるとされるような「種的『血の共同体』」が、合一の思想における関係性、共同性、主体性の理解を決定づけるのである[13]（南原二〇一四、二七九頁）。

南原の指摘から明らかになることは、ローゼンベルクのエックハルト理解においては、神と人、人と人との関係性、共同性、主体性は、「種的『血の共同体』」に姿を変えてしまったということである。こうしてエックハルト的Mystikは「種と人間との合一として、この世界の存在法則における種族的生の神性‐民族的活力にまで引き下げられるに至」ったのである（南原二〇一四、二七八頁）。

こうした南原のローゼンベルク批判とともに明らかになることは、いかに容易に、神と人との合一の思想としてのMystikが、神話的力に組み込まれ利用されるかということである。考えるに、Mystikには、例えばエックハルトでは「根底」（grunt）というように、神と人、人と人との関係性、共同性、主体性を、絶えず根本的かつ決定的に刷新、規定しなおす力があると言える。その際、Mystikは、通常の理解の枠組みでは十分に語りえなかった、全存在を貫く根源的中心性に向かって、どこまでも深く掘り進み、それを語りえぬ次元から語り、拓き示すのである。Mystikにある、どこまでも根源的中心性に向かう求心的・深淵的力は、本来は国家・民族を含む一切のBild（像）の虚像性を看破し、撥無するはずだが、いまや神の位置を占める国家また民族（血）に、実体なき虚像、想像上の中心性を与えるための神話捏造に奉仕させられる。こうしてMystikはローゼンベルクの説く「血」の神話に基づく英雄的民族共同体幻想とそれに奉仕・隷属する人間を生み出すために大いに利用される。そのMystikは神との一致ではなく、国家もしくは民族との一致・合一に置き換えられており、Mystikの身分そのものが、神話的共同体を生み出すために恣意的に用いられる道具・手段に落ち込んでいる。

さらにローゼンベルクの説くところによれば、エックハルトこそがナチズム的民族精神の根源、「血」の共同体の根源に位置づけられる。「マイスター・エックハルトにおいて北方的の魂は、始めてそれ自身（sc. ゲルマン魂の力）を十分に意識した。彼の人格において、有らゆる吾々の後代の偉人が埋蔵されている。彼の偉大なる魂からいつかは独逸の信仰が生れ出づることが出来、かつ生まれるであろう」（ローゼンベルク一九三八、二〇五頁）。

エックハルトは、ローゼンベルクの説くところの「血」の共同体としてのドイツ民族の歴史と運命を背負わされ、全面的にその「神話」に深く結び付けられ偶像化される。言い換えれば、エックハルトは二重の仕方でローゼンベルクの説く幻想の中で偶像となる。一つには容易に国家・民族（血）との一致・合一に置き換えられるMystik の、そして国家・民族（血）に捧げられる「独逸の信仰」の、父祖的存在として、さらにはそのドイツ的民族に固有の精神性を歴史上はじめて具現化し、「独逸」的なるものと完全に一体化した英雄としてである。

こうしたエックハルト理解はローゼンベルクの個人的信条や解釈の問題ではなく、すでに終わった過去の問題でもない。エックハルト研究が巻き込まれ、または加担した歴史的問題である。この歴史的問題に向き合い、再びまた同じような幻想に酔いしれるようなことがないように、エックハルトにおける Mystik の神と人、人と人との関係性、共同性、主体性にかかわる理解を、とりわけその根幹にあるペルソナ性の理解を、正確に構築する必要がある。われわれもまた、ローゼンベルクや彼の言説を無批判に受け入れた人々と同じ弱さを持つ存在である。それゆえ、われわれもまた Mystik の中にローゼンベルクと同じような破滅的誘惑に導くローレライの歌を聴くかもしれないし、今まさに聴き入っているのかもしれないからである。

三　エックハルトにおける Mystik の問題性――民族主義的傾向と「一」の理解

1　民族主義的傾向

エックハルトがなぜローゼンベルクに利用されたのか。その理由を簡単に解明することはできない。だがエックハルトが「神秘主義者」（Mystiker）として、またその思想が「神秘主義」（Mystik）として語られること自体に、すでにローゼンベルク的解釈に容易に取り込まれるような問題性が潜んでいた。一つには、エックハルトを「神秘主義者」（Mystiker）や「神秘主義」（Mystik）という言葉によって語ること自体が、すでに民族主義的・国民主義的傾向のもとになされてきたということであり、先に見たローゼンベルク的・西谷的エックハルト解釈はそうした傾向の延長線上に置くことができるということである。このことをエックハルト研究の歴史に即して考えておきたい。

　エックハルトに関する本格的学問研究は一九世紀後半から始まる。これは新トミズムと呼ばれる中世スコラ哲学研究の隆盛期に重なるが、その頃のエックハルト研究の主な担い手はドイツ文学者（ゲルマニスト）であり、プロテスタント神学者であり、エックハルトの中にドイツに固有の偉大な精神的源泉を見出そうとする民族主義的・国民主義的空気をただよわせていた[14]。そこでエックハルトに適用される「神秘主義者」（Mystiker）という言葉は、エックハルトがローマ・カトリック的「スコラ学者」（Scholastiker）ではないという主張とほぼ同義であった。その場合「神秘主義」（Mystik）が意味する神と人との合一とは、教会、聖職者位階制度、秘跡、信心・業《わざ》を含めた一切の神に対する制度的・外的・媒介的関係（それは多くの場合、ローマ・カトリック的なものと同一視される）を否定し、神との個人的・内的・直接的関係のみを追求する精神性とほぼ同義である。エックハルトは、しかもそれを民衆語であるドイツ語の説教で人々に直接語りかけたのである（これらの点において、エックハルトはルターのドイツ宗教改革の先駆者とも評価されていた）。

　さらに「神秘主義」（Mystik）が、あらゆる古今東西の宗教者・修行者・哲学者（例えばプロティノスなどの新プラトン主義、シャンカラ、禅など）のうちに見出される超越的な原理や存在（者）との合一、および「一」

をめぐる実践・言説との比較において、宗教学的・哲学的文脈の中で理解される場合には、エックハルトはどこまでも根源へと精神的深みを追求するドイツ的思弁性の先駆者として、また三位一体をも超越する「一」なる神との合一を説いた汎神論的（非キリスト教的）神秘主義者として評価された。[15] こうしてエックハルトの「神秘主義」は脱教会的・反制度的であるという信仰理解においても、汎神論的という思想理解においても、近世・近代以降のドイツ精神の礎石となる思想として理解された。[16] 実際ローゼンベルクにおいても、エックハルトはゲルマン主義的であるというだけでなく、反ローマ・カトリック教会的であるという点からも評価されている。

またこうした傾向を決定的に表現するのが、「ドイツ神秘主義」（Die deutsche Mystik）という言葉である。日本でも用いられるこの言葉についても、同じ問題連関において考えておく必要がある。この言葉は一九世紀に生まれた。『ヘーゲル伝』（中埜肇訳、みすず書房、一九八三年）の著者カール・ローゼンクランツ（Karl Rosenkranz, 1805-1879）が用いたのが最初とされる。当時のドイツでは、さかんに自分たちの精神・文化の原点・源流を探ろうとしていた。そこで注目されたのがエックハルト、タウラー（Johannes Tauler, c. 1300-61）、ゾイゼ（Heinrich Seuse, c. 1295-1366）などの一四世紀中世ドイツの思想家であった。

中でもミュンヘン大学教授のフランツ・フォン・バーダー（Franz von Baader, 1765-1841）は熱心にエックハルトを紹介し、ヘーゲルを熱狂させた。プレーガー（Johann Wilhelm Preger, 1827-1896）が『ドイツ神秘主義の歴史』（*Geschichte der deutschen Mystik im Mittelalter*, 1893）を著し、エックハルトをドイツ精神の歴史に光をもたらす「曙光」（Morgenröhte）と呼んだ。こうして一九世紀において「ドイツ神秘主義」は、「ドイツ精神」（der deutsche Geist）や「ドイツ的心性」（das deutsche Gemüt）の歴史的源流として再発見され、ルターの宗教改革と、近世・近代ドイツ精神史の発展を準備した先駆的存在として、哲学・思想史上に位置づけられ、エックハルトはドイツ精神の「父祖」と評されるようになった[17]。

だがこうしたエックハルト理解は、エックハルトが中世ヨーロッパ神学の最高の教育機関であったパリ大学神学部教授を二度務めるほどの学識を備え、「討論」(disputatio)、「註解」(expositio)、「説教」(praedicatio)などの学術的活動に精力的に取り組んでいたことをまったく顧みていない。この点について批判を行ったのがドミニコ会士デニフレ(Heinrich Suso Denifle, 1844-1905)であった。デニフレは、エックハルトの「ラテン語著作」の写本を探索、発見し、それまで「ラテン語著作」を知らずに「ドイツ語著作」によってのみなされてきたエックハルト研究の研究方法の根本的誤りを批判するとともに、神秘主義者という従来のエックハルト像をまったく学問的裏づけのないものとして斥けた[18]。

こうしたデニフレの見解は、日本においても石原謙によって、ローゼンベルクの『二十世紀の神話』(一九三〇年)刊行以前の一九二八年に紹介されており、エックハルトの「ラテン語著作」の研究の必要性と、ドイツの民族的・精神的父祖である神秘主義者エックハルトという従来の解釈の限界がすでに指摘されていたのである[19]。


かくて我々は最早エックハルトをスコラ神学の系統から引き離して、中世哲学史上に全く孤立せる汎神論的神秘思想家としてのみ見ようとはしない。従来は、ヤコブ・ベーメ、アンゲルス・シレジウス、バーデル、シェリング、ショーペンハウエル等に及ぼした彼の特殊の影響を重視し、殊に第十九世紀のプロテスタント的神学史家がしばしばタウラー、『独逸神学』の無名の著者等と共に彼をも宗教改革の思想を準備したる先駆と考えようとした慣習に支配されて、彼を近代思想殊にプロテスタンティスムスと結びつけて解釈する傾向が強くあったが、我々は最早かかる傾向に盲従することはできなくなった[20]。

言い換えれば『二十世紀の神話』公刊時には、上記のようなエックハルト研究の問題が石原論文によって日本の学界にも知られるようになっていたはずであり、実際、西谷は一九三二年の段階で同石原論文に言及しているのである。[21] ところが西谷は一九四〇年初出の論文「独逸神秘主義」では民族主義的エックハルト像を提示し、ローゼンベルクの「独逸的使徒」というエックハルト像に対する共感さえも表明している（西谷一九八七、一九九―二〇四頁）。

2 「一」をめぐる問題

また Mystik における合一の理解、とりわけその「一」についての理解そのもののうちに、先に見たようなローゼンベルク的なエックハルトの神話的利用を支える部分があったと考えられる。その「一」理解の典型を簡潔に言えば、エックハルトの説く「魂の火花」「魂の根底」とは、創造以前の「始原」（principium）においてすでに実現していた神・人の合一の内的根拠であり、再び創造以前の始原における合一の状態へと還帰することが現世における人間の目的・完成であるとされる。そしてその還帰による一致がついに果たされる際には、脱自、没入、忘我のダイナミズムによって神・人の区別自体が解消され、魂はもはや神に完全に同一化・同体化すると理解される。

ローゼンベルクやデュルクハイムにおいては、合一という言い方さえも不十分となる。[22] なぜなら「魂の火花」「魂の根底」と呼ばれる創造以前の先在の次元における人・魂の存在は、人間内部における非被造的存在性、つまり神との同等性、もしくは創造的関係における「神」と区別される「神性」と呼ばれる神的存在性との同一性を意味するものとして解釈されるので、そもそも神と等しい、もしくは同一だからである。そのような人間のあり方がローゼンベルクによれば、エックハルトの説く「魂の高貴さ」「魂の自由」であり、「心霊的自由」なのだが、それはもはや自らに対する超越的他者としての神さえも必要としない、自己自身が神である、自由で高貴な主体性だというのである。こうしてエックハルトの説く「魂の高貴さ」や「魂の自由」は、もはや教会や他民族のみならず、神さえも必要としない高貴さや自由として読み替えられ、さらにそれはゲルマン民族の「血」にのみ固有の、歴史的・人種的に限定された魂の高貴さや自由として、エックハルトとともに偶像化される。そしてそこに、世界史上におけるゲルマン民族の固有の位置と、それを現実世界上に展開するナチス的運動の、絶対的自己正当化の根拠が置かれるのである。

このような合一および「一」の理解のもとでは、神・人のペルソナ的関係性が一性のうちに解消・融解・融合し、神と人間との関係性、主体性、共同性のすべての輪郭があいまいになる。それは神も人もなくなる消失点に姿を変える。ローゼンベルクにせよデュルクハイムにせよ、Mystik という語はそうした神・人の合一について用いられているが、吹田順助らはローゼンベルクの翻訳において Mystik に「神」の字をあてる代わりに「深」を置き、「深秘」と訳している。これは同書で理解されている神・人の合一が「神」の消失にたどり着くので、「神」の字が取り除かれ、代わりに「神」さえもそのうちに呑み込まれる「深秘」としたとすれば、非常に興味深い訳であるようにも見える。

こうした神秘的合一の極致において、「神」とともに、神と神にあいまみえる人間との相互のペルソナ的主体性もまた完全に無効化さる。南原が指摘したように「神」の代わりに自ら自身の内に流れるゲルマン民族の「血」が根源として崇拝される。そうして民族・血との没ペルソナ的同一の中で酔いしれる「血の宗教」「独逸の信仰」

がMystikにおける合一、「一」として、ローゼンベルクによって教義化されてゆくのである。

もちろん神・人のペルソナ的関係性が没ペルソナ的同一性の中で解消・融解・融合せられるというMystikは、エックハルトにはない。それゆえ、上記のようなエックハルト理解がまったく無価値であることは言うまでもない。しかしエックハルト研究の側にもそうした傾向の「一」理解が見られることも確かである。それはエックハルトの三位一体の神と一性、神性の理解に関して指摘できる。

四 「神性の無」をめぐるエックハルト解釈の問題

以下に見るように、エックハルトにおいては、神的ペルソナの三位一体性が、多数性として否定されるとする研究者の解釈がある。すなわちエックハルトの思想は究極的な「一」を根本とするものであり、そこでは多数性が否定され、三位一体のペルソナ的複数性も否定されるべき多数性のうちに数えられる。それゆえ、三位一体の神を超えて、多数性を超えた一性、つまりペルソナ的な「神」ではなく、それを超えた一なる「神性」もしくは「神性の無」を目指さねばならない。そのように神的ペルソナの三位一体性をも多数性として否定し、非ペルソナ的一なる「神性」もしくは「神性の無」との非ペルソナ的一を目標とする精神動性は、多くの場合「突破」「離脱」というキーワード——その際、それらはペルソナ的神をも否定的に超出する精神動性として解釈される——と結びつけられ、そこに他には見られないエックハルトのMystikの徹底性があるという評価も生まれる。

しかし、三位一体を多数性として「一」に向けて否定し、「神性」もしくは「神性の無」を目指すとする解釈はまったく誤りであり、それは三位一体とその一性に関するエックハルトの思想の誤解・曲解に由来する。その誤ったエックハルト解釈は、三位一体においてペルソナ的に成立する主体性や、ペルソナとペルソナとの相互性の意義を、そしてさらに神と人とのペルソナ的関係性の意義を無効にし、ひいては、それらが没ペルソナ的同一性によって解消・融解・融合せられるというローゼンベルク的 Mystik へのすり替え・置き換えを招きかねない。それゆえ、三位一体とその一性に関するエックハルトの思想の、テキストに即した正確な理解可能性を提示することが必要となる。これが本章の基本的な問題意識であり、その限りにおいて、日本でよく紹介される西谷的「神性の無」をめぐるエックハルト解釈の問題を指摘しておきたい。

エックハルトの説くまことの神は三位一体の神ではなく、それを超えた一性であり、「神性」「神性の無」であるとするような、三位一体とその一性に関するエックハルト理解の誤りは、「三位一体の神」を「有相」とし、これに対して「神性」（gotheit）を「無相」とするような誤読に典型的に現れる。このような誤読は、「無相」の神に〈神性の無〉、〈絶対無〉を見る、西谷啓治の禅を媒介としたエックハルト受容以来、日本で好んで紹介されている。[23] ここに最近の一例としてタウラー研究者の橋本裕明氏による西谷的解釈のパラフレーズを示す。

> 周知のように、ライン神秘主義最大の思想家と目されるエックハルトは、神を三位とその根底たる一性に区分し、前者を人間に対向する神の有相、後者をその有相を撥無する全き無相と捉えた。もちろんこの三位の有相と一性の無相は、相互に一方あっての他方ありという相即関係にある。しかしエックハルトは人間の至福がまさしく有相を突破して無相の神性に達し、神性と一になることにあるとした。人間は、あらゆる多数性と差異を離れた一者に還帰し、父―子―聖霊なる神も一切の差異と特性を離れ去って一そのものである神

性に還帰しなければならず、しかしこの一者こそが人間に至福をもたらすのである。エックハルトは「われわれがこの一から遠ざかれば遠ざかるほど、われわれはますます神の子らではなくなり、御子でもなくなり、聖霊がわれわれの内で湧き出て、われわれから流れ出ることが完全でなくなる」と述べている。このようにエックハルトは、神の有相と無相を相即関係でとらえながらも人々に対しては、神の無相に向けて自我と神の有相を突破し、離脱する方向性を説いたのである。

（橋本二〇一一、二二二―二二三頁。傍点は阿部）

ここには「神を三位とその根底たる一性に区分し」とある。三位一体を「三位の有相と一性の無相」に分ける。両者を「相即」であると言いつつも、「相即」であることはほとんど問題にされない。「父‐子‐聖霊なる神も一切の差異と特性を離れ去って一そのものである神性に還帰」すること、つまり、「神の無相に向けて自我と神の有相を突破」することが、エックハルトの中心思想であると説かれる。しかし「神性」（gotheit）は -heit という語の抽象性にまどわされて、あたかも三位一体を否定的に乗り越えた、絶対的に超越的な一なる神的本質のようなものとして読まれるべきではない。あえて言えば gotheit は抽象名詞ではなく存在動詞であり、最も根本的な神の存在動態である。神が神自身であること、真実に神が神として存在していること、本当に生命であり存在である神の根源的な存在動態であり、三位一体としての神の存在動態にほかならない[24]。したがって、右記のように、エックハルトは三位一体を「三位の有相と一性の無相」に分けないし、そのような仕方で「父‐子‐聖霊なる神も一切の差異と特性を離れ去って一そのものである神性に還帰」することも説かない。実際、以下に見るように、エックハルトが説く「一」は三位一体の一であり、「父」なる神に帰せられる「一」である。

このことは、実は先の引用箇所で橋本によって引用されているエックハルトのテキストにおいて、はっきりしている。そこで引用されていたのは、エックハルトのドイツ語による神学論考『神の慰めの書』（BgT. DW V. S. 41）である。[25] そこで、「われわれがこの一から遠ざかれば遠ざかるほど、われわれはますます神の子らではなくなり、御子でもなくなり、聖霊がわれわれの内で湧き出て、われわれから流れ出ることが完全でなくなる」と引用されていた。この文章は、明らかに人間が「一」へと還帰することが「子」となることであり、生ける三位一体の神に行き着くことにほかならないことを語っている。「子」であることは「父」との関係において可能であり、それゆえにこそ「一」は明らかに「子」にとっての「父」を指している。

実際、『神の慰めの書』では、橋本の引用箇所よりも前から「一」について論じられ、「父」が「一」であり、「子」を生む「誕生」を意味することがはっきり語られている（BgT. DW V. S. 35）。その箇所よりもさらに前でも「等しさ」を「子」に、「愛」と「熱」を「聖霊」に同定したうえで（BgT. DW V. S. 30）次のように述べている。

> 等しさ〔＝子〕と熱する愛〔＝聖霊〕は魂を、一の第一の起源へと導き、つれ行く。その一とは、天と地における一切のものの父である。それゆえわたしは言う。一〔＝父〕から誕生する等しさ〔＝子〕は、魂を、神がご自身の秘められた一において一であるところの神〔＝父〕へと連れ戻す。というのもそれ〔等しさ＝子〕は一〔＝父〕を求めるからである。
>
> （BgT. DW. V. S. 31. カッコ内補足は阿部）

この箇所も、同様に人間が「一」へと還帰することが「子」として「父」のもとに行き着くことであることを語り、かつ、その道行きが、生ける三位一体の神自身によってひらかれ、根源たる一なる父へと導かれることであることを語っているのである。

しかしながら、先に見たように「神を三位とその根底たる一性に区分」し、「三位の有相と一性の無相」に分けるようなエックハルト解釈が、今なお人々に受けいれられ、今なおテキストに即して考証されることなく、当然であるかのように紹介されている。たとえ、それが東西宗教思想交流やそのための宗教哲学的考察に多少寄与するものであったとしても、エックハルト理解としては不正確な言説であり、それによってエックハルトの思想解明が大いに妨げられてきたのは言うまでもない。

エックハルトの語る「一」が、三位一体の「父」に帰せられることは「ラテン語著作」においても明らかである。エックハルトは「しばしば」と彼自身が述べているが――権威・アウクトリタスに基づいて次のように述べている。

一は、すでにしばしば語られたように、父に帰せられる[26]（unum, ut iam saepe dictum est, appropriatur patri）（In Io, n. 549）。

聖人たちは、一ないし神的なものにおける一性を、第一の基体ないしペルソナ、すなわち父に帰している[27]（sancti unum sive unitatem in divinis attribuunt primo supposito sive personae, patri scilicet）（In Io. n. 562）。

エックハルトが「しばしば」権威・アウクトリタスに基づいて語ったという、「一」と「父」との関係理解がこれまで長く無視されてきたのは、エックハルトの学問的著作である「ラテン語著作」が十分に研究されずに、極端な表現の多い「ドイツ語著作」ばかりが好まれてきたからだなどと問題を単純化することはできない。実際、先に見たように「ドイツ語著作」である『神の慰めの書』においても「一」と「父」との関係がはっきり示されている。

このような「一」と「父」との関係理解を見落とすことは、エックハルトの中心思想「魂における神の誕生」の正確な理解を困難にする。なぜなら「魂における神の誕生」の「誕生」とは、まさしく三位一体の「父」が「子」を生む「誕生」にほかならないからである。

五　ペルソナ的主体性と共同性をひらく「一」――compatres sumus

ではエックハルトは「一」と「父」をどのように語ったのか。エックハルトは聖書的・教父的思想源流との関係を踏まえて、「一」は「父」に帰せられるとする。[28]「一」はただ「一」ならざるものを一切否定する否定的「一」であるだけではない。「父」に帰せられる「一」は、ペルソナ的主体性――つまり「子」――を成立せしめる「一」である。「一」はどこまでも「一」であり、かつ父にあいまみえるペルソナ的主体性である「子」を成立せしめる「一」であり、そこに「二」すなわちペルソナ的主体性の複数性・共同性をひらく「一」である。

エックハルトも依拠する神学的伝統によれば、父と子と聖霊は本性において「他なるもの」(aliud) ではないが、ペルソナにおいては「他なる者」(alius) である。[29] その「他なる者」の複数性において、各々のペルソナ的主体性があり、三位一体なる神の一人称複数としての「われわれ」がある。[30]

子の父に対する関係は、「神からの神」(deus de deo) であり、神と神である。[31] 父と子のペルソナ的主体性は、神と神とがあいまみえる、まったく等しい相互関係性として成立している。[32] 一性である父から同等性である子が生まれるのであり、父と子の完全な一致・等しさ・ペルソナ的主体性がそこに成立しているのである（In Io. n. 556-557）。

　このような父と子の関係の内に人間が入ることが、イエス・キリストの受肉による救済の意義である。受肉のロゴスによる救済を通じて、われわれもイエス・キリストが子であるように等しく子とならなければ、同じ父をもつものではない（In Io. n. 117-121）。受肉のロゴスの救済史的意義は、実にわれわれが真実に同じ父のもとに至りうるかという問題にかかわってくる。[33] われわれが「子」となるのは父のみから、父の一切を受け取り、「子であること」に徹することによってである（In Io. n. 473, 569）。それは父が子を生み、子が父から生まれる「誕生」への徹底的参究にほかならない。存在・生命の躍動が、どの瞬間においても、父が「生む」「誕生」に即して真実に父と一つとなっている、真実のペルソナ的主体性を生きるものが「子」である（In Io. n. 197, 582）。父が生み、子が生まれ、聖霊が発出する三位一体的存在動態が、永遠即瞬間・瞬間即永遠的な存在・生命の開花であるように、われわれの父を求める徹底的な参究もかくあらねばならない。[34]

　しかし、子は父の一切を受け取るのであるから、その「誕生」の徹底的参究において、父の一切とならねばならない。つまり徹底的に「子」であることにおいて「子」は「子」であることを透脱し、「父」とともに生み出すものとならねばならない。これを、エックハルトはラテン語著作では[35] compater ——すなわち「父」とともに「父」と同じように生む者——であると語り、また、ドイツ語著作では、父とともに生み出す[36] wider îngebern（生み返し）とも語っている。

　エックハルトは「われわれが父と等しい者であるとき、すなわち、唯一の像の父たちであるとき、父がわれわれに示されるのである」（pater nobis ostenditur, quando dei compatres sumus, patres unius imagines）と述べている（In Io. n. 573. 傍点は阿部）。compatres, patres が複数形で、かつ sumus という一人称複数形現在の存在動詞とともに用いられる。一なる「父」は他を絶した存在ではなく、自ら自身へと他を招き、compatres, patres であることが一人称複数現在の存在動詞 sumus で語られるような複数の他なるペルソナ的主体性の共同性・コイノニアをひらいているのである。

compatres, patres は「子」であることの徹底的参究に基づく。このことはドイツ語説教の中では、照らし返し―― widerschînen ――という言葉によって捉えられている[37]。父の一切を受けるものとして生まれる子は、父から受けた一切を父へと照らし返す存在であり、父と同じ存在を受けてそれをそのまま自らにおいて父と同じように照らし出し、かくも父と一つであることにおいて compatres, patres なのである。

このようにして父との関係において成立する「われわれ」という一人称的複数の共同的主体性は、「血」や「民族」「国家」「歴史」、また「種」などによるものではない。この「われわれ」は、完全に父との関係においてのみ成立するペルソナ的主体性に基づいている。「血」や「民族」「国家」「歴史」などによって、また「種」などによって「われわれ」が成立するならば、そこでは「父」ならざるものが「父」の位置を代わりに占めることになるが、それこそエックハルトが否定することである（In Io. n. 188, 454, 567）。

ローゼンベルクの説くエックハルト理解には「父」が欠如している。「父」理解の欠如はすでに見たようにローゼンベルクに限られたものではない。エックハルトが語り続けている「一」と「父」との関係の無視・忘却は今なお進行している。では、いかに「父」を知るか。

「父」は「子」以外には知られない。その意味で「隠れたる神」（deus absconditus）である（In Io. n. 195）。「父」

である「一」は、それ自身の内にいかなる否定もない「否定の否定」(negatio negationis) であり、「一」から「落下した」一切の有限・多数的なるもの——その内に否定を含む一切——が「父」である「一」においては排除され否定される (In Io. n. 562, 611)。それゆえ、父に至るには「否定の否定」である父自身に向かって、否定的なものの一切が否定されなければならない。「父」を欠いたエックハルト理解は、この「否定の否定」を通過しない。だが、父に向かって一切の否定が打ち破られ、そこで父が真の父となることが、エックハルトの説く「突破」であり、同時に子が真の父を得る「誕生」である。[38]

学者たちによると魂には二つの顔があって上部の顔は絶えず神を見つめ、下部の顔は何かを見下ろし、感覚を操っている。上部の顔は魂の最高のもので、永遠のうちにあり、時間とは全く関わりが無く、時間についても身体についても何も知らない。……学者たちの説によると魂の最上の部分（閃光）から二つの力が流れ出ているという。一つは意志であり、他方は知性である。これらの力の最高の完成は知性と呼ばれる最高の力にある。これは決して休まない。この力は、神が聖霊であるから、また子であるからといって求めるのではない。これは子を避けるのである。これは、また、神であるからといって、神を求めるのでもない。なぜか。そこで神が名をもつからである。もし仮に神が千いるとすれば、これは絶えず突破（durchbrechen）して名前の無い神を求める。つまり神がいまだ名前を持っている限り、これは神より高貴な者、よい者を求めるのである。では何を求めるのであるか。これはそれを知らないが、神が父であるような神を欲している。それゆえ聖フィリポは「主よ、わたしたちに父をお示し下さい。そうすればわたしたちは満足します」（『ヨハネ福音書』一四章八節）と述べている。これは、善性に由来する髄のような神を求め、善性が流れ出る核のような神を求め、善性が涌き出でる根、水脈のような神を求めるのである。そしてそこでのみ神は父である。今や、わたしたちの主はこう言われる。「子のほかに父を知るものはいない。父のほかに子を知るものはいない」（『マタイ福音書』一一章二七節）。真理において、われわれは父を知ろうとするならば、われわれが子となるのでなければならない。

（Pr.26, DW II, S. 30-32：傍点は阿部）

ここではアウグスティヌスから受け継いだ魂の「二つの顔」について述べられている。[39]「名の無い神を求める」ことと語るこのテキストの意味を、われわれはもはや誤読することはないだろう。「名の無い神を求める」ことして語られる否定神学的言語遂行は、「有相」の神を離れて「無相」の神（神性）に至ることではない。「名の無い神を求める」ことは、父を求めて徹底的に子となりきる変容を、われわれが遂げることである。その変容はわれわれの存在が根本的に被る変容である。われわれのペルソナ的主体性は、受肉の恵みによってロゴスとの完全な一致を通じて「子となる」変容を遂げる。その「父」と「子」の生ける三位一体的生命への参入が「突破」であり「誕生」なのである。[40]

「名の無い神を求める」ことは、真実に存在する生ける父なる神への「突破」（同時に父の生命が吹き抜けること＝誕生）である。われわれによって像化され対象化された神が、生ける父なる神自身によって無化され、同時に魂の像化作用と像化作用の根本であるわれわれの我性までも撥無される。

「名の無い神を求める」ことは、表面的に否定神学的言説・認識を積み上げ、人知の及ばぬ彼方の不可識の領域に神を覆い隠し、絶対的・超越的他者として祭り上げることではない。[41] むしろ、「名の無い神を求める」ことは、真実に存在する生ける父なる神をどこまでも求めるテオロギア的参究であり、父を求め、子として父・子・聖霊三位一体の神的生命・誕生にあずかろうとするテオロギア的参究である。

宮本久雄は、先の引用箇所に見られるようなエックハルトの否定神学的言説が、新プラトン主義的傾向による三性の否定ではなく、「神の内的生命であるまことの三一性を人の思いなしの相関者としてしまう結果、人がその三一的生命に参入することを妨げることを洞察し、その意味で三一性の対象化を乗り越えようと意図したものである」と看破している。[42]

その時に「一」として語られるものは、西谷によって提唱され、のちの多くの人が好んで用いるところの「能作的合一」では語りえない、とも宮本は述べている。なぜならその言い方には能作・受動の「二元性」が残存しており、その「空却」「突破」が不徹底なものであるので、「非作用的合一」、すなわち「二元的像化の残滓を許さない一なる神性との非作用的合一をもってする以外にない」からである。

「非作用的合一」における「一」は、「非作用的」「超像的」「非主題的な三一的横溢」の実現・体現である。それは、エックハルトが「御父は永遠性の内において生み給うのと全く同一の仕方で、御子を魂の内に生み給う」(Pr. 6, DW I. S. 109) と語るように、「非作用的」(つまり能動・受動の二元性を超え)、かつ「超像的」にあらゆる像化を超え、思いなしを離れ、「何故なしに」(ohne Warum) の三一的生命――父が子を生み、子が父から生まれ、両者から聖霊が発出する生命――を生きることなのである。

「名の無い神を求める」ことは、父ならざる一切が父なる神に向かって打ち破られてゆくことにおいては、確かに否定神学的なテオロギア的参究である。だが同時に、「父」と「子」の生ける三位一体的生命そのものへの参入として「突破」即「誕生」である限り、肯定神学的なテオロギア的参究である。なぜなら子は「言《ロゴス》」として自らにおいて父を語り出す者だからである。その意味で同時に究極の肯定神学的テオロギア的参究である。

「突破」即「誕生」における父と子の生命連関を Mystik と呼ぶならば、それは神さえも呑み込んで、あらゆるペルソナ的主体性と共同性を消滅させる「深秘」のような Mystik ではない。それは神的生命の中で、神と人との相互が手を携え、躍り出る存在開華である。エックハルトが父子の関係において語る神・人の「一」は、ペルソナ的主体性が開華する相互的生命連関であり、それはむしろ東方キリスト教において重要概念として展開された「ペリコレーシス」(交流・相互浸透)、つまり三位一体の神の内における、またキリストの受肉における、神性と人性における「一」のあり様と比較可能性を有すると思われる。(43) この点については今後の課題としたい。

注

(1) Alfred Rosenberg, *Mythus des 20. Jahrhunderts. Eine Wertung der seelisch-geistigen Gestaltenkämpfe unserer Zeit*, München, 1930.

(2) ローゼンベルクとナチスの文化政策については次の文献参照。宮田光雄『十字架とハーケンクロイツ——反ナチ教会闘争の思想史的研究』新教出版社、二〇〇一年。

(3) 実際、エックハルトについて集中的に論じられる同書第一編第三章は「深秘主義と行」である。なお以下、本論で言及するように吹田順助・上村清延訳では「神秘主義」ではなく、「深秘主義」という特殊な訳語があてられている。

(4) Toni Schaller, *Die Meister Eckhart-Forschung von der Jahrhundertwende bis zur Gegenwart*, Freiburg, 1969, S. 315-411.

(5) ドイツ文学の立場からはナチズムとの協力を主題化した研究がなされており、本論を準備するにあたって次のものを参考にした。加藤健司「ナチスの影にあって——山形翻訳者の系譜(四)」『山形大学紀要 人文科学』一八、二〇一六年、一二三—一三七頁。高田里惠子『文学部をめぐる病——教養主義・ナチス・旧制高校』松籟社、二〇〇一年。

（6）同「『文学』の裏切り——小説家・吹田順助をめぐって」『桃山学院大学人間科学』一九九六年、二九—五六頁。関楠生『ドイツ文学者の蹉跌——ナチスの波にさらわれた教養人』中央公論新社、二〇〇七年。

（7）西谷論文で示される「独逸」民族の歴史に結びつけたエックハルト解釈は、一九四五年以降も特に問題視されることなく受け継がれている。ローゼンベルクの『二十世紀の神話』は問題として映らなかったのであろうか。

（8）神戸大学付属図書館新聞記事文庫（Web）より『大阪朝日新聞』（一九三八年一一月二六日、文化4-017）を参照。

（9）戦時下のカールフリート・デュルクハイムについては次の文献を参照。荒井訓「終戦前滞日ドイツ人の体験」『文化論集』早稲田商学同攻会、一六、一九九九年、九七—一三二、一一一—一一五頁参照。このほか同時期の滞日ドイツ人の動向については次の文献を参照。上田浩二・荒井訓『戦時下日本のドイツ人たち』集英社新書、二〇〇三年。

（10）以下列記する。デュルクハイム『マイステル・エックハルト——独逸的信仰の本質』橋本文夫訳、理想社、一九四三年。西谷啓治「独逸神秘主義と独逸哲学」『日獨文化』一九四三年一二月。同「独逸神秘主義」世界精神史講座第四巻、理想社、一九四〇年。吹田順助「現代ドイツ思潮」『パンと見世物』生活社、一九四二年、二四九—二七八頁（『日獨文化』一九四二年一月に収録された論文）。同「マイスター・エックハルトと半俗尼僧——ドイツ神秘主義の生起に就いて」『パンと見世物』生活社、一九四二年一二月、二九九—三一三頁（『理想』一九四二年一〇月に収録された論文）。このほか吹田順助には武蔵高校での講演「禅とドイツ神秘主義」（東京商科大学での講義に基づいている。一九四一年一二月一一日）があるほか、戦後に「ドイツ神秘主義——思想史的考察」『武蔵大学論集』第二巻二号、一九五四年、一—一六頁がある。翻訳者としてナチス関係出版物にかかわった吹田順助、橋本文夫、高橋健二ら独文学者の状況については前註（5）を参照。エックハルト研究に関する事柄については今後、日獨文化協会の活動や『日獨文化』や理想社、アルス社の「ナチス叢書」などを調査したいと考えている。

（11）なお、ローゼンベルクは、ルターの強調した「神の僕」という考えが、非アーリア人的奴隷主義で、旧約的・ユダヤ的であると断罪して、ルターをエックハルト以降のゲルマン主義の系譜に数えない。

（12）以下年代順に記すが、石原謙によって公刊されたエックハルト研究は、前註（9）の西谷や吹田のようなナチス的理念のプロパガンダにかかわる媒体のものはない。石原のエックハルト論文の一覧については、石原謙著作集第四巻、岩波書店、一九七八年（以下、石原Ⅳ）および次の拙論を参照。「石原謙のエックハルト研究について」『思想史研究』第一一号、二〇一〇年、一〇〇—一一五頁。「日本におけるドイツ神秘思想研究——佐藤繁彦と石原謙の論争」『同』

第一三号、二〇一一年、一六一―一七二頁。なお石原と吹田順助は同世代であり、第一高等学校在学中は阿部次郎らとともに文芸部の委員であった。吹田は一九一五年に札幌農科大学予科から第七高等学校に転じたが、そこでの同僚に岩下壮一、九鬼周造、天野貞祐がいた。吹田は一九二〇年、山形高等学校に転任後、一九二一―二二年にドイツに留学し、ベルリン、ハイデルベルクなどに滞在するが、この時期に石原もドイツ留学を果たしており、吹田の日記によれば一九二二年一〇月八日、ローマ・カピトールム丘で偶然に石原（シチリアより帰還）と会っている。石原と吹田が、互いを個人的に知っていたことは確実であるが、筆者の見る限り石原は自らのエックハルト研究で吹田やローゼンベルクについてまったく言及していないし、吹田においても石原のエックハルト研究が影響を及ぼしているようには見えない。

（12）次の拙論を参照。「『魂における神の誕生』のダイナミズム――エックハルトの『ドイツ語説教一』におけるwider ingebernを手がかりに」『日本カトリック神学会誌』第二六号、二〇一五年、八五―一一一頁。

（13）ナチズム、とりわけホロコーストにおいて示された虚無性については次を参照。宮本久雄「根源悪的現象から他者の地平に向けて」『東洋学術研究』第五五巻第二号、二〇一六年、六〇―八四頁。

（14）この点については次の拙論で述べている。「ドイツ神秘思想と近世キリスト教――『エックハルト像』の変遷をたどって」『日本カトリック神学会誌』第二三号、二〇一二年、六一―八四頁。

（15）前註の拙論参照。なお新プラトン主義的な「一」の立場から、受肉のロゴスであるイエス・キリストや三位一体を超えた、もしくはそれらを離れた一性の次元における神・人の神秘的合一を説いた――しかも神と魂を同一視した――汎神論的神秘主義者というエックハルト像は、同時期から多くの研究者・読者に広く知られていた。そのような時代状況は、ルドルフ・オットーによるシャンカラとの比較研究――オットー自身は精確に新プラトン主義的「一」とエックハルトの「一」との本質的な相違を切り分けようと試みているが――の背景のうちに読み取れるだろう。ルドルフ・オットー『西と東の神秘主義――エックハルトとシャンカラ』華園聰麿、日野紹運、J・ハイジック訳、人文書院、一九九三年。

（16）時代状況については次も参照されたい。Gottfried Fischer, *Geschichte der Entdeckung der deutschen Mystiker Eckhart, Tauler, Seuse im XIX Jahrhundert*, Freiburg. 1931.

（17）このようなエックハルト理解、「ドイツ神秘主義」理解は、新カント派の哲学史家ヴィンデルバント（Wilhelm

（18）Windelband, 1848-1915）の哲学史を通じて日本でも紹介され、波多野精一『西洋哲学史要』（未知谷、二〇〇一年。初版一九〇一年）や朝永三十郎『近世に於ける「我」の自覚史――新理想主義とその背景』（角川文庫、一九八四年。初版一九一六年）にも影響を与えている。

（19）H. Denifle, *Archiv für Literatur-und Kirchengeschichte des Mittelalter*, II, 1886, S. 417-687.

（20）石原は一九二八年の「エックハルト研究の過去及び現在」という論文で当時の最新の研究史をまとめ、一九二七年の「エックハルトの著作本文に就いて」という論文で本文資料の分類・分析にまでふれている。

（21）石原Ⅳ、五〇五頁。

（22）西谷は「神秘思想史」（初出一九三二年、『神秘思想史　信州講演』燈影舎、二〇〇三年、一〇四頁）で、石原の「エックハルト研究の過去及び現在」『思想』（第七七号、第七八号、一九二八年三月、四月）に言及している。なお同箇所で「七九号」と記載があるが同号に石原論文はない。

（23）以下の記述については次を参照。ローゼンベルク一九三八、一六九―一七〇、一七三―一七七、一八一―一八五、一八八、一九九、二〇四―二〇五頁参照。デュルクハイム一九四三、四五―四八、八〇―九四頁参照。

（24）このようなエックハルト理解の傾向については次を参照。橋本裕明『東洋的キリスト教神学の可能性――神秘家と日本のカトリック者の実存探求の試み』行路社、二〇一一年。特に同書六三―六四、七五―七六、一九八、二二二―二二三頁。同書では西谷啓治、小野寺功のエックハルト理解も紹介されるが、三氏において「有相の神」「無相の神」という区分がエックハルト的神論として前提とされる。こうした解釈の前提としては西谷啓治『宗教とは何か』（創文社、一九六六年、七〇―七五頁）などが想定される。このほか西谷が神について「有」「無」を語る箇所としては次を参照。西谷啓治『神と絶対無』創文社、一九八七年、一六―一七、二七―二九、四七―五〇、七〇―七八、一七一―一七二頁。西谷のエックハルト理解については、次を参照。拙論「西谷啓治の『神と絶対無』におけるエックハルト研究について――問題点の批判的検討の試み」『思想史研究』第一七号、二〇一三年、九一―一〇三頁。岡部雄三「西谷啓治における西洋神秘思想研究の特徴について」『UTCP研究論集』第四巻、二〇〇六年、九一―一〇〇頁。なお上田閑照は、エックハルトにおける「無」を神の存在の「純粋性」を意味するものとして洞察しており、それはここで言うgotheit における神の存在動性にも当てはまりうると思われるが、「無」を「結局『神』の述語」、「スコラの『神』概念に属する『純なる実体』（mera substantia, puritas essendi）の純粋性」と理解してしまっているのは不十分であろう。上田閑照『宗教』岩波書店、二〇〇七年、一二一—一二二頁。

(25) エックハルトの引用は次の全集版により、略記もそれにならう。*Die deutschen und lateinischen Werke*, hrsg. im Auftrage der Deutschen Forschungsgemeinschaft, Stuttgart, W. Kohlhammer.

(26) 次註参照。

(27) エックハルトが、父に「一」「一性」を帰すとする箇所には次のものがある。In Io. n. 360, 392, 556, 562, etc. ; In Gen II, n. 179, 180, 215; In Sap. n. 57; Serm. n. 375など。エックハルトはこれらの箇所において、たびたびこの見解を「博士たち（doctores）」「聖人たち（sancti）」によるものとして紹介している。"sicut sancti et doctores appropriant patri unitatem"（In Io. n. 556）。全集版の校訂者の註によれば、具体的にはアウグスティヌスの『キリスト教の教え』第一巻五章、トマス・アクィナス『神学大全』第一部第三九問題第八項、ペトルス・ロンバルドゥス『命題集』第一巻第三一区分第三章、第五章であると推定されている。

(28) 本文前掲引用箇所および前註（27）参照。

(29) In Io. n. 5, 16, 161, 362, 477, 479. Cf. Augustinus, *De anima et eius origine*, II, 5. Augustinus, *De civitate dei*, XI, 10, 1. Anselmus Cantuariensis, *Monologion*, XLIII. Thomas Aquinas, *Summa theologiae*, III, q. 2. a. 3. この思想伝統については次の文献参照。Davide Monaco, *Deus Trinitas*, Città Nouva, Roma, 2010, pp. 194-195.

(30) 「このことは『ヨハネ福音書』第一〇章が『私と父は一である』（ego et pater unum sumus）と述べていることである。『「一」unum』は実体の同一性を言い『〔われわれは〕である』（sumus）はペルソナの区別を言うのである」（In Io. n. 362）。

(31) In Io. n. 362. Cf. Augustinus, *De trinitate*, VII, 3, 4. Petrus Lombardus, *Sententiae*, I, d. 5, 1, 60.

(32) エックハルトが、アタナシウス（Athanasius, c. 296-373）とともに述べている三位一体論的表現にしたがえば、「三つのペルソナ全体は、互いに、同じく永遠であり、同じく等しいものである」（totae tres personae coaeternae sibi sunt et coaequales）（In Io. n. 364）という三位一体なる神の根源的な存在動態として理解される。

(33) それはエックハルトの「魂における神の誕生」の中心テーマでもある。拙論「『魂における神の誕生』のダイナミズム——エックハルトの『ドイツ語説教二』におけるwider îngebern を手がかりに」前掲、二〇一五年、八五—一一一頁。

(34) In Io. n. 160-165, 548, 567, 656.

(35) "compater" については次の拙論で言及した。「マイスター・エックハルトにおける語ることと聴くことについて」『日本カトリック神学会誌』第一九号、二〇〇八年、一四一―一五八頁。エックハルトはこれをアウグスティヌスによるものとして述べている。"Secundum Augustinum parturit (sc. anima) filium compater dei patris" (Serm. n. 518; cf. Augustinus, *De trinitate*, IX, 12, 18).

(36) wider îngebern については前註 (33) の拙論で言及した。

(37) widerschînen については「ドイツ語説教一」に次のように示されている。「もしも、この神殿がかくも一切の妨げからとらわれ無くあるならば、つまり、我意と無知からとらわれ無くあるならば、この神殿は、神の創られた一切を超えて、そして、神の創られた一切を貫いて、美しく輝き、純粋かつ明澄に光を放つので、非被造的な神ご自身を除いて、誰も相照らしあうこと (widerschînen) ができないのである。そして真正な真理において、神ご自身を除いて、この神殿に似たものはないのである」(Pr. 1, DW I, pp. 12-13)。ここでエックハルトは光のダイナミズムをwiderschînenという動詞で捉えている。簡潔に言えば相照らしあうこと、光に対して光を輝き返すことであり、光を受けて同じその光を反射して輝き出すことであり、また光から照らされて再び輝き出すことでもある。実際光は、その光を受けたものを、同じ光によって輝くものとする。そこには、照らし出すものと照らし出されるものという関係性における区別がある。だが、同時に、前者は、照らし出されず自ら照らし出すものであり、後者は、照らし出されて自らも照らし出すものとなるものである。こうして光による照明的関係性は、ともに照らし出すものとなるという点において、一致・等しさにたどりつく。この光の照明的関係性に、エックハルトの父と子の関係理解の要点があると言える。照らし出すものと照らし出されるものは、確かに、一方が能動的、他方が受動的であるが、照らし出されたものはただ受動的であるにとどまることができない。照らし出されることによって照らし出されたものとなるが、まさにそのことによって自らも照らし出すものとなり、照らすものである限り、照らすものと一致・等しいものとなる。

(38) これについては以下本論に示す「ドイツ語説教二六」を参照。

(39) Cf. Pr. 37, DW II, pp. 218-219. In Gen. II. n. 129, n. 138-140. Augustinus, *Io. tr.* 13. n. 3. Augustinus, *In Ps.* 41, n. 7. Avicenna, *De anima*, I. c. 5.

(40) 「突破」や「誕生」は神・人の合一のMystikではなく、受肉による救済史的現実・現在である。

(41) 宗教改革期以降の近代キリスト教では、むしろそうすることで、神との乖離・断絶の悲惨を強調し、残された道は、罪責甚大の自覚と、その救済不可能性の絶望の淵から逆説的に生じる、ひたすらの信仰による救いであることを明らかにしようとするかもしれない。だがエックハルトにそのような考え方はない。

(42) 以下、次の文献参照。宮本久雄『宗教言語の可能性』勁草書房、一九九二年、三一一—三三一頁。

(43) ペリコレーシスについては次を参照。Elena Vishnevskaya, "Divinization as Perichoretic Embrace in Maximus the Confessor", *Partakers of the Divine Nature*, ed. by M. J. Christensen/J. A. Wittung, Baker Academis, 2007, pp. 132-145, esp. pp. 142-143.

＊ 本論の一部は科研費15H03162による。また拙論「『神秘主義』（Mystik）というローレライの幻想」（『紀要』中央大学文学部、二〇一七年、一〇五—一三五頁）を大幅に加筆修正したものである。

第八章　神との出会いに養われるいのち

――ノリッジのジュリアンはなぜ神の啓示を二度執筆したか――

海老原晴香

はじめに

世界保健機関ＷＨＯが、憲章前文の「健康」（Health）の定義文言に「霊的に満たされた状態」（spiritual well-being）を付加するか否かを検討したのは、一九九八年のことであった。結果として採択は見送られたが、当時この件が日本でも大きく報道されたことは、多くの日本人の「霊性」あるいは「スピリチュアリティ」への関心を物語るものであったということができるだろう。「霊性」に関し、一般的に承認された定義が果たして存在するかどうかということについては議論されるところであるが、「生命《いのち》を全体的に把握するための内的力」[1]、「ダイナミックであり、人を人として活かしめるもの。身体的・精神的・社会的という三つの領域の根底を支える次元（dimension）として（宗教の差異あるいは宗教の有無を問わず）確実に存在するもの」[2]との宗教哲学およびキリスト教教育現場からの洞察は、「霊性」があらゆる人間にとって、「超越」「深み」へのまなざしをもって自[3]らのいのちを十全に生きていくために養われるべき根本的なありかたであることを示しているとして差し支えないであろう。キリスト教の伝統においては、「霊性」は神との人格的な交わりによって形成される人間のいのちの在り方であり、古代から現代にいたるまで、それに基づき、あるいはその表出について、数々の証言が紡がれてきた最大の主題でもある。

本章でそのテクストを取り上げるノリッジのジュリアン（Julian of Norwich, 1342-1416以降）も、中世イングランドにおけるそうした証言者の一人である。ジュリアンは、女性で初めて英語による散文で執筆を行った隠修女（ankres, recluse）として英文学史上に名を残す一方で、その生涯についてはほとんど明らかにされておらず、日本においては作品も人物もあまり知られていない。(4) 彼女の手によるとされる二つの著作は、いずれも一三七三年に瀕死の病の中で彼女が体験した幻視（bodilysight）を含む一六の啓示（revelation, shewinge）に基づいており、『神の啓示』短編版（全体で二五章）および『神の啓示』長編版（全体で八六章）として伝えられている。(5) 後者は前者の四倍程度の分量があるが、前者は後者からの抜粋縮小版ではなく、年代的に二〇年ほども先行して執筆されたものであることが、これまでの資料分析から概ね受け入れられた見解となっている。(6) 一般的にこれまでのジュリアンに関する資料研究や文献研究においては、時を隔てて完成した二つの著作に関し、短編版に注釈を付すことによって長編版が新たに後年完成された、と執筆過程が説明されるにとどまっており、短編版に加えて長編版の執筆を決意したジュリアンの意図や思いについて、彼女が残した言葉の読解に基づいて解明しようとする試みはなされてこなかった。既に写本も出回り、一度は完成作品（『神の啓示』短編版）として公にした著作に対し、一体ジュリアンはなぜ、時を隔てて同じ体験が土台となった著作（『神の啓示』長編版）を再度執筆することにしたのだろうか。二〇年もの時をかけて注釈をほどこす、その動機と熱意を支えたものは何か。ここでは著作『神の啓示』を主な資料としてジュリアンの人物像と執筆背景にあらためてたちかえり、二度の期間にわたる執筆の動機となったジュリアンと神との出会いの一端にふれてみたい。そしてそこから、今を生きる私たちが彼女とともに、神との人格的な交わりのうちに自らのいのちの在り方を問う姿勢を学び取っていくことを目的とする。

一　ノリッジの隠修女ジュリアン

既に冒頭でも述べたように、ジュリアンの生涯については不詳な点が多く、「ジュリアン」という名ですらも本名であるのか、あるいはキリスト教の洗礼を受けた際の霊名であるのか不明である。それはひとえに、彼女の手によるものとされる著作が『神の啓示』短編版および長編版の二編しか伝えられておらず、その著作の中でも彼女が自身について多くを語っていないことによる。一方で、彼女が神から一六の啓示を受けた年齢や日時については比較的明らかになっており、読み手に啓示の史実性を疑わせぬ配慮も見られる。長編版によれば、それは一三七三年五月一三日[7]のことで、ジュリアンが三〇歳と半年の時に起こった。[8]ここから、彼女が一三四二年の生まれであるとうかがい知れるわけである。

著作『神の啓示』以外で生前のジュリアンの様子を物語る貴重な資料の一つに、『マージェリー・ケンプの書』[9]がある。著者であるマージェリー・ケンプ（Margery Kempe, 1373頃— 1438以降）は、自身もキリストの幻視をはじめとする神秘体験をし、その記録を同書に口述筆記により綴った女性で、イングランド・ノーフォーク州の港町リン出身、裕福な商人の妻であった。『マージェリー・ケンプの書』一八章には、マージェリーが自身の神秘体験について相談するため、「我らが主の命により、ジュリアン夫人 Dame Julian〔あるいはマザー・ジュリアン〕と呼ばれる〔そこまで訪れていた所と〕同じ町〔ノリッジ〕の隠修女（ankres=anchoress）を訪れた」[10]とある。Dame の敬称は、修道院に所属する修道女に用いられることが慣例であったが、一方で右に引用した箇所には、特定の修道院で共同生活をおくるのではなく、単独で祈りと清貧、従順、貞潔の生活をおくる「隠修女」とジュリアンを称する記述も続いている。このことからジュリアンが、少なくともマージェリーの訪問を受けたとされる一四一三年には、イングランド・ノーフォーク州ノリッジにて隠遁生活をおくる隠修女であったであろうと推察されるのである。

もう一つ、ジュリアンによる著作以外に、一四世紀末から一五世紀初頭にかけてノリッジにジュリアンという名の隠修女が存在したことを示す資料がある。それは一三九三年から一四一六年にかけて四人の人物によりそれぞれ作成された遺言書で[11]、たとえばその中から二人の人物、ノリッジ北部の町アイルシャム（Aylsham）の礼拝堂司祭であったトーマス・エマンド（Thomas Emund）が一四〇四年に、またノリッジ市民であったジョン・プランプトン（John Plumpton）が一四一五年に作成した書状を見ると、次のような記述がある。

神の御名によりて、アーメン。私、アイルシャムの礼拝堂司祭であるトーマス・エマンドは、健全な精神において、一四〇四年五月一九日、大司教聖ダンスタンの祝祭日に、ノリッジにてこのように遺言書を作成する。……ノリッジにある聖ジュリアン教会の隠修女、ジュリアンに一二ペンスを遺す。彼女とともに暮らすセーラに八ペンスを遺す[12]。

ジョン・プランプトンの遺言書。神の御名によりて、アーメン。私、ノリッジ市のジョン・プランプトンは、健全な精神において、一四一五年一一月二四日、ノリッジにてこのように遺言書を作成する。……私は四〇ペンスをノリッジ・コーンズフォードにある聖ジュリアン教会の隠修女に遺し、一二ペンスを彼女のメイドに遺す。[13]

このように、各々の書状の中にはノリッジの隠修女ジュリアンへの遺産寄贈が示唆されており、彼女が聖ジュリアン教会の敷地内に居を構えていたことがわかる。さらにこうした遺言書には、ジュリアンが誰とも接触せず完全な独居を貫いていたわけではなく、おそらくは身の回りの世話をする女性と生活をともにしていたらしいことも示唆されている。

隠修女としてのジュリアンの生活が具体的にどのようなものであったかということについては推測の域を出ないが、一三世紀イングランドにおいて流布していた *Ancrene Wisse*[14]（「隠遁修道女戒律」）の内容を、彼女が自らの隠修生活の手引きとしていたことが指摘されている。[15] 語の厳密な定義[16]における「隠修女」とは、世俗を離れて静謐な独居のうちに祈りと黙想に専心する、砂漠の隠修士に倣った生き方を実践する女性のことを意味するが、*Ancrene Wisse* においては都市での実践にも配慮した心得、現実的な生活規則の運用が示されている。ジュリアンが生きた当時のノリッジは、対岸のオランダや北ドイツとの海運業で繁栄するイングランド・ノーフォーク州の中心都市の一つであり、ジュリアンの暮らした聖ジュリアン教会付設の庵も多くの人々が行き交うにぎやかな環境の中にあった。そこでの隠修女としてのジュリアンの生活は、祈りと観想の傍らマージェリーのような日常的な訪問者の求めには霊的助言をもって応答する、交流と活気に満ちたものであったのだろう。[17] 私たちが通常

「隠者」「独居生活」といった語から連想するような、世俗と外界から隔絶された孤高に徹するのみの生き方とは趣を違えた、人のぬくもりと息づかいが感じられるやり取りも日常的に組み込まれるような生活だったのではないだろうか。

ジュリアンが著作を執筆する直接の原因となった最初の啓示の出来事が起こったのは、先述の通り一三七三年のこととなっているが、この時彼女が既に隠修女であったか否かについては、残念ながら確かめる術が存在しない。隠修女としてジュリアンの名が登場する最初の遺言書資料が一三九三年あるいは一三九四年付[18]となっていることもあり、啓示を受けた時点ではまだ隠修生活に入っていなかったとする見解もある。[19]しかしながらそうと仮定した場合も、当時のジュリアンが一般信徒であったのか、それとも特定の修道会所属の修道女であったのか、[20]明らかにすることはできない。いずれにしても、既に提示した『マージェリー・ケンプの書』での記述に加え、『神の啓示』短編版の冒頭にも後の写本制作者の手によって[21]次のように明記されていることから、ジュリアンが遅くとも一四一三年にはノリッジで隠修生活をおくり、人々に敬愛される人物であったとして差し支えないであろう。

これは善き神が信仰心篤い女性ジュリアンに示された幻視である。彼女は一四一三年になおノリッジにいた隠遁者（recluse）である。幻視には多くの慰めに満ちた言葉があり、キリストを愛する者でありたいと望むすべての者にとってまことに心動かされるものであった。[22]

二　瀕死のジュリアンに与えられた神の一六の啓示

ジュリアンが『神の啓示』短編版を執筆する要因となった啓示体験は、一週間にもわたる瀕死の病とともに訪れた。最初の啓示が与えられるまでの模様を、ジュリアン自身は次のように記している。

三〇歳と六カ月のとき、神は身体的な病をお送りになり、私は三日三晩寝込むことになった。そして四日目の晩、私は聖なる教会のすべての秘跡を受け、夜明けまで生きながらえることはあるまい、と思った。そしてその後二日二晩もがき苦しみ、三日目の晩には、もう死ぬのだと幾度も思い、周りの人々もそのように思ったのである。しかしその最中にあって私はひどく悲しく、死にたくなかった。それはこの世に生きてやりたいことがあったからではないし、また神に信頼をおいていたので、何かを恐れていたからでもない。もっと深く、もっと長いあいだ神を愛するために生き続けたいと望んだからである。また生きることによって、天の至福において神を知り、愛することのできる恵みをいただきたかったからである。(23)

「もっと深く、もっと長いあいだ神を愛するために生き続けたい」、そう強く願った彼女に、この後次々と生々しい幻視を伴う一六の啓示が与えられていく。そのそれぞれがどのようなものであったかについて、ジュリアンは次のように一覧にして提示している。

これはわれらの終わりなき喜びであるイエス・キリストが、一六のお告げのかたちでお示しになった愛の啓示なり。

その第一は、かのお方のありがたきいばらの戴冠について。そこに数多くの永遠の英知と、愛の教えの素晴らしい啓示とともに、托身を伴う三位一体の神と、神と人との合一とが理解され、明確にされたこと。後続の啓示は皆ここに基礎を置き、一つとなるものなり。

第二は、キリストのありがたき受難を表すものについて。すなわち、美しいお顔から血の気が失せたこと。

第三に、全能全知、愛そのもの、であり、われらが主である神は、存在するものすべてをお造りになったのとまったく同様に、まさに起こることすべてをなさることについて。

第四は、キリストの柔和なお身体に対するむち打ちと、お身体からの大量出血について。

第五は、キリストの尊い受難によって悪魔が克服されたことについて。

第六は、天上の幸いなるしもべたちに、われらの主なる神が報い、誉れ高く感謝することについて。

第七は、喜びと苦しみを周期的に感じることついて。喜びを感じるとは、終わることのない歓喜を本当に確信しながら、神の恵みによって照らされ励まされること。苦しみを感じるとは、怠惰の誘惑と肉体的に生きることの煩わしさのこと――喜びのときも苦しみのときも、神の善によって、神の愛のうちにわれわれはしっかりと守られていると霊的に理解してはいるものの。

第八は、キリストの最後の苦痛と、残忍な死について。

第九には、至福の三位一体神が、キリストの惨い受難と悲しき死に対して持つ喜びについて。その嬉しさと喜びにおいて、そのお方は、われわれが天において完全性を手にするまで、ともに慰められ楽しむことを望んでおられること。

第一〇に、われらが主であるイエスは、御心が真二つに裂かれる様を、お喜びになりながら示されることについて。

第一一は、そのお方のありがたき母上を、高らかに、霊的にお示しくださったことについて。

第一二に、われらの主は、もっとも価値ある存在であることについて。

第一三は、神がすべてのものをお造りになった際に、大いなる気高さをもって行ったすべての行いと、神の御業のうちでも特に卓越している、人をお造りになったときの素晴らしさについて。また、人の罪に対し、神がわれわれの負うべき責めを皆終わりなき誉れに変えてくださったありがたきあがないについて。これらについてわれわれが大いに関心を寄せることを、われらが主である神は望んでおられること。そして、あがないに関し神は、「よいか、まさにその同じ力と英知と善で、われは善くなきことを正さん。なんじはそれを目にするものなり」とおっしゃられた。そして、そのうちに、われわれが聖なる教会の信仰と真実を守り、この世の暮らしに大きく影響しない限り、今は神の神秘を知りたいとは欲しないことを神はお望みである。

第一四には、われらの主が、われわれの祈りの礎であることについて。これには二つの特質があり、一つは正しき祈り、もう一つは確固たる信頼であり、その両者ともに大きなものであることを主はお望みである。そしてこのように、われらの祈りが主の御心にかなえば、主は善性からそれをかなえてくださる。

第一五に、突然に、神の善によって、われらのすべての苦痛から、われわれのすべての苦しみから解放され、われわれは天に昇ることとなり、そこでわれらが主なるイエスを報いとしていただき、天上の喜びと至福で満たされることとなる。
第一六に、至福にあふれるわれらが造り主である三位一体神は、われらの救い主イエス・キリストの姿で終わりなくわれわれの魂のうちにお住まいで、愛によって誉れ高くすべてを治め、われわれを力強く、そして賢明に救い養い、お守りくださるので、敵によってわれわれが打ち負かされることはない、ということについて。(24)

各々の啓示が具体的にどのような幻視を伴いつつジュリアンに示されたのか、詳細な吟味は別稿を期することとし、ここからは、短編版の後に長編版が新たに執筆された背景を探るべく、関連するジュリアンの言説に寄り添ってみたい。

短編版と長編版との違いとして、その分量の差異以外にまず気づかされることは、まさに今しがた右に引用した一六の啓示の一覧表の存在である。先に公にされた短編版にこの一覧表はなく、長編版になって初めて、著作の冒頭、第一章として記されている。従来の研究において、この第一章の一覧表(および短編版から長編版への大幅な増量)はジュリアンの読者への配慮から付加されたもの、と説明されてきた。(25)この説明には一定の説得力があるが、それがどういった配慮か、ということについて、ジュリアンの言葉に即して吟味されてはこなかった。

また興味深いことに、短編版には幾ばくか記されていた彼女自身に関する情報や、啓示を受けている際の細かな状況描写が、後の長編版テクストにおいては削除されている。(26)たとえば、執筆者が女性であることは、短編版には明記されているが、(27)長編版からは読みとれない。ここから彼女の長編版の執筆目的が、受け手である彼女自身について明らかにすることにではなく、啓示の内容を可能な限りつぶさに伝えることにあったと考えられるが、(28)

それにしてもなぜ、もともと多くはなかったそうした描写をすべて廃して匿名性にこだわった新たな版を執筆する必要があったのか。

こうした問いを探るべく『神の啓示』短編版と長編版とを読み比べると、ジュリアンが最初の一六の啓示を受けた一五年以上もの後に再び、神から新たな啓示を与えられていることが、長編版だけに記されていると気づく。その模様について語るジュリアンの言葉を、次に見ていきたい。

三　ジュリアンに託された『神の啓示』執筆の使命

『神の啓示』短編版から時を経て、新たに大幅な加筆と修正を加えた長編版が執筆されることとなった動機に大きく関わる出来事を、ジュリアンは長編版の最終章である第八六章の中で次のように述べている。

啓示が示されて以来、私は幾度となく、われらが主の御心をお許りしたいと願った。そして、一五年以上が経過し、私は霊的な答えを得たのである。それは、次のものである。「なんじは、このことにつき、なんじが主の御心を知ることを欲するか。よろしい。愛が主の御心である。誰がなんじにそれを示したか。愛なり。何を主はなんじに示したか。愛なり。なにゆえに主はそれを示したか。愛ゆえに。これをしかととらえよ。さすれば、なんじはさらにいっそうそのことを知り、理解を深めるであろう。さりとて、なんじがそこによそ事を知れば、理解することは永遠になし」。このように、私は愛が主の御心であることを教えられた。そして、これと、そしてまたすべての啓示において、神はわれわれをお造りになる以前からわれわれを愛しておられた、と私は確信した。そしてその愛は決して揺らいだことがなく、今後も揺らぐことはない。……神がわれわれをお造りになる際に込めた愛は、太古から神のうちに存在したものである。その愛のうちにわれわれの始まりがある。(29)

短編版に並行箇所が認められない（つまり、短編版に書かれたことを詳細に述べ直したのではなく、長編版のみに記されている）右の引用箇所には、最初の一六の啓示が自身に与えられた理由とも言える「主の御心」をジュリアンが神に問い続けてきたこと、そして一五年以上を経て初めてその問いかけに対し、「霊的な答えを得た」ことが示されている。端的に言えば、それまでわからなかったこと、すなわち、なぜ他でもないジュリアンに啓示が降ったのかという疑問に神からの「霊的な答え」が新たに与えられたために、ジュリアンは長編版を執筆することにした、ということである。その「霊的な答え」とはどのようなものであったのか。

ジュリアンが受けた神からの応答の言葉は、「愛が主の御心である」というものであった。続く「誰がなんじにそれを示したか。愛なり。何を主はなんじに示したか。愛なり。何ゆえに主はそれを示したか。愛ゆえに」との神の言葉、そしてその後のジュリアン自身による言明は、キリスト教において伝統的に大切にされてきた神の愛と人間理解に関する聖書記述(30)を思い起こさせる。人間のいのちは神の愛により神の愛のうちに造られ、そして世界における神の愛の実現を使命とする。翻せば、神の愛の実現なきところには、人間の十全ないのちの営みが実現していない。ではどうすれば神の愛を世界の中で実現し、十全に生きることができるのか。それは人々が互いを愛することによる。(31) 一六の啓示は、神の愛が世界の中で実現するため、より多くの人々が神の御心に目を向ける契機となるようにジュリアンに示された……。しかしこれだけならば、自身の啓示体験を短編版として執筆したことで、ジュリアンの使命は十分に果たされたと言える。一六の啓示が与えられ、その体験報告を執筆の後、一五年を経てさらに啓示がジュリアンに与えられた理由が判然とせず、また多大な労と時を費やしてまでジュリアンが敢えて長編版を再執筆した動機の内実も釈然としない。

ジュリアンが受けた「霊的な答え」すなわち「愛が主の御心である」とのさらなる神からの啓示に関するこうした問いに対しては、次に提示する短編版テクストと、その並行箇所となる長編版テクストとの比較が示唆を与えてくれる。

【短編版六章から】

啓示を受けたからといって私がすぐれているわけではない。……私自身をたった一人の個人として見てみると、私はまったく何者でもない。しかし他の人々との関係について言えば、私はすべてのキリスト者の兄弟たちとの愛の共同体のうちにいると言える。……キリスト者の兄弟たちすべてを広く愛する人はすべての人を愛することになり、このように愛する人には救いがある。こうして私はこれからも愛するであろうし、こうして現に愛し、こうして私には救いがある。(32)

【長編版九章（短編版六章の並行箇所）から】

啓示を受けたからといって私がすぐれているわけではない。……私自身をたった一人の個人として見てみると、私はまったく何者でもない。しかし他の人々との関係について言えば、私はすべてのキリスト者の兄弟

> たちと愛の共同体となることに希望を持っている。なぜならばこの一致に、救われる人類すべての行く末がかかっているのだから。……神のためにすべてのキリスト者の兄弟たちを広く愛する人は、存在するものすべてを愛することとなる。というのも、救われるべき人類にすべてが、すなわち、造られたものすべてと、すべての造り主が込められているのだから。つまり、人の中には神がおられ、そして神はすべての中におられる。このように愛する人は、すべてを愛する。そして私は、神の恩寵によって神を見つめる人が真の教えを授かり、慰めが必要ならば力強く慰められることに、希望を持っている。[33]

短編版と長編版とを見比べると、引用した箇所の冒頭部分はまったく同じ表現となっているが、続く部分に違いが見られる。他の人々（ここでは特に他のキリスト者）とジュリアン自身との関係について、短編版では「愛の共同体のうちにいると言える」となっているのに対し、長編版では「愛の共同体となることに希望を持っている」との表現となっており、愛の共同体の実現に関する認識に変化が生じていることがわかる。すなわち、短編版執筆の時点では既に他の人々との愛の共同体は実現しているとの認識だったジュリアンは、後のさらなる神の啓示をきっかけに、その実現こそ自らに課された神からの使命であると気づいたのである。長編版七四章（短編版には同様の記述なし）では、「われわれは敬虔な畏《おそ》れと謙虚な愛をたまものとして手にできるように、主の恵みを心から懸命に請い願い、またそのために働く必要がある」[34]と読者へ呼びかけているように、神の愛のうちに生み出された人間であっても、神を愛し、そして互いに互いを愛する「敬虔な畏れと謙虚な愛をたまものとして」体現する共同体であり続けるためには、各々絶えず主の恵みが与えられるよう「心から懸命に請い願い」、そして「そのために働く」のでなければならない。右に引用した長編版九章傍点部、「なぜならばこの一致に、救われる人類すべての行く末がかかっているのだから」の一言は、神の愛の共同体実現に希望を持つ人間の十全ないのちの使命が、こうして絶えず祈り、一致に向けて他者とともに他者に向けて働きかけていくことにかかっている、ということを示している。

そうした視点で再び右に引用した短編版および長編版テクストを見比べると、短編版の「こうして私はこれからも愛するであろうし、こうして現に愛し、こうして私には救いがある」との記述には、長編版からうかがわれるような、絶えず神の恵みのために祈り続け、また他の人々に一致を呼びかけていくことによる神の愛の実現、人類の救いへの希望、といった意識は希薄である。短編版にも他者を愛することの言明はあれど、ジュリアンはあくまで救われた者の立場から語っており、全体を通じて個人的な救いの体験の一報告、といった響きが感じられる。神の啓示を受けたジュリアンが神の愛のうちにいる者、すなわち神の救いを理解した者としてその体験報告を綴った趣の短編版に対し、長編版は愛の共同体実現への希望を語りながら、自らも救いの途上にある者の一人として神のさらなる恵みを祈りつつ、他の人々にも協力と一致を呼びかけるものへと変化しているのである。このトーン変化は、人間の罪への移ろいやすさの自覚、そして自省も込めた啓示や神の言葉に対する人間の理解の恣意性への気づきによる。次に示す二つの引用箇所は、いずれも長編版のみに記述が認められるもので、一六の啓示体験から時を経て与えられた「霊的な答え」をきっかけに、ジュリアンが新たに書き加えたと考えられる部分である。

われらの主がお示しになったこの至福の啓示の中で、私は二つの相反するものが存在することを理解した。一つは、どんな被造物でも行うことができる、この世で考えうる限り最高に賢明な行いである。もう一方は、考えられる限りの愚かしい行いである。賢い行いは、被造物がもっとも気高く至高の友人の意見を聞き、助言を得て行うものである。この至高の友人というのは、イエスである。……しかしわれわれは自らの移ろいやすさのため、しばしば自ら罪へと陥るのである。(35)

なんじは自分の好きなことを好きなように理解し、その他のことを打ち捨てておく、ということがないように注意しなければならない。……そうではなく、あらゆるものをその他のものとの関わりにおいて受けとめ、聖書と、聖書に基礎を置いたものによってすべてを理解しなければならない。そしてまたわれわれの真の愛であり光であり真理であるキリストは、謙虚に辛抱強く主の英知を請い願うすべての汚れなき魂に、それをお示しになることを理解しなければならない。(36)

その「移ろいやすさのため」、人間にとって常々「もっとも気高く至高の友人の意見を聞き、助言を得て」行動を実践することは、言葉で表現するほどたやすいものではない。それは神からの啓示を体験したジュリアンにとっても然り、であっただろう。本章では詳細を取り扱わないが、ジュリアンは短編版執筆時には自らの理解が及ばなかったために表出を見送った神からの啓示があったことを、長編版で告白している。(37) 神からのさらなる「霊的な答え」の啓示を得て、ジュリアンは短編版執筆時における自らの行いが、「自分の好きなことを好きなように理解し、その他のことを打ち捨てておく」ことに他ならなかったことに気づき、新たに「あらゆるものをその他のものとの関わりにおいて受けとめ、聖書と、聖書に基礎を置いたものによってすべてを理解」しようと努め、「もっとも気高く至高の友人の意見を聞き、助言を得」ようと神に問い求めた。ジュリアンは、それによってわかりえた事柄を長編版に執筆し直そうとしたのではないだろうか。人間の限界がありながらも、御心である愛の実現のために人間が一致して「謙虚に辛抱強く主の英知を請い願」い、「神の恩寵によって神を見つめ」るならば、神は人間に「真の教えを授」け、「慰めが必要ならば力強く慰め」てくださる。そうした希望のもと、個人的な体験の詳細ではなく主の御旨をより多くの人々が知り、自身も含め一致して実践していくことができるよう、ジュリアンは長編版を執筆したのではないだろうか。長編版のみに、次のようなくだりがある。

この幻視は、生きるべきものに示されるはずのもの、と思えた。こう述べるのは、すべてのキリスト者の兄弟たちのためになるからである。この霊的な啓示で、神がそう思し召しであることを学んだのである。そうであるので、神にかけてあなた方に願う。どうか自らのため、この啓示が示された取るに足らない者に目を向けることをやめ、力強く、賢く、虚心に神を見つめるように。神は優しき愛と尽きることなき善性から、広くわれわれすべての慰めのためにそれを示してくださったのだから。なぜなら、イエスがあなた方すべてにお示しくださったままに、大きな喜びと満足をもって、あなた方がこの啓示を受け入れることこそが、神のご意向なのだから。[38]

短編版の執筆が、ノリッジのジュリアンによる啓示体験を伝えること、を目的としていたのに対し、長編版は多くの人々が「力強く、賢く、虚心に神を見つめるように」書かれた。そこにジュリアンのひたむきな執筆動機がある。一六の啓示を体験し、「自分の好きなことを好きなように理解し」て短編版を執筆していたからこそ、一五年以上を経て他でもない自分に神からさらに啓示を与えられたと理解したジュリアンは、今度は個人的な体験報告としてではなく、新たに示された詳細な教えの提示とあわせて、多くの人々に一致して働くこと、神の恵みをいつも請い願うことを呼びかけるため、長編版を執筆した。与えられた啓示の霊的な意味にできるだけ多くの人々がふれ、理解し、実行を各々自らの使命とし、十全ないのちを実現していけるようにするための配慮が、長編版冒頭の一六の啓示についての一覧表であり、短編版から長編版への大幅な増量であり、また長編版における匿名性の徹底だったのである。

ジュリアンによれば、彼女が神から直接霊的な応答を得て執筆を行った、われわれが今手にすることのできる長編版は未完成のものである。長編版最終章には次のように記されている。

> この書は、神からのたまもの、神からの恵みとして書き始められたが、まだ仕上がってはいない、と私は思う。神の愛を求めて、神に祈ろう。神のお働きを得んことを。感謝しつつ、信頼しつつ、喜びながら。なぜなら、主ご自身の御心をできる限りにお計りし、理解したところによると、われらが善き主はそのように祈りをささげられることを望まれるのだから。……われわれの主が啓示をお示しになったのは、もっとそのことについて知って欲しかったからなのだ、と私は主の御心のうちに見て取り、理解した。そしてそのように知ることによって、主はわれわれに主を愛し、主にしがみつくための恵みを与えようとしておいでなのである[39]。

ジュリアンが最終章をもってしても長編版を「まだ仕上がってはいない」とした理由は、その執筆意図のすべて、自らに与えられた使命のすべてを書き尽くせていないと感じていたことにあるだろう。ジュリアンが神との出会いと対話を通じて引き受けた使命は、長編版を完成させることにあったのではなく、著作を通じて、さらには著作を超えて、自身を含めたより多くの人々が主の御心を知り、その実現のために祈りをささげ、恵みのうちに一致していくこと、そうしたいのちの営みによって神の愛を実践し続けていくことにあったのである。ジュリアンは自らを「取るに足らない者」と表現し、そうした者の問いかけや求めに応答する神との出会いを証し、神の御心の実現の一端を担うため、著作執筆によって自己奉献を行った。『神の啓示』を手にする者は、この著作を一つの契機として、神との出会いと愛の実現に希望を持って生きる使命へと誘われる。神との対話のうちに、神に信頼して自らのいのちを十全に歩んだジュリアンの言葉一つひとつが、著作にふれる者に神との出会いの窓口をひらくのである。

霊的な光景については、わかりやすく十分に伝えたいとは思うものの、残念ながら私はそうする力量を持ち合わせてはいない。とはいえ、全能なる神が、神の善から、そしてまたあなた方への愛のために、私が伝えるよりもいっそう霊的にまたより素晴らしく、霊的な光景を授けてくださることを疑ってはいない。[40]

むすびとして

本章では、ノリッジのジュリアンによる『神の啓示』短編版および長編版テクストの読解を中心に、その執筆背景を探ることを通して、ジュリアンが神との人格的な交わりのうちに自らのいのちの在り方、使命を模索していく様子を追った。ジュリアンは、神の働きに信頼を寄せつつも、決して神の啓示をただ受動的に身に引き受けたわけではなかった。『神の啓示』に紡がれている言葉からは、啓示に込められ自らに託された神の霊的なメッセージの意味を問い、応答を請い願うジュリアンの姿が垣間見える。啓示を経て神のもとに新たないのちを生きる者となり、また神との親しい出会いの数々にその都度養われたジュリアンは、神の計画に積極的に参与し、ともに救いを創造していく者としての使命を担った。ノリッジの街で、人々との対話のうちに、また慎ましい庵の祈りのうちに、神の愛の実現を模索しながら、自らのいのちの使命、意味を問い続けたジュリアン。『神の啓示』を繙くとき、われわれはその使命をともに生きていく者として呼びかけられている。そしてきっと、その呼び声を無視することはできない。なぜならジュリアンも語っているように、「その愛のうちにわれわれの始まりがある」に違いないのだから。

注

（1） Gräb-Schmidt, E., Art., Spiritualität. III. *Religionsphilosophisch*, in: *Religion in Geschichte und Gegenwart*, 4. Aufl., Bd. 7, Tübingen, 2004, S. 1594.

（2） 山田愛「『批判的思考力』と『スピリチュアリティ』育成の意義——キリスト教学校と人権教育の文脈から」『基督教論集』第五一号、二〇〇八年、五六頁。

（3） 同右、五八頁。

（4） 日本においては、注（5）に提示する著作原典の翻訳以外に、次のような学術論考がある。ジュリアンの著作に特徴的に表れる語、表現、モチーフに対する神学的考察。木鎌安雄「ノリッジのジュリアンの霊性その1——『三つの賜物について』」『サピエンチア 英知大学論叢』第二二号、一九八八年、一一三—一三一頁、同

「ノリッジのジュリアンの霊性――『神の愛の啓示』と『神の母性』について」『サピエンチア　英知大学論叢』第二三号、一九八九年、一七一―一九八頁、亀田政則「マザー・ジュリアンの《神》言語――《神》の〈母性〉(motherhed)探求」『日本カトリック神学会誌』第八号、一九九七年、五五―七九頁、同「『愛』の意味論――マザー・ジュリアン研究」『日本カトリック神学会誌』第一一号、二〇〇〇年、六五―九七頁。

中世イングランドの隠修者とその著作の歴史的位置づけに関する論考。森下園「ノーリッジのジュリアン――中世イングランドと現代を結ぶ隠修女」『キリスト教史学』第五三集、一九九九年、一六二―一七四頁、同「中世イングランドの隠修者 Anchorites and Hermits in Medieval England」『上智短期大学紀要』第二〇号、二〇〇〇年、一四一―一六一頁、同「中世の聖母マリア像――ノーリッジのジュリアンの著作から」『歴史と霊性』鈴木宣明先生古希記念論文集刊行会編、二〇〇〇年、一九七―二二一頁。

(5) 中英語による宗教散文としてのジュリアンの著作の文体、修辞法、語彙と文法に関する言語学的考察。片見彰夫 "Studies in the Language of *A Revelation of Love*: with special reference to vacillation in nouns, pronouns and verbs"『埼玉学園大学紀要(経営学部篇)』第四号、二〇〇四年、一五九―一七二頁。

本章で使用するノリッジのジュリアンの原典は、Nicholas Watson とJacqueline Jenkins による写本校訂本 *The Writings of Julian of Norwich: A Vision Showed to a Devout Woman and A Revelation of Love*, The Pennsylvania University Press, 2006(以下、Watson and Jenkins)からのものである。本章で原典を引用・参照する際、短編版は *Vis.*(*A Vision Showed to a Devout Woman* から)、長編版は *Rev.*(*A Revelation of Love* から)として、それぞれ章および行数と合わせて表記することとする。邦訳として、短編版は上智大学中世思想研究所『中世思想原典集成15　女性の神秘家』平凡社、二〇〇二年、八三九―八九〇頁所収の川中なほ子訳「ノリッジのジュリアン――神の愛の啓示」を、長編版は内桶真二訳『神の愛の啓示――ノリッジのジュリアン』大学教育出版、二〇一一年を使用し、必要に応じて引用者による試訳を用いる場合にはその旨付記する。

(6) Watson and Jenkins, p.32. いわゆるShort Text として伝えられている写本以外に、長編版の抜粋として伝えられている写本も存在する。Colledge, E., and Walsh, J.(eds.), *A Book of Showings to the Anchoress Julian of Norwich*, 2 vols., Pontifical Institute of Medieval Studies: Studies and Texts 35, Toronto, 1978, pp.9-10.

(7) 写本によっては、五月八日と記されているものもある。Sayer, F. D., "Who was Mother Julian?", *Julian and her*

Norwich, Julian of Norwich 1973 Celebration Committee, Norwich, 1973, p.6.

（8）*Vis.* 2.1, *Rev.* 2.3, 3.2.

（9）Windeatt, B.（eds.）, *The Book of Margery Kempe*, Harlow, 2000. 邦訳として、松井倫子訳「マージェリー・ケンプの書」、前掲『女性の神秘家』九五一―九九一頁。

（10）Watson and Jenkins, APPENDIX, C. Excerpt from *The Book of Margery Kempe*（chapter 18）, p.436.〔　〕内は引用者による補記。

（11）Colledge and Walsh, *op. cit.*, pp.33-34, Watson and Jenkins, APPENDIX, B. Bequests to Julian of Norwich, 1393-1416, pp.431-435.

（12）Watson and Jenkins, p.432.

（13）*Ibid.*, p.433.

（14）*Ancreme Riwle* と冠される写本も存在する。隠修生活の意味や義務、日常生活に関わる具体的な指針や規律を示したもので、特定の修道会則として用いられたものではなかった。Hasenfratz, R.（ed.）, *Ancrene Wisse*, Kalamazoo, Mich., Medieval Institute Publications, Western Michigan University, 1998. 邦文抄訳として、井野崎千代子訳「隠遁修道女戒律」、前掲『女性の神秘家』三〇七―三五五頁。

（15）Watson and Jenkins, p.5.

（16）Anchoress（男性形はanchoret）の語源であるギリシア語動詞ἀναχωρέω は、「退く、身を引く、隠遁する」の意。H.G.Liddel and R.Scott ed., *Greek-English Lexicon with a Revised Supplement*, Oxford University Press, 1996.

（17）中世イングランドにおける隠修者をめぐる状況については、森下、前掲書、一九九九年、一六六―一六八頁を参照した。

（18）聖マイケルズ・コーズラニー（St. Michael's Coslany）教会の主任司祭であったロジャー・リード（Roger Reed）によるもの。Colledge and Walsh, *op. cit.*, pp.33-34.

（19）Windeatt, B.（trans.）, *Julian of Norwich Revelations of Divine Love*, Oxford University Press, 2015, pp. xv-xvi.

（20）当時の女性が読み書き等を学ぶ機会としては第一に修道院が挙げられることから、たとえジュリアンが隠修女となる前には一般信徒であったとしても、修道院とは何らかの関わりを持っていたであろうと推測される。ジュリアンが修道女から隠修女に転身したとの立場を示すものとして、Colledge and Walsh, *op. cit.*, pp.43-59を参照。ジュリアンを一般の既婚女性であったと提示するものとして、Sr. Benedicta Ward SLG, "Julian the Solitary", *Julian Considered*, Oxford, 1995, pp.21-26を参照。

(21) Watson and Jenkins, p. 62.

(22) *Vis.* Rubric. 1-4.〔 〕内は引用者による補記。

(23) *Vis.* 2.2-10.

(24) *Rev.* 1.1-50. 一部、引用者による試訳を使用。

(25) Windeatt, B., *op. cit.*, p.xxvi.

(26) *Ibid.*, pp.xx-xxi, Watson and Jenkins, Intro., p.6.

(27) Vis. Rubric. 1-2, 2.22. Rubric の二文目に著者の名前が「ジュリアン」であると明記されているが、これについてはジュリアン自身の手によるものではなく、「ジュリアン」という人物が一四一三年にはまだ存命であったことを知る写本作成者の付加である、とする見方が一般的である。Watson and Jenkins, p. 62.

(28) Windeatt, B., *op. cit.*, p.xiii.

(29) *Rev.* 86.1-18, 21-22. 短編版邦訳に合わせ文末を調整。また一部、引用者による試訳を使用。傍点は引用者による。

(30) 『ヨハネの手紙一』三―四章、『聖書新共同訳 旧約聖書続編つき』日本聖書協会、二〇一五年等。

(31) 『ヨハネの手紙一』三章一一―一八節、四章七―二一節。

(32) *Vis.* 6.11, 19-20, 27-29. 一部、引用者による試訳を使用。傍点は引用者による。

(33) *Rev.* 9.1, 7-9, 11-16. 一部、引用者による試訳を使用。傍点は引用者による。

(34) *Rev.* 74.46-48.

(35) *Rev.* 76.18-26. 一部、引用者による試訳を使用。傍点は引用者による。

(36) Windeatt, B., *op. cit.*, p.165. 一部、引用者による試訳を使用。傍点は引用者による。

(37) *Rev.* 51.

(38) *Rev.*8.30-37. 一部、引用者による試訳を使用。傍点は引用者による。

(39) *Rev.* 86.1-7. 一部、引用者による試訳を使用。傍点は引用者による。

(40) *Rev.* 9.25-28. 一部、引用者による試訳を使用。

第九章　「生命《いのち》」の宗教哲学の可能性〈と〉「いのち」の宗教的霊性

――ハンス・ヨナス、西田幾多郎、ミシェル・アンリ等との対話的思索を通じて――

長町裕司

序文ばかり

私は是において真の生命の過程というものを明らかにしておかねばならぬ。真の生命というべきものは、ベルクソンの創造的進化という如き単に連続的なる内的発展ではなくして、非連続の連続でなければならぬ。死して生まれるということでなければならぬ。生命の飛躍は断続的でなければならぬ。ベルクソンの生命には真の死というものはない。故に彼の哲学において空間的限定の根拠が明らかでない。真の生命というのは、ただ私のいわゆる死即生なる絶対面の自己限定としてのみ考え得るものでなければならぬ。真に限定するもののなきものの自己限定としてのみ考え得るのである。

（西田幾多郎『私と汝』旧版全集第六巻、三五六頁）

本章は、基礎的問題関心としては〈生命に対する哲学的理解〉の批判的・刷新的診断という広がりのある射程に開かれながら、さらに求心的には〈生それ自体の意味〉〈真の生〉〈いのちの玄義〉といった宗教哲学的脈絡へと進みゆく問いの究明に従事することになるだろう。〈生命についての哲学的理解〉は、一九世紀中葉以降のヨーロッパにおいては、ロマン主義的生命概念と有機体の自然哲学（特に中期以降のシェリング）との影響作用史の中で、自然科学的実証主義と軌を一にした学問的意識に広汎に普及した決定論（Determinismus）への対抗によって、複雑に絡まり合う生命主義（Vitalismus）の諸理論の諸相からその展開を見届けてゆく必要があろう。さらには、一九世紀後半から二〇世紀初頭へと伸びてゆく「生の哲学」（Lebensphilosophie）の潮流は、一八世紀に頂点に達した近代合理主義の主観・客観関係の緊張を孕んだ図式の超克を目ざす端緒を見出そうとしていた点において注目される。このヨーロッパ近代の合理主義に対する批判という契機からは、学問的に新たな認識方法の理念が掲げられ、それが一方では生物学主義（Biologismus）を経由して生命の形而上学を打ち立てる思潮に導かれた〈体験し表現する〉生の形而上学（W・ディルタイ）を生み出すこととなった。両者は共に哲学的に汎神論的構想に依拠しつつ、当時ようやく学的な形態へ歩み出た心理学に着手点を見出したという共通点を有したのではあったが、二〇世紀初期における生の哲学の動向はフランスよりも専らドイツ語圏を中心とする軌跡を通して追究できる。

（H・ベルクソン）と、他方では歴史的精神諸科学へと方向づけられた解釈学的方途（Hermeneutik）の発展継承

さて、以上のような概念史的・問題史的叙述[1]にはそれ相応の意義を十分に見出せることに留意しつつも、本論考を通して追究の途を進めようとする根本的関心にとって最初の（吟味し批判的に検討すべき）道標となる思索的端緒を問題化しておくことは、論述のこの段階で適所を得ていると思われる。その思索的端緒とは、「生命の存在論」なるものへの可能性についての哲学的言及である。かのマルティン・ハイデガー（Martin Heidegger, 1889-1976）は、その前期思索における〈存在の問い〉の現象学的開拓にとって、「われわれ」である存在者の固

有な存在論的体制（＝現存在 Dasein）の準備的予備分析が課題となる『存在と時間』（*Sein und Zeit*, Halle 1927）第一部第一篇の中で、以下のように言明している。

生命は一つの固有な存在様式であるのだが、本質的には現存在（Dasein）においてのみ近づき得るのである。生命の存在論は欠如的解釈という方途を辿って遂行されるのであって、この生命の存在論は、単なる生命にすぎないようなものがあり得るためには、何であらねばならないかを規定する。生命は、純粋な事物的眼前存在（Vorhandensein）でもなければ現存在でもない。（Martin Heidegger, Sein und Zeit, §10, GA 2, S. 67.）

ここでハイデガーは、生命現象がわれわれであるところの現存在においてこそ接近でき、「生命は、現存在に対して欠如的に位置づけられることによってのみ、存在論的に確定される」（ebd., S. 328）ことになると主張している。勿論、生命が現存在において近づき得るということは、現存在も生命ある存在者であることを示しており、さらには「現存在の根源的な存在様式によって共に規定されている」（ebd.）生理学的な死に常に曝されているという事態への帰属が否定的に排除されることはない（cf. ebd., §72, S. 494 : §74, S. 509）。但し、『存在と時間』における現象学的記述では、生命の存在論の可能性に向けての問いは主題的に展開されることがないばかりか、『存在と時間』の公刊部分の到達点である「存在理解の脱自的地平図式を成す時間性」とはわれわれであるところの現存在の存在意味であり、有機体的生命という固有な存在様式についての先行了解が如何にして開かれるのかは、確かにそれ自身にとっての問題ではあるのだが、その解明と追究は保留のままにされるのである。(2)

なるほどハイデガーは、新たな模索期となった一九二〇年代末から一九三〇年代初めのフライブルク大学での長大な講義、『形而上学の根本諸概念』（一九二九年、一九三〇年の冬学期講義）において再び、有機体的生命という存在様式の固有性（Eigentümlichkeit）への接近路をただ伏線的・補助的にではあるが同時に問題化してはいる。もっともここでは、動物性‐世界貧困性格（Weltarm-Charakter）の連関を考察することから始まって、如何に生命一般の本質に光を当てることが可能なのかに一定の焦点化がなされることにはなる。けれども、今日のフランス現象学の精鋭の一人であるディディエ・フランク（Didier Franck, 1947-）が刻銘に解読しているように[3]、「われわれの動物との身体的近親性」と共に、「現存在が自らを動物から分け隔てる深淵を創設する」という緊張を孕んだ解消不可能な存在論的二重性が先鋭化されて顕在するだけであり、ハイデガーにおいては有機体的生命の哲学的概念化への道は遮断され続けるのである[4]。

さてわれわれは、生命への問いを哲学的に刷新する上で、（上述した限りでハイデガーの下での禁止的[5]・消極的アプローチの端緒を乗り越えて）今日の中央ヨーロッパに展開する現象学の発展路線を診断してゆくというあまりにも手のこんだ作業に着手するには、本章の紙数の制限からも控え目でなければならないであろう。むしろ求心的な究明関心から、〈真の生命〉の在り処《あか》が開かれる源泉の問題脈絡へと橋渡しがなされ、宗教的霊性と言えるものの根幹を成す〈いのちの玄義〉が思索可能となる突破口が開顕する思想上の論述を追理解し吟味することが必須の課題として浮上してくる。そこで以下の行論では、一、〈有機体〉と〈精神〉を包含する生命存在論の組み換え――ハンス・ヨナスの「哲学的生命論」が照射するもの――、二、歴史的生命とその淵源――西田哲学の生命論的視点――、といった二段階での思考連関の滞留地を経た上で、三、〈いのちの宗教的霊性〉へ向けての思索を紡ぎ出すための土壌の開陳を試みたい。

一 〈有機体〉と〈精神〉を包含する生命存在論の組み換え
――ハンス・ヨナスの「哲学的生命論」が照射するもの――

二〇世紀のユダヤ系宗教思想家にして、かの有名な『責任という原理』（一九七九年）の著者であるハンス・ヨナス（一九〇三―九三年）は、彼の初期研究活動の中心であった古代グノーシス主義の宗教哲学的診断を経て、その後に〈生命の哲学〉（哲学的生命論）を斬新に開陳してゆく諸論考を著した。それらの諸論考は、『有機体と自由――哲学的生命論へ向けての諸端緒』（*Organismus und Freiheit. Ansätze zu einer philosophischen Biologie*, *Göttingen*）という表題をもって一九七三年に刊本として上梓されたのだが、ほんとうに最近になって彼の〈生命についての諸講義〉も刊行されるに及んだ（*Kritische Gesamtausgabe von Hans Jonas* II / 3 : *Leben und Organismus*, Freiburg i. Br. / Berlin / Wien 2016 ――とりわけ、エルサレムにおける一九四七年の講義と、亡命先のニューヨークにおける一連の諸講義は、注目に値する）。これらの著述を通してのヨナスの意図は、進展する生物学／生命科学の哲学的基礎を問題としているのでも、（かと言って他方では）科学的生物学に向けてのオルタナティヴ（選択肢・別の可能性）を提起するのでもなく、西欧近代によって理論的地盤となった形而上学的二元論（Dualismus――自然／精神、世界／人間の二元論）を新たにその根底から克服する「生あるものという現象への哲学的根本洞察」を可能な限り十全に仲介・展開することに存する。但し、生前に刊行されたその『有機体と自由』も、生命の有機体的諸事実の仕上げられた理論とか、人間の内での生命の自己解釈の或る完備せる理論などが論述されているわけではなく、「……有機体と生命に関する未だ完結されていない哲学の様々な切断面を含んでいる。それらの諸断面の体系的／組織的な提示の能力が自らにあると著者は未だ信じられない」[6]と控えめな態度を表明している。

そこで本章における叙述でも、ヨナスの思索の下での〈生命現象への哲学的根本洞察〉を明らかにする企図でいくつかの主要論点に纏め直し、その上で生命についての哲学的問いに対する展望を開くことができるように努めることにする。

1　生命の〈存在論的解釈〉という構想

「生命の哲学は、……生命の客観的な形式（Form）としての有機体を扱わねばならないのだが、また人間による反省という形で生命の自己解釈も扱わねばならない」[7]。ヨナスは、彼の〈生命の哲学〉へ向けての助走としての最初の講義である『存在論の枠組みにおける生命の問題』（*Das Problem des Lebens im Rahmen der Ontologie*）（エルサレム、一九四七年）の或る箇所でも、次のように述べている。「一定の基準／尺度において有機体から存在全体を推論することが実際に可能であるならば――そしてそのような存在形式を生み出す力／能力はすでに存在の本質にとっての重要な兆候であるのだから――、身体性からの外挿法（Extrapolation）のための存在論的基盤が存することになるのである。身体性とは、われわれが世界に関連して遂行するところのものであるが、アミニズムによって誇張されてしまったものなのである」[8]。ヨナスのこれらの言明からして、彼の哲学的生命論が「より高次の段階での統合的一元論」[9]（ein integraler Monismus auf höherer Stufe）を志向するものであることを明瞭に読み取れる。従ってこの統合的一元論としての〈生命の哲学〉は、二つの主要部分、すなわち有機体の哲学と精神の哲学とを包含するものとなる[10]。その際に、具体的な有機体的身体性において現れる生命活動の生命現象全体に対しての中心的位置づけが重要な問題として際立ってくる。『有機体と自由』では、心的なものと〈生命を欠くように見える〉物質的なるものとの繋がりの統合の範例である〈生きている身体〉こそは、存在論的に具体的なものの原像(Urbild)であると述べられる(邦訳、三八―三九頁を参照)。そしてさらには、そこにのみ内面性と外面性の諸相〔観点〕が一つの統一的現れにおいて見いだされる私の生ける身体はむしろ、およそ具体的な完備さ〔十全性〕の原像なのである。それ故わたしの生ける身体は、「その普遍的な諸属性においての存在の理解にとっての道しるべであり得る――可視的であると共に覆い隠されたものであり、そして同時にただ仮定された道標[11]」と講述されている。

ヨナスが「生命の客観的な形式〔形相 Form〕としての有機体」という表現〔前段落冒頭部を参照〕を用いるのは、生命理解の歴史的背景の診断を経た上での視座によるものである。太古のアミニズム的な汎生命主義的(Panvitalismus)は、〔信条であったか、単なる仮説であったとしても〕或る包括的な視点を提起しており、生命に対する信頼が普遍的なこの段階では、死は生命を変形してゆくものとして、「死と対決し、死を否定しての死後に続く生命への信仰」〔『有機体と自由』邦訳、一五頁〕が見出される。死を乗り越える生命の不変性への信頼は、存在はただ生命としてのみ理解可能である――生気論的な物活論もこの信条に基づく――という生命の根源的な存在論的優位を表出する〈生命の存在論〉の立場として思想史的に診断できる[12]。これに対してルネッサンス期を経ての西洋近代思想の根本傾向には、汎機械論(Panmechanismus)という包括的視点の仮説が有力になる。生命なきものが優れて認識可能なものの範例となり、生命を剝ぎ取られた純粋な物質を基体とする、物理学的自然科学に端を発した存在論が構想されてゆく〔同書邦訳、一六頁以下〕。この傾向を〈死の存在論〉と銘打つならば、生命を生命なきものの様々な可能的在り方へと還元する近代的知の図式が有機体を機械論的に説明する「死」を証明規則の規範とする一元論へと傾斜した、と診断できる。ヨナスによれば、西欧近代における（デカルトに代表される）形而上学的二元論の登場とその展開された変種は、上述のような〈生命の存在論〉と〈死の存在論〉の両極性を媒介し、歴史的に調停する試みであったと捉え返される（同書邦訳、二一頁以下。「二元論の歴史的役割」）。この過程を通じて、生命を可能にする地上の環境条件において、「存在における生命の場が有機体という特殊例へと収縮した」（同書邦訳、二五頁）。西欧近代前期の形而上学的二元論の試みの成果を十分に視野に収めることによって、近代後期のポスト二元論的一元論への志向の二者択一的性向、すなわち（ヨナスの術語的表現では）「意識の現象学」と「延長物体の物理学」という部分的な両一元論への分裂（同書邦訳、二六―二八頁）という帰結が十分に理解可能となる。前者は（思弁的）観念論の立場、後者は唯物論の立場へと哲学的に先鋭化されるが、精神と物質へと――存在理解の原理的端緒が――二極化することによるこれらポスト二元論的一元論の「純化」は共に、生命の具体的在り処が哲学的思考連関の枠組みから零れ落ちる動向を助長させてしまう――つまり西洋近代の二元論的対立を基底に含みこむ限り、「一方の側に集中することによって生命の特徴をいっそう明確にするにはいたらず、むしろ中間にある生命をもつものから二つの側面を切断することによって、双方を死にいたらしめる」（同書邦訳、三六頁）のである。

「生命の客観的な形式（形相 Form）としての有機体」という表現からの生命哲学刷新化の基盤は、こうして再び二元論を根底から克服する存在論的端緒を開こうとするものである。生命としての存在のその統合的な存在論的解釈は――決して古代の素朴なアミニズム的汎生命主義に回帰してしまうことなく――、生ける身体の具体性を生命存在論の範例とすることによる有機体哲学の新たな構築を意味し、「絶えざる創出過程において自ら自身を保持する個体性こそが生ける有機体である」[13]という哲学的知見に見出せる。

2 生命の存在論的段階構造の刷新的理解

（ハイデガーの思惟の道からの影響の下で、しかしながらハイデガーとは哲学的関心の方向意味（Richtungssinn）を異にして）〈存在〉と〈生命〉の根本連関を新たに問い直すヨナスの生命哲学の展開部では、有機体的生命が存在階層を成して存在論的構造を形成しているという洞察がその中核に置かれている。ここでその洞察は、「高い段階が低い段階に依存し、低い段階のすべてがそのつどの最高の段階に保持される形で、さまざまな層が前進的に積み上げられる」（『有機体と自由』邦訳 三頁）という――哲学的生命論としては――アリストテレスの『魂について』（*De anima*）の思想動向に類比的な存在の階層性を描き出すことになる。但しヨナスは、有機体の生理学的モデルを非生理学的プロセスのために導き入れていないという点で、アリストテレス的な思考端緒とは異なった方向を示している。[14]「有機体はすでにその最も低次の形成されたものにおいても精神的なものを前もって形成しており、精神は最も高次の到達範囲においてもなお有機体的なものに留まる」（*Organismus und Freiheit*, S. 11 : Cf.『有機体と自由』邦訳、一頁）。そして加えて重要なのは、当引用部の後半部（＝有機体の存在論的部分領域としての精神的なるものの考察）は、西欧近代を経ての現代的思考に調和的な共鳴関係に立つが、前半部（＝精神的なるものの前段階がすでに有機体の最も低次な形成体においても見出されるという見方）は古代西洋の思考様式には即しているものの、近現代的な理論的枠組みとは相容れない関係にあるという点である（ebd., 邦訳、同頁）。ヨナスは、（驚くべきことに）方法論的な形態転換（組み換え）を遂行し、有機体的生命のより低次なる現象領域から精神的なるものを捉え直してゆく方途を一度は先行させることによって、アリストテレスを範例とする西洋古代哲学における存在理解再形成の道へと回帰を果たす。

この回帰的にして刷新的な考察の方途においては、「あらゆる有機体的実在の基層に存する物質交代（Stoffwechsel）」が考究の出発点となる。『有機体と自由』に収められた論考（第五章）の中でも特に有名で重要な『神は数学者か？――物質交代の意味について』[15]は主題的にこの問題を究明しているが、ヨナスは英国の天文物理学者であったJ・ジーンズ卿（一八七七―一九四六年）の命題、「その被造物に内在している証言によれば、宇宙の大いなる建築者は今日純粋な数学者として姿を現し始めている」の真意と正当性を吟味するために、以下のような思考実験を展開してゆく――数学者である神という仮定の眼差しから、その全被造物が眺められるならば、被造物はどのように見られ、また（他方では）どのような存在対象が見落とされるであろうか？と（*Organismus und Freiheit*, S. 119；邦訳、一四一頁）。

さて、物質的生命（例えばアメーバー）は被造的世界の存在現実を解釈する上で以上の問いに答えてゆくための「被造物に内在する証言」の試金石として採用され得るが（同書邦訳、一二七頁）、その物質的生命は以下に引用する決定的な特質を持つ――「有機体の内部においても外部においても、ある特殊な出来事が認められるだろう。それは、その有機体の現象的な統一を通常の物体よりいっそう疑わしく見えさせ、時間の経過を通じての有機体の物質的同一性をほとんど完全に廃棄してしまうものだ。私が語っているのは有機体の物質交代、有機体が行っている周囲の環境との物質交換のことである」（同書、一四二頁）。どんなに低次の物質的生命にもそれが有機体である限り、能動的〈自己〉統合（eine aktive Selbstintegration. 同書、一四七頁）が見出されるはずなのだが――ヨナスは、「同一の物質のままではないという正にそのことによって、同一な自己として存続」する生きている形相（lebendige Form）の連続性として、この事態を哲学的に把握している（同書、一四二―一四三頁）

――、この決定的な点こそ、分析的な均質性といったフィルターを通してのみ存在現実を捉える眼差ししか有さない〈数学者としての神〉には見てとられることがない（同書、一四六頁）。「過程を通じた恒久的な自己更新」（同書、一四七頁）は、有機体的生命そのものの根本徴表に他ならないが、正にこのような能動的自己統合化が存在論的な個体性（＝単に現象上の個体ではなく、あらゆる瞬間におけるその現存、その持続および持続における同一性としての個体性）を生成せしめるのである（同頁）。詳しく考察するなら有機体の個体的生命は、自らの能動的自己統合性を通してその素材的質料に対する二重の関係様式を存在構造として有している――すなわち、一方では有機体的個体は、その質料的諸部分の瞬間的な事実的集積に一致して存立するという拘束を有するが、他方でそのような瞬間の連鎖においては如何なる個別的な質料的集積にも束縛されて限定されることなく、ただ自らの有機体的生命であるところの生ける形相にのみ統合的に拘束されている、という二重の存立構造である（同箇所）。つまり有機体的生命に固有な機能的同一性は、質料的物質そのものの実体的同一性と合致することなく、有機体的形相は自らの素材的・物質的質料に対する弁証法的関係において規定されねばならない。ヨナスは、この弁証手法的関係を「依存的〔需要的〕自由」（die bedürftige Freiheit）という用語によって概念化している（同書、一四八頁）。有機体は、自らの生命と個体性の維持とに質料的条件を必要とするのであるが、同時にこの自己保持という目的を達成する上での特定の質料的素材の選び出しの下では〈自由〉なのである。

この帰結から、ヨナスの哲学的生命論の構想にとって基幹となる二つの根本的な思考路線が開かれることになる。一つには、〈神的な数学者〉の視線を批判的に吟味・解体して、上述のように有機体的生命に固有で能動的な統合的同一性を見てとる眼差しとは、生ける身体を視座としてこの身体における直接的な自己経験の認知的証言に基づいているのであり、そこからの認識上の反省方向が正当化される（同書、一四六頁。また特に同書の諸論文内で一七二頁以下「身体を持つ認識主観の優越性」の部分を参照)。但し、ここで哲学的な反省方向は方法論的に逆転を呈示する。正当性の証示を含意する反省方向は、数学的な神の眼差しとは全く異種の視線の生物学的な経過を問題としているのではなく、有機体的にして質料的な基盤に遡及することから開示された〈精神的なもの〉を原初的・根源的に包括的なものとして理解する道を開拓することになる(*Organismus und Freiheit*, S. 198 - 22 , Der Adel des Sehens. Eine Untersuchung zur Phänomenologie der Sinne ; 邦訳「視覚の高貴さ——感覚の現象学の試み」二四八—二七五頁の部分を特に参照)。けれどもこの逆転せる方途での哲学的論述の痕跡の追究は、また稿を改めて試みられる必要があろう。今一つには、生命の存在論的解釈というプロジェクト成立の可能根拠を、「精神が有機体的なものにおいて全く最初から予め形成されている」(前掲邦訳、四頁)基礎事態に求め得ることが判明になる。萌芽的自由(=「物質が初めて生命に向けて自己を組織するということは、存在の深みで働いている傾向性によってすでに、正しくこの自由という様態へと動機づけられていたのであり、その移行はこの様態への扉を実際に開いたのだ」(同書、六頁))が有機体的生命の最基層を成す物質交代においてすでに確認されることから、精神の側からの有機体的形相(=生命自体の客観的形式)への認知的な接近路が開設され、同時に精神的なるものは有機体的なるものと共に存在論的に媒介されていることが示されるのである。

3　生命の存在論に準拠する倫理学

最後に、ヨナスが後年提唱することになる『責任という原理』[16](一九七九年)の構想の基礎に、上述した生命存在論の哲学的動向が存することに言及しておきたい。ヨナスの最も著名で影響力の大きな著作となったこの『責任という原理』は、「科学技術文明のための倫理学の試み」という副題が付されており、確かにヨナスも、不可逆的にかつ加速度を増して進行する科学技術の知の趨勢とその集団的・累積的行為からの前代未聞なる諸問題脈絡の中での新しい倫理構想を提示しているのだが、同時に西洋の古代から近代を通じても未だ見出されていなかった「倫理の原理」そのものの究明に従事している。倫理の原理は、「最終的に自己の自律の内にも社会の諸需要においても基礎づけられていないであろう」（*Organismus und Freiheit*, S. 341. 邦訳、四四七頁）と同時に、よもや神的な権威へと再び神学化するような還元は不可能だとするならば、「存続する自然よりもむしろ生成する自然」（同箇所）、つまり生きている有機体的生命そのものの形相からこそ、倫理の担い手となる根拠づけの可能性が再考される必要がある。『有機体と自由』において開陳された〈生ける自然の存在論的階層秩序〉からのみ、存在は倫理的に相応しく理解され得るのであり、「人間の使命が突き止められるのもおそらく、自然の進化全体の内的な方向からである」（同箇所）と言えよう。但し、有機体的自然の生きている形相は、その能動的〈自己〉統合における同一性において、実は常に「存在か非存在かという緊張」（同書、七頁）に曝された危険な状態に宙吊りになっており、「生命は根源的に危うい存在であるということ自体」（同書、一〇頁）が倫理を要請する基礎なのである。この〈形而上学的事態としての、危険に曝された生命〉という知見から、「存在（Sein）と当為（Sollen）の関係」を巡っての古くからの哲学的問いの布置に、初めて存在論的に広大で深部からの問題脈絡の問い直しが開けてくるのであるが[17]、これについては本書に収められる山本剛史氏の論考が存分かつ的確に語ってくれるであろう。

二　歴史的生命とその淵源――西田哲学の生命論的視点

西田幾多郎（一八七〇―一九四五年）の哲学的思索道程において、〈生命〉を巡っての問題提起と〈真の生命〉についての一定の洞察の表明は、その『善の研究』（一九一一年）を中心とする初期および前期の段階から断片的にでも既に散見することができ、〈生命の真意は宗教的覚悟を通して自得される〉という根本事態の哲学的解明が明確な思考路線を形成していると言える。[18]「実在の具体的全体の統一」（『自覚における直観と反省』旧版全集第二巻、三四九頁）として深き真の生命を捉えることができるのは、知的直観の最高次の形態としての宗教的覚醒によってであり、『善の研究』出版とほぼ同じ時期の講義録『哲学概論』（一九一一年）でも、「我々の生命の根柢には、単なる理性以上のものがあり、それによって世界の真生命と結ばれており、そこに永遠の生命がある。かかる永遠の生命を求めることが宗教心である」（旧版全集第一五・三六。以下、西田の著作の引用は上記と同じく、旧版全集より巻数と頁数を漢数字で示す）と述べられている。

然るに、明快な生命理解からの主張を含蓄する西田に特有な思索連関は、後期西田哲学への大きな展開が始動してゆく論集『無の自覚的限定』（一九三二年刊）の時期以降に本格的に見出され、本章の「序文ばかり」の冒頭での引用部分は、この論集『無の自覚的限定』の中に収められた『私と汝』という有名かつ重要な論考からのものである。そこで西田は、ベルクソン的な「単に連続的なる内的発展」としての生命理解をこの段階では忽然と批判しているが、ベルクソンの説く創造的進化としての生命（élan vital）は直線的で連続的な時間理解に依拠していることが暴露される。この西田の批判点の論拠をさらに詳しく開陳しているテキスト箇所が存するので、以下に引用しておこう（テキストは、信濃哲学会のための講演原稿『歴史的身体』一九三七年九月より）。

ベルクソンは「創造的進化」ということを言っている。ベルクソンの創造は時間であって、時間は無限の過去から未来へ流れるものである。一瞬一瞬新たになってゆく。時間は一瞬の前へも帰れない。無限の過去から未来への流れである。これは私の考えに近いが、しかしこの考えは世界を主観的に考えたもので歴史の世界ではない。内面的主観の世界である。客観はベルクソンの考えには含まれない。だから空間はベルクソンの考えには無い。この前、直線的・円環的ということをお話ししたが、空間は円環的同時的なものであって、この考えがベルクソンの中には無い。ベルクソンは空間を言うのに緊張と弛緩ということを言い、時間すなわち純粋持続のゆるんだところが空間であると言っている。これは苦しい説明であって、どこからゆるむことが出てくるのかわからない。現在われわれが働く世界が在る、それは作られたものであるがまたそれは作るものになる、そういうようにして作られたものがまた作るものになる、すなわちそれは制作的である。きまったものがまたきまらないもので、自分自身を否定して動いてゆく。我々の身体を考えるとそういうものである。ベルクソンの生命は身体のない生命なので、ずうっと直線的に流れてゆくと考えられる。

（旧版全集第一四・二八六―二八七）

この引用部でも、ベルクソン流の純粋持続からは空間的限定が真の意味で生じ得ず、従って純粋持続としての直線時間的発展としての生命は「身体のない生命」と述べられている。それは「実在的生命」なき内面的持続であって、むしろ「実在的生命は身体的」(『私と汝』より、六・三六〇)なのである。ベルクソン哲学における生命は、「非実在的なるイデヤ的生命に過ぎない」(同三五九)のであって、「純粋持続が自己自身を否定して自己矛盾的に空間的なる所に、現実の世界がある」[19](『絶対矛盾的自己同一』より、九・一五九)。西田は『生の哲学について』(一九三二年、『無の自覚的限定』に所収)という小論考においても、「生命の一面には空間性、物質性がなければならない。ベルクソンの自己というのは、単なる直観的自己であって行為的自己ではない。ベルクソンの自己には死というものがないと共に、それは真に生きて働く自己ではない、真の客観性というものを有たない」(六・四四二)と指摘している。

さらに上記の引用部では、「しかしこの考え〔＝ベルクソンの創造的進化〕は世界を主観的に考えたもので歴史の世界ではない。内面的主観の世界である」と述べられているが、この言明に含意された批判的修正も、後期西田哲学における生命論の展開にとって極めて重要な要因に他ならない。西田哲学の発展の位相深化に伴って基本的・根源的な実在世界が「歴史的世界」として術語的に規定されるようになるのは、『弁証法的一般者としての世界』(『哲学の根本問題続編』に所収、一九三四年)執筆期以降と考えられるべきであろう。先にそこから引用した論考『絶対矛盾的自己同一』(『哲学論文集第三』一九三九年刊に所収)においても、「歴史的世界は生物の世界から人間の世界へと発展する。歴史的生命が自己自身を具体化するのである。世界が真に自己自身から動くものとなるのである。かかる発展は単に生物的生命の連続としてと云うのではない。さらばと云って、単に生物的生命を否定することによってと云うのでもない。その自己矛盾に徹することとである」(九・一七八)との言述が見出されるが、その自己矛盾の極限において到達される人間的生命とは、「幾千万年かの歴史的生命の労作の結果」(同)であることも明示される。

以上に垣間見られた後期西田哲学への発展段階での様相において、歴史的世界・歴史的生命、そして歴史的身体という用語をもって以後にさらに展開する思考連関は決定的な変革的意義を有する。今一度、ベルクソン的〈内面的主観の世界〉における創造的進化の出来事としてのみ生命を理解する思考動向の克服を確認する上で、最後期の西田の論考『自覚について』（一九四三年）の中の一節に要約的に鋭く述べている箇所が存するので、その引用をもって締めくくりたい。

歴史的世界と云うのは、我々の自己がそれに含まれた世界であり、我々がそこから 生れ、そこに於て働き、そこへ死に行く世界である。我々の自己に絶対的な世界である。……主客対立と云うのが、此の世界の自己矛盾から成立するのであり、意識的自己と云うのは、此の世界の個物として、此の世界に於て考えられるのである。所謂内在的立場と云うのは、既に考えられた立場、媒介せられた立場であろう。主客対立と云うには、かかる対立の成り立つ立場がなければならない。我々の自己と云うのは、作り作られる世界の創造的要素として生れるのである、見る眼の如きものではない。すべて実在的世界と考えられるものは、歴史的世界に於て含まれて居るのであり、歴史的世界こそ、それ自身によって有り、それ自身によって動き行く根本的実在の世界でなければならない。

（『哲学論文集 第五』一九四四年に所収、一〇・五一二―五一三）

以下、後期西田哲学における生命を主題とする思索の鉱脈を、その最晩年の論考『生命』（一九四四年）と一九三〇年代からの諸論考（その中でも特に、『論理と生命』一九三六年）からの問題脈絡を通しての諸言明を考究しつつ、西田の生命論から放射される三つの次元に展開する哲学的圏域を究明してゆくことにする。

1　歴史的生命の世界動態とは？

西田は既に一九三〇年代の前半に生命についての問題提起を、「私の弁証法的一般者の自己限定と考えるもの、即ち弁証法的主体の自己限定というものを具体的に明にするため、生命の世界というものを考えて見るがよいと思う」（『哲学の根本問題（行為の世界）』総説、一九三三年刊。七・一八八）と一度は定式化し、その同じ箇所で、「具体的な現実の世界と考えられるものは社会的・歴史的でなければならない。それは我々の自己を包み我々の自己を限定する意味を有ったものでなければならない、個物を限定する意味を有ったものでなければならない」ことに言及している。具体的現実の世界（＝歴史的世界）に於ける個物の限定は、「個物は死ぬことによって生きる」という生産作用の意味を有し、「個物と個物との相互限定の場所」に於ける生起なのであるが、それはまた弁証法的一般者の自己限定であることが同時期の論考の中で述べられている（『哲学の根本問題（行為の世界）』二「私と世界」より。七・一〇四）。

> かかる意味に於て個物が自己自身を限定する、即ち生命というものが考えられるには、個物と個物との相互限定に場所的限定の意味がなければならぬ。場所的限定として生命の世界というものが考えられるのである。生命の世界は生死の世界でなければならない。唯一つの生命というものはないのである。（同頁）

生命が生命自身を限定するということは、個物が個物自身を限定するということでなければならない。生命の底には何処までも個物が個物自身を限定するという意味がなければならない。併し個物は個物に対して限定せられるのである。個物が個物自身を限定すると云うには場所が場所自身を限定する意味がなければならない。弁証法的一般者の自己限定として生命というものが考えられるのである。

（七・一三一、七・一一六、一二五参照）

西田の思索が『論理と生命』の時期に至るに及んでは、歴史的世界の構成からの生命の理解がより徹底した構図によって語られるようになる。しかしその段階に先立って見落とされてはならないのは、個物の場所的限定が成立する生命の動態的な在り方の構造を、〈個物と環境の相互限定〉として主題化する思考を介した活路が最重要なファクターとして作動している問題脈絡である。[20]「すべて有るものは何かに於て有り、具体的有と考えられるものは、環境が個物を限定し個物が環境を限定するという意味においてあるのである」（『私と汝』より。六・三六五）。生命の世界は、「個物と一般」の論理的関係としての弁証法的一般者の自己限定が、〈個物と環境の相互限定〉という具体相から考えられることによって、初めて哲学的な解明の途に就く。すなわち哲学的生命論（＝生命という現象におけるロゴスの探求）とは、西田の思索の下で〈場所的・弁証法的論理の肉化〉において初めて可能となるのである（ここで、ヨナスとは全面的に一致し得ない西田の独自の立場が明らかになる）。『論理と生命』もこの点を踏襲することを明示的に語っている。

生命と環境の関係を右の如く考えるならば、真の生命というものは、自己自身の中にどこまでも否定を含むものでなければならない。それが歴史的生命である。我々はこの歴史的実在の世界に於て、どこまでも環境に対する、死の世界に面する。……時間的なる生命と空間的な物質界とがどこまでも対立する。而してそこには無限なる弁証法的過程というものが考えられるのである。かかる弁証法的過程というものは生命の一面に本質的なものでなければならぬが、かかる立場からのみ生命を考えるということは、なお生命の抽象的見方たるを免れない。真の環境は、我々がそこから生れ、そこへ死に行く場所でなければならない、すなわち世界でなければならない。かかる世界の自己限定として、真に創造的なる具体的生命というものがあるのである。

（八・二八六―二八七）

従って生物的・有機体的生命も、単に論理的一般者から思惟された環境と（物的個物と）の相互限定を具体相とするのではなく、そこで環境と考えられるのは「……食物的自然……その底に我々を生み我々を殺す意味を有っていなければならない」（『私と世界』より。七・一二二）のである。西田の生命理解にとって決定的であるのは、生は死を裏面とし、生には逆限定が伴うという洞察である。「病気ということも生命の中にある。……生命は矛盾の自己同一でなければならない。生物的生命といえども、既に然云うことができる」（『論理と生命』八・二八一）。然るに自己の生死を知る我々人間の生命においては、その相互限定にある〈環境〉とは決して、「単なる対象物の世界ではなくして、歴史的事物の世界（歴史的生命の世界）でなければならない」（八・二八四）。西田は、我々の自己がそこに於いて生きる歴史的実在界の創造性を、「実在の論理化」としての絶対否定の弁証法と捉えている（八・二七六、二八二）。我々の自己と交渉を有するものとして、人間的生命との関係に於いて立つ歴史的世界とは、「我々がそこへ死に行くと共に、そこから生れる世界でなければならない。故に我々に対する物は、食物的なるものであり、性欲的なるものであるのみならず、何処までも表現的なものでなければならぬ。それは我々の死の底から我々を限定するものでなければならない」（八・二八五―二八六）と規定される。我々を否定する意義を有する歴史的実在こそは、真に客観的である。それが「何処までも表現的なもの」であるというのは、絶対否定を媒介とする「環境と生命とが一である」歴史的世界の自己限定が形成作用的であるからである（八・二九〇）。歴史的生命においては、どこまでも表現的に世界形成作用が進行するのであり、〈作られたものから作るものへ〉という動態がその真に実在的な性格を成している。但しここで既に、歴史的実在の世界のさらに深い層が問題化される必要がある。第二節3での主題化に先立って、ここでは『人間存在』（一九三九年）からの次の箇所を引用するに留め置く。[21]

歴史的実在の世界に於ては、感覚的なるものは単に感性的・人間的活動として捉えられるのではない。何処までも表現的形成作用的に捉えられるのである、歴史的・社会的活動として捉えられるのでなければならない。作られたものから作るものへの世界は、創造的となるに従って、本能的から社会的とならなければならない。その極限に於て、絶対に超越的なるものを媒介とすることによって、作るものから作られるものへとなる時、自由なる人間の世界というものが成立するのである。私の所謂個性的に自己自身を限定する世界というのが、自由なる人間の世界であるのである。

（『哲学論文集 第三』に所収。九・五〇）

表現的・形成作用的な歴史的世界の「創造的要素として制作的・創造的なる所に」（九・六二）、歴史的生命の動態としての真の自己の在り処が見出せるのであるが、その在り処に於ける真の自己（＝かけがえのない真に自由なる人格的個）が極限的に「絶対に超越的なるものを媒介とすることによって、作るものから作られるものへとなる」とは、どういうことであろうか？

2 歴史的身体と世界の底

西田の全く独創的な哲学的生命論は、生命を機械論（mechanism）的に物理化学上の物質的要素に還元する分子生物学的科学理論ではないことは明らかであるが、他方また活力論（生気論 vitalism）的に「環境を離れた有機体」（八・二八八）といった出発点から生命を考えるのでもないことは、上述からして既に判明となった。西田がイギリスの生理学者ホルデーン（J. S. Haldane, 1892 -1964）の「或る種属に特有な規準的な構造とその環境との能働的維持（active maintenance）」（同頁）としての生命という考え方に一定の共感を示し続け、度々ホルデーンの考えを肯定的に引照していることはよく知られている（八・二八八、二九一、二九三、五七〇。一一・三〇九等）。最後期の論考『生命』（一九四四年、哲学論文集第七に所収）の最初の部分では、有機体と環境との相互整合的な形成的維持から生命現象を捉えるホルデーンの理論が、西田自身の矛盾的自己同一に通じる考え方として、その理論の内実からさらに踏み込んで詳しく検討されている（一一・二八九—二九四）。但し、生命が如何に自覚されるのかと問うならば、「我々は我々の生命を外界に於て直観するのではない。我々は生理学的に自己が生きて居ることを知るのではない。生命は生命の自覚によらなければならない」（一一・二九四）と、思考連関の位相転換の必要が示唆される。その上で、この〈生命の自覚〉は身体的に遂行される（「我々の自己は身体的に自覚する」同箇所）と考えられねばならないことから、身体〈の〉覚知が主題的に論究される（一一・二九四—三一〇）。

西田のこれも極めて独創的で深遠な哲学的身体論全般をここで問題化することはできないが、ここでの「身体〈の〉覚知」とは決して観想的立場に身を置くことではない。「生物学的機能を営むからそこに我々の生物学的身体がある」（一一・二七六）とすれば、我々に固有な身体性とは、「歴史的世界の一つのエレメントとして我々が物を作ってゆくことができる」（一四・二八七）という行為的直観における覚知である。その覚知とは、我々の自己が働き、この自己がそこに於いて含まれる世界が表現的・形成作用的に創造的であることの〈歴史的生命の自覚〉に他ならない。そしてこのように理解される自覚的生命は、「我々が歴史的身体的に働き」（八・三二五）、単に意識的ではなく「創造的なる所」（八・三三二）に開かれる。働くことが見ることである行為的直観において、我々の歴史的身体は創造的要素なのである（同箇所）。西田哲学における〈歴史的身体〉の問題脈絡にとって、以下の『自覚について』（一九四三年）の一節は重要と思われるので挙示しておく。

歴史的身体的に行為的直観的なる所に、生物的身体的には我々の意識は本能的であるが、歴史的身体的なる所に、先ず知覚的である。而してその絶対矛盾的自己同一的立場に於て、それが自覚的である。

（一〇・五二三）

〈生命の自証〉――「生命の自証とは、自己自身を表現することであり、自己自身を形成することであり、行為的直観的に自己を見ることである」（八・三九一）――とも言うべき自覚的存在の根本形式（一〇・四八九参照）は、「我々の自己の自覚は、歴史的世界の自覚である」（一〇・五一七）と定式化されるが、「我々の自己が創造的世界の創造的一線として、絶対否定を媒介として成立することであり、形作ることは形作られることである」（一〇・五一八）と述べられるように、歴史的生命の自証する自覚的自己は矛盾的・自己同一的に、「何処までも世界創造的なると共に、世界表現的でなければならない」（一〇・五二二）。「自己自身の底に、私の所謂重心に於て、歴史的身体的に、行為的直観的に、自己自身を形成する世界、……絶対否定即肯定の創造的世界」（一〇・五二〇）は、

「我々の自己が絶対に触れることのできないものに触れる」（一〇・五三〇）という絶対矛盾から成立している。ここからまた、西田の最後期に深く省察された文章を読み解くことができよう。

身体とは、云わばかかる創造的器官である。絶対は何処までも達するべからざるものである。併しそれだけでは尚相対的であって真の絶対ではない。真の絶対とは何処までも達するべからざるものたると共に、何時も自己が之に接して居るものでなければならない。歴史的身体の形と云うのは、絶対と自己との、かかる矛盾的自己同一的結合の範式であるのである。我々は歴史的身体的に、一歩一歩、行為的直観的に、創造的なのである。（一〇・五一九）

絶対否定を媒介しての絶対否定即肯定、矛盾的自己同一の逆理において「形作ることは形作られること」となる〈非連続の連続〉が、「歴史的身体的に、一歩一歩、行為的直観的に、創造的」であることによってとの意味であり、その「一歩一歩」は絶対否定を媒介とした「世界の根元に接すること」（同頁）によって創造的なのである。「歴史的身体の形」と述べられるのは、歴史的生命の身体的器官が表出即表現的に、「形から形へと」どこまでも自己形成作用的に飛躍進展する歴史的世界の生産様式（『絶対矛盾的自己同一』より。九・一五七—一六一）に属していることが示唆されている。以下の言明も、上述の思考脈絡から十全な反照的理解を敷衍するものと言えよう。

我々が歴史的身体的に働くということは、自己が歴史的世界の中に没入することであるが、而もそれが表現的世界の自己限定たるかぎり、我々が行為する、働くと云い得るのである。……我々の身体的自己は歴史的世界に於ての創造的要素として、歴史的生命は我々の身体を通じて自己自身を実現するのである。歴史的世界は我々の身体によって自己自身を形成するのである、我々の身体は非合理の合理化の機関である。

（『論理と生命』より。八・三二五）

さて、西田が「我々の自己は歴史的実在の世界の底から生まれるのである」（八・二八四）と繰り返し述べる際に、その「世界の底」という表現は非基体的に「底なき底」（『弁証法的一般者としての世界』より。七・三七九）、「無限に暗いもの、非合理的なるもの……（所謂物質と考えられるものは、真に非合理的なものでない）」（同書、七・三四八）を意味するが、この〈歴史の底でもある絶対の非合理性〉（『私と汝』より。六・四二六）が、「我々を否定すると共に我々を生むもの」（七・四一二）と考えられるべきなのである。それは即ち、歴史的世界の創造的要素としての我々の真の自己が、絶対否定即肯定において非基底的に、「（絶対に触れることのできない）絶対的一者に触れている」（一〇・五三〇、五三一。八・三七六等参照）という矛盾的自己同一の根本事態に他ならない。

3　歴史的生命の淵源

前述2項の最後の部分は、「世界は宗教的に成立すると云うことができる」（一〇・五三一。九・六七、七・四二五―四二六参照）と明言する西田の立場の真意を照射するであろう。最後期の西田の思索においては、宗教的なるものの真の在り処の究明が再びその中核を占めるようになる。とりわけ西田最期の完成論考『場所的論理と宗教的世界観』（一九四五年四月脱稿、一九四六年刊『哲学論文集 第七』に所収）の中では、「絶対者がどこまでも自己否定的に、自己に於て自己を見るという立場から、人間の世界が成立する、歴史的世界が成立する。故に神は愛から世界を創造したと言われる」（一一・四四二）と述べられると共に、「内在的なる人間世界から合理的に宗教を考えるということは、宗教を否定することに他ならない。宗教を否定することは、世界が自己自身を失うことであり、逆に人間が人間自身を失うことであり、人間が真の自己を否定することである。何となれば、人間は、固《もと》、自己矛盾的存在なるが故である」（一一・四五九—四六〇）と訓戒を込めて強調しているように、人間と世界とが相即してその内在的超越であるところの非基底的底へと突き抜けて在る真実相が直接的に語り出される。どこまでも内在的に超越的であることによって、「内在即超越、超越即内在の絶対矛盾的自己同一の立場において、宗教というものがあるのである」（一一・四五九）。このように「心霊上の事実である宗教」（一一・三七一、三九六）を歴史的生命の淵源としても述べている箇所を、論考『生命』から引照しておきたい。

> 歴史的身体とは、絶対現在の歴史的空間に於て内と外とに環境を有ち、永遠の未来と永遠の過去との整合的に、即ち予定調和的に、自己自身を形成する絶対現在の形を云うのである。故に歴史的身体とは、生物体の如く単に自己自身の存在を目的とする目的存在ではなくして、自己否定即自己肯定として何処までも自己を超えたものに於て自己を有つのである、内在即超越、超越即内在的に、神的なるものに於てその生命を有つのである。（一一・三三二）

そこに我々の歴史的身体的生命がその成立の根柢に於て宗教的であり、行為において道徳的であるのである。（一一・三三三）

どこまでも自己否定的にして、どこまでも自己形成的な歴史的生命の創造性は、その動性の自己矛盾の極限において逆対応的に〈自ら自身の中に絶対的自己否定を含む無基底的に神的なるもの〉に対峙するのであり、従って、「……歴史的生命の世界の自己矛盾の極限に於て、働くものとして絶対無限の客観的表現（所謂神の言葉）に対する時、我々は自覚的となるのである、即ち人格的となるのである。この外に真の自覚というものはない」（『人間存在』より。九・四七）とまで極言される。[22] 歴史的生命の動態のその深源からの成立構造については、以上の叙述をもってひとまず十分としなければならない。

エピローグ　いのちの宗教的霊性とは

ここで本章の序文の冒頭に引用した西田の文中の、「真の生命というのは、……いわゆる死即生なる絶対面の自己限定としてのみ考え得るものでなければならぬ」という文言に立ち返ってみよう。〈死即生〉――この絶対の自己否定即肯定における矛盾的自己同一が真の生命の極意であることを、今少し西田の最晩年の論考（『場所的論理と宗教的世界観』）から解き明かすことから始めたい。

西田曰く、「この故に我々の自己はその生命の根源において、いつも絶対的一者との、すなわち神との対決に立っているのである、永遠の死か生かを決すべき立場に立っているのである」（一一・四二七）。つまり真の生命は、生物的範疇における生命でも理性的に考えられた限りでの人格的生命でもなく（一一・四二一）、絶対現在の自己限定としてどこまでも歴史的個となりゆく（一一・四二四）ことがそのまま「自己自身の根柢に徹して」（一一・四二三）、「一歩一歩逆限定的に、絶対に接する」（一一・四三一）自覚的・意志的生命である。絶対現在とは、〈永遠の今（＝永遠にその都度接するところからの今）〉の〈非連続の連続〉としての「死して生まれる」時間の理解（『私と汝』より。六・二六七―二六八参照）の表明であり、この「到る所に消え、到る所に生れる」（同箇所）切断的瞬間は時間そのものを成り立たしめる絶えざる原基を意味している。このように理解された切断的瞬間（絶対現在）には「死と生の両面が入っており」、しかも「ポテンシャルとして死から生命の方向を内在させている」事態が真の生命において顕在化するのである。[23] 絶対現在の自己限定として自らの生を「生命其物の要求」（『善の研究』より。一・一七二）から自覚的に生きる根本立場は、[24] 西田にとっていわゆる神秘主義に通じるのではなく（一一・四五〇）、歴史的生命の創造的〈個〉へと自己否定即肯定的に自己転換する自在的立場（一一・四五一）、即ち「終末論的平常底」（一一・四五一―四五二）に徹して生きる宗教的自己[25]の在り様である。いわゆる〈永遠の生命〉といった表現も、以上のように宗教哲学的基礎を明らかにされた〈いのちの宗教的霊性〉からの絶対現在の自己限定としてのみ真の意味内容を有し得ると考えられる。

上田閑照氏（一九二六― 年）が繰り返し述べておられるところの〈生命と生といのち〉の根本連関[26]は、ヨナスの生命存在論および西田の哲学的生命論を背景として、人間が生きることの意味を理解する上で一層その重要性が際立ってくる。今日のメンタリティの趨勢が、「生命‐生‐いのち」の生ける連関にその一分肢である「生」の、しかもその一面である「生活」（他のもう一面は「人生＝生き方及び歴史的・社会的生の可能的動態」）の自律化した異常な肥大増殖によって、「生命は破壊に曝され、いのちは塞がれる」という根本的な狂いをもたらしている（上田閑照『宗教への思索』創文社、一九九七年、二一二頁）。つまり衣食住を基盤とする人間の文化的生活の累積的進展は、「より豊かに」という量的飛躍をどこまでも追求し、一方では（ヨナスが述べるような）有機体的生命一般の能動的自己統合の推進を補助する倫理の要請を忘却せしめる。他方、己れに固有な「人生」が真実化する方向からの質的転換によって触れられる「いのち」の次元が隠蔽される事態を生んでいるのである（同書、一五頁）。上田氏は、真人として（＝真に一人の具体的な人格的個として）生きる上で、「生命-生-いのち」の生ける全連関が取り戻される再健全化への覚醒のためには、真ん中の「生」が不自然な肥大化と連続的な自己高揚の趨勢が否定されるという非自然を通って、「いのち」に触れる非連続面が出現する自己否定即肯定の動性が人生に開かれることの重要性を強調しておられる（同書、二一頁）。これは正に、西田哲学における「歴史的生命の創造的〈個〉へと自己転換する自在的立場」と相通じており、この自覚的自己転換によってこそ、「生命-生-いのち」の全連関は、その分節化した〈於てある〉場所である「環境／世界／限りない開け」へと脱自的に活性化した開放的円環として生きられるのである。

最後に、なおも以下のように問うてみたい——上述内容から見てとることのできる〈いのちの宗教的霊性〉の意味理解が、キリスト教信仰と本質的に関連する脈絡は、どのように探り当てることができるだろうか？ 例えば、ミシェル・アンリの最晩年の著書、『キリストの言葉——いのちの現象学』（*Paroles du Christ*, Éditions du Seuil 2002. 武藤剛史訳、白水社、二〇一二年）には、次のように語られている箇所が見出せる。

人間が属する〈真理〉とは、つまりキリスト教でいう真理とは、現代人お気に入りの無名かつ非人格的な〈理性〉でもなければ、その中で事物が目に見えてくる世界の空虚な外部性でもない。この真理は〈いのちの真理〉にほかならない。〈いのちの真理〉とは、〈いのち〉が絶えずそれ自身のうちに満ちあふれながら、〈原初の自己〉のうちで自らを抱きしめつつ、自分の内部を突き進むその衝動なのだ。実際、〈いのち〉と〈原初の自己〉は互いに相手のうちにおいて自らを愛するのであり、かくして〈いのち〉は、パルーシアの迸り出る閃光の中で、自らを自らに啓示する。

（前掲邦訳書、一八一頁）

始原も終末もなき絶対的生のパルーシア（現臨／臨在）の中では、〈元・受情性〉（Archi-passibilité）における絶対的生の自己への到来の様式のみが生起しているのであり、アンリはこの「自我（エゴ）性以前の根源的‐原初的〈自己性〉への出来《しゅったい》」を、キリスト教信仰が「神の子の誕生としての受肉」の秘義として受け止める出来事と重ね合わせる（ミシェル・アンリ『受肉――〈肉〉の哲学』中敬夫訳、法政大学出版局、二〇〇七年、三一一―三一三頁）。アンリはマイスター・エックハルトについて主題的に述べる際にも、神の生と人間の生との同質性が成立するその一体性の在り処を、「神の言（ロゴス）の絶えざる誕生」と捉え直し、絶対的生の自己‐出生の内在性を主張している（ミシェル・アンリ『現象の本質』*L'essence de la manifestation*, Presses Universitaires de France, 1963. 北村晋・阿部文彦訳『現出の本質』上下、法政大学出版局、二〇〇五年、上四七四頁以下参照）。この「絶対的生の自己‐出生」の在り処としての「原初的自己性」からの絶えざる創造的〈いのち〉こそ、「内在的超越」としてのキリストの磁場であり、受肉せる神の現実を生きる〈いのちの宗教的霊性〉の源泉であることを、キリスト教信仰は繰り返し刷新的に見出すのである。

注

（1）Art. Leben u. Lebensphilosophie, in : *Historisches Wörterbuch der Philosophie* Bd. 5, hrsg. von Joachim Ritter und Karlfried Gründer, Darmstadt 1980, S. 83 ff. und S. 139 f.

（2）Cf. „Wie Reiz und Rührung der Sinne in einem Nur-Lebenden ontologisch zu umgrenzen sind, wie und wo überhaupt das Sein der Tiers. zum Beispiel durch eine »Zeit« konstituiert wird, bleibt ein Problem für sich.": Sein und Zeit §68（b）, in : GA 2, S. 457.（ただ生きているものにおける諸感官の刺激や触感が存在論的にどのように画定されるべきか、一般的には例えば、動物の存在が或る《時間》によって、どのようにまたどこで構成されるのかは、それ自身にとっての問題に留まる）。

（3）Didier Franck, "L'être et vivant", in : *Dramatique des phénomènes*, Presses Universitaires de France, 2001. 邦訳、ディディエ・フランク『現象学を超えて』本郷均ほか訳、萌書房、二〇〇三年、三三—五七頁。

（4）同書、五五—五六頁。さらに参照すべき、この問題に関してのハイデガーとの対話的著作として、ジョルジオ・アガンベン（Giorgio Agamben, 1942-）*L'aperto. L'uomo e l'animale*, Torino: Bollati Boringhieri, 2002.（岡田温司・多賀健太郎訳『開かれ——人間と動物』平凡社、二〇〇四年）。

（5）ハイデガーが独自にかつ自立的に彫琢してゆく哲学の現象学的自己理解にとって、その自己理解に基づく哲学的思惟の遂行と統一連関の内にある〈禁止（Prohibition）の契機〉。禁止の契機とは、〈現象学の本質体制としての形式的告知が有する禁止的（prohibitiv）機能〉（GA 61, S. 141-143; vgl. ebd., S. 20, 33-34, 53-54, 59-60; GA 63, S. 80）に対応する。『存在と時間』等のマールブルク期においても、この禁止の契機が現象学的・解釈学的分析において役割を演じることになる（GA 2, S. 346; GA 21, S. 243; u.s.w.）。

（6）Hans Jonas, *Organismus und Freiheit. Ansätze zu einer philosophischen Biologie*, Göttingen 1973, S. 17-18. 邦訳 ハンス・ヨーナス『生命の哲学——有機体と自由』細見和之・吉本陵訳、叢書ウニベルシタス九〇三、法政大学出版局、二〇〇八年、新装版二〇一四年、一一頁。

（7）Ebd.（邦訳、一〇頁）。

（8）Ebd., *Das Problem des Lebens im Rahmen der Ontologie*, S. 107.

(9) Ebd., *Organismus und Freiheit*, S. 33.

(10) Ebd., S. 11.（邦訳、一頁）。

(11) Ebd., *Das Problem des Lebens im Rahmen der Ontologie*, S. 131.

(12) Ebd., S. 11 : „… die größere Macht des Lebensglaubens als universalen Hintergrund : Sein – ist nur verständlich, nur wirklich als Leben ; und die Konstanz des Seins – kann nur als Konstanz des Lebens über den Tod hinaus verstanden werden."

(13) Ebd., S. 165 : „… : Individualität, die sich selbst erhält in einem ständigen Schaffenprozeß – das ist der lebendige Organismus." Cf. *Organismus und Freiheit*, S. 32 : „Doch eben der lebendige Leib, der Organismus, stellt eine solche Selbsttranszendierung nach beiden Seiten dar und macht deshalb die methodologische *epoché* zuschanden. Er muß sowohl als ausgedehnter und träger wie als fühlender und wollender beschrieben werden – aber keine der beiden Beschreibungen kann ohne Grenzüberschreitung in die andere und ohne sie zu präjudizieren zu Ende geführt werden."

(14) この点について詳細は以下を参照――Gereon Wolters, Hans Jonas' „philosophische Biologie", in : Christian Wiese u. Eric Jacobson（Hrsg.）, *Weiterwohnlichkeit der Welt. Zur Aktualität von Hans Jonas*, Berlin / Wien 2003, S. 225-241, S. 234.

(15) 初出は独立した論文として以下のように発表された。»*Is God a Mathematician ?*«, Measure 2（1951）.

(16) Hans Jonas, *Das Prinzip Verantwortung. Versuch einer Ethik für die technologische Zivilisation*, Frankfurt a. M. 1979. 邦訳 加藤尚武監訳『責任という原理――科学技術文明のための倫理学の試み』東信堂 二〇〇〇年（初版）。

(17) Cf. Wolfgang Erich Müller, Organismus und Verantwortung. Hans Jonas' Begründung der Ethik in der Philosophie des Lebens, in : Christian Wiese u. Eric Jacobson（Hrsg.）, *a. a. o.*, S. 242-255, besonders S. 250 ff.

(18) 浅見洋『西田幾多郎――生命と宗教に深まりゆく思索』（春風社、二〇〇九年）第Ⅳ部「生命・死・看護」、第一章「生命論の宗教的背景」（二六三―二七六頁）を参照。

(19) 『無の自覚的限定』期を通しての西田の思考枠組みの決定的転換を、〈生の階層化される連続性を無限に包み込む「内包性」探求からの離反〉と捉える解釈について、檜垣立哉「西田幾多郎と生の哲学」『西田哲学会年報』第四号、二

(20) 〇〇七年七月、三九―五四頁、とりわけ四七頁以下を参照。
西田に特有な生命論の端緒である、場所論的観点としての「環境」という概念を主題的に考究し、敷衍的に展開したものとして、野家啓一「主体と環境の生命論――西田幾多郎と今西錦司」(『日本の哲学』第三号「特集・生命」、日本哲学史フォーラム編、昭和堂、二〇〇二年一二月、二九―五一頁に所収)、特に三五―四〇頁を参照。

(21) 後期西田哲学において特徴的で独自の意味含蓄を有する〈表現〉の概念に、ここで立ち入る余地はない。参照、丹木博一「『表現』の否定的構造について――『哲学論文集第三』における現象学的真理論」(『西田哲学会年報』第一二号、西田哲学会編、二〇一五年七月、七六―九五頁に所収)。『善の研究』に遡及しての西田の表現思想の研究として、森哲郎「『善の研究』における『表現』思想」(『西田哲学会年報』第九号、西田哲学会 二〇一二年七月、一―二二頁に所収)。

(22) 新田義弘『世界と生命――媒体性の現象学へ』(青土社 二〇〇一年)では、「自己を表出する運動のもつ自己関係」としての自覚(同書、一九〇頁)の形式構造が、その自己遂行知の性格において生き抜かれる生命の超越論的媒体性の機能が問われている。

(23) この点について詳しくは、小林敏明『西田哲学を開く――〈永遠の今〉をめぐって』(岩波現代文庫 二〇一三年)、第四章「瞬間――断絶する今」、特に一一八―一二五頁を参照。

(24) 当テーマを巡ってのすぐれた論述として、大峯顕「西田幾多郎の宗教思想――生命論の視点から」(『日本の哲学』第一号、特集「西田哲学研究の現在」、日本哲学史フォーラム編、昭和堂 二〇〇〇年一一月、二七―四二頁に所収)を参照。

(25) 参照、上田閑照「逆対応と平常底――西田哲学の『宗教』理解について」(上田閑照編『西田哲学』没後五十年記念論文集、創文社 一九九四年、三五九―三八九頁に所収)三七七頁、「逆対応は、我々の自己と絶対者との宗教的関係を把握し、平常底は、そのような宗教的関係に〈於てある〉我々の自己の在り方、絶対矛盾的自己同一の場所を在処とする宗教的立場を示すものである。……『我々の自己がそこからそこへと云ふ所が把握された』あり方、『我々の自己に本質的な一つの立場』である」。

(26) 上田閑照『宗教への思索』(創文社、一九九七年、一二一―一二二頁)にこの図式を明示的に語る最初の叙述が見出せると思われるが、先生の他のご著書にもコンテクストの変位も挟んで繰り返し述べられる。

後語にかえて　結びと開き

この度、二〇一八年の早春に出版の運びとなったこの一冊の論集は、上智大学における共同研究からの産物である。この共同研究に三年近く同伴者として真摯な対話と研究の進展を共にしてくださった七名の先生方――阿部善彦先生（立教大学准教授）、浜野明大先生（日本大学教授）、山本剛史先生（慶応義塾大学非常勤講師）、海老原晴香先生（白百合女子大学専任講師）、森裕子先生（上智大学准教授）、丹木博一先生（上智大学教授）、ロール・シュワルツ＝アレナレス先生（前上智大学准教授、現在、スイスのジュネーヴにある東洋博物館の館長）――に衷心よりの御礼の気持ちを研究代表者として表明したい。先生方各位の御専門研究領域は確かに多岐にわたると言えるもので、その意味でかなり広汎で多角的な研究母体を成していたが、にもかかわらず当共同研究が推進することを志向した「〈宗教的霊性〉の刷新的適応と〈いのちの倫理〉の統合的構築」という中心線においては、深部からの調和（ハーモニー）による統一を彫琢できた、と振り返ることができる。

本書の出版に際しては、ぷねうま舎の中川和夫さんに何から何まで懇切なご配慮と適切なご指導をいただいた。ここに心よりの感謝を申し上げたい。中川さんには、原稿執筆要綱のご教示から本書の目次構成や校正作業でのより適切な文言の提案に至るまで、丁寧なご教示をいただいた。永く出版を手がけてこられたベテランの熟練の御思慮に感服する次第である。

本書の公刊は、上智大学研究推進機構を通して採択された「上智大学重点研究領域課題『グローバル化の動向に直面しての〈宗教的霊性〉の刷新的適応と〈いのちの倫理〉の統合的構築——地球環境を憂慮する〈いのちの倫理〉の〈宗教的基礎〉へ向けて』（研究代表者・長町裕司）」（平成二七年度—二九年度）に基づく学術研究特別推進費によって可能となった。本書の出版費も含め、われわれの研究推進に並々ならぬご支援をいただいたことに、厚く謝意を表する次第である。

平成二九年一二月一二日

編者を代表して
長町裕司

山本剛史（やまもと・たかし）

1972年生まれ．専攻，倫理学．現在，慶應義塾大学他非常勤講師．「自然哲学から倫理学へ――ヨナス責任倫理学の形成と今後の環境倫理学の展望」『環境倫理』１号，2017年，『未来の環境倫理学』共著，勁草書房，2018年．

丹木博一（たんぎ・ひろかず）

1961年生まれ．専攻，現象学，近代日本思想，ケア論．現在，上智大学短期大学部英語科教授．「『地平の現象学』から『顕現せざるものの現象学』へ――『カテゴリー的直観』に関するハイデガーの態度変更をめぐって」『思想』916号，2000年，『いのちの形成とケアリング――ケアのケアを考える』ナカニシヤ出版，2016年．

阿部善彦（あべ・よしひこ）

1980年生まれ．専攻，哲学，キリスト教思想史．現在，立教大学文学部准教授．『テオーシス――東方・西方教会における人間神化思想の伝統』共編著，教友社，2018，「『信仰の平和』再考――一四〇〇年代の枢機卿たちの中のクザーヌス」『中央大学文学部紀要 哲学』60号，2018．

海老原晴香（えびはら・はるか）

1981年生まれ．専攻，キリスト教古代ギリシア教父思想，キリスト教霊性思想．現在，白百合女子大学カトリック教育センター専任講師．「エティ・ヒレスムはなぜ強制収容所へ向かったか――自己との対話から苦しみを生きることの意味発見へ」『カトリック教育研究』32号，日本カトリック教育学会，2015年．『福音み〜つけた！――「宗教」「倫理」を考えるために 高校編』共著，燦葉出版社，2016年．

執筆者紹介

長町裕司（ながまち・ゆうじ）

1956年生まれ．専攻，ドイツ近・現代哲学，宗教哲学，キリスト教思想史．現在，上智大学文学部哲学科教授．「西田幾多郎の思索の道における宗教性を問い直す――『西田哲学〈と〉キリスト教』という問題に寄せて 」『東西宗教研究』14/15 合併号，2016年，『エックハルト〈と〉ドイツ神秘思想の開基』春秋社，2017年．

森　裕子（もり・ひろこ）

1959年生まれ．専攻，キリスト教信仰と音楽表現，グレゴリオ聖歌．現在，上智大学神学部神学科准教授．「西洋中世のキリスト教会における音楽教育」，河口道朗監修，音楽教育史論叢第１巻『音楽の思想と教育』開成出版，2005年，「神に叫ぶ者の詩《うた》――アルヴォ・ペルトの詩編音楽の世界」，宮本久雄・武田なほみ編『希望に照らされて――深き淵より』日本キリスト教団出版局，2015年．

Laure Schwartz-Arenales（ロール・シュワルツ＝アレナレス）

1969年生まれ．専攻，美術史．現在，バウアー・ファンデーション東洋美術館館長．「日本仏画の記述と比較 ――ガストン・ミジョンが見た東寺旧蔵十二天像」『論集・東洋日本美術史と現場――見つめる・守る・伝える』共著， 竹林舎，2012年，「応徳涅槃図と『四神相応観』――四神の庭から星曼荼羅へ 」『日本仏教綜合研究』13号，2015年．

浜野明大（はまの・あきひろ）

1972年生まれ．専攻，中世ドイツ語圏文学．現在，日本大学文理学部ドイツ文学科教授．Der Gralsheld Galaad als Erlöser? －Die unüberwindliche menschliche Beschränktheit des religiös-idealen Heldenbildes im Prosa-Lancelot, in: *Euphorion. Zeitschrift für Literaturgeschichte*, Bd.108/ 3, Universitätsverlag Winter, Heidelberg 2014, *Die frühmittelhochdeutsche Genesis Synoptische Ausgabe nach der Wiener, Millstätter und Vorauer Handschrift,* De Gruyter, Boston/ Berlin 2016.

生命《いのち》の倫理と宗教的霊性

2018年2月23日　第1刷発行

編　者　海老原晴香・長町裕司・森　裕子
装丁者　矢部竜二
発行者　中川和夫
発行所　株式会社 ぷねうま舎
〒162-0805　東京都新宿区矢来町122　第二矢来ビル3F
電話 03-5228-5842　ファックス 03-5228-5843
http://www.pneumasha.com

印刷・製本　株式会社ディグ

ISBN 978-4-906791-78-1　Printed in Japan